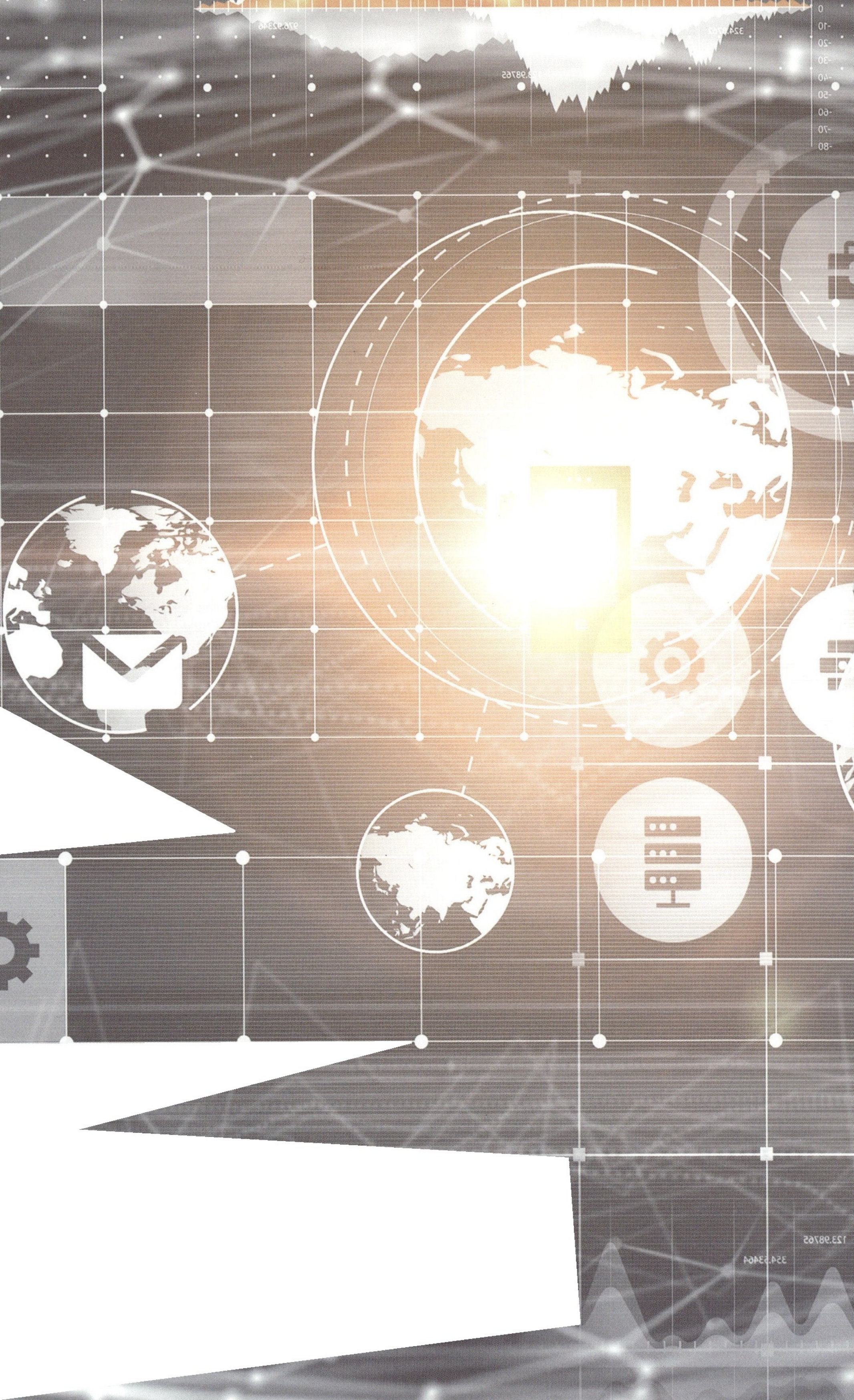

赵红勋　著

青年群体的
社交媒介依赖
及其
矫正机制

Young people's social media
dependence and its
corrective mechanism

社会科学文献出版社
SOCIAL SCIENCES ACADEMIC PRESS (CHINA)

　　本书是教育部人文社会科学研究青年基金项目"青年群体的社交媒介依赖及其矫正机制研究"（项目编号：21YJC860028）的结项成果。

目　录

绪　论

一　问题的提出

在传播技术的形态更迭与演进脉络中，社交媒介（social media）以超乎寻常的力量构筑了日常生活的景观范式，从"偷菜狂欢"到"微博互动"，再到"微信点赞"，直至"抖音直播"，其投射的社交互动话语已深嵌于日常生活的表达结构，并经由社会大众的广泛参与和高度卷入形塑了具有"媒介奇观"意味的阐释框架（interpretive frame）[1]。在美国传播学者道格拉斯·凯尔纳（Douglas Kellner）看来，"媒介奇观"与"能体现当代社会基本价值观、引导社会个人适应现代化生活方式的戏剧化现象"[2] 进行意义关联，尤其表现为借由媒介的组织语言而产生的盛大赛事、豪华场面等。然而，凯尔纳所讨论的奇观景象的一个重要前提是立足电视媒体所主导的社会语境，与我们正在经历的数字化与移动性的新技术环境有着明显差异，由此，如今的"媒介奇观"或许已不能停留在传统的意义之中，而是需要在移动互联技术构建的社会体系中进行意义重构。而基于移动互联技术的社交媒介情境更加注重微观化的日常渗透，由此，当代社会的"媒介奇观"实现了从"浩大景象"向"细微生活"的重要转变。在这种极具生活化的场景中，微博、微信、网络游戏以及抖音等各种社交媒介平台凭借其超强的渗透力引导个人不断地适应数字化生活方式，尤其对青年群体而言，这种影响的威力似

---

[1]　施蒂格·夏瓦：《文化与社会的媒介化》，刘君、李鑫、漆俊邑译，复旦大学出版社，2018。

[2]　道格拉斯·凯尔纳：《媒体奇观：当代美国社会文化透视》，史安斌译，清华大学出版社，2003。

乎更为强烈。青年群体自身所具有的敏锐感知力以及适应性，不仅赋予了其使用社交媒介的能力，而且使其日益成为社交媒介实践的重要主体。CNNIC（中国互联网络信息中心）发布的第49次《中国互联网络发展状况统计报告》显示，我国网民规模已达到10.32亿人[①]，在这个庞大的数据体量中，老年群体人数有日渐增长的趋势，但青年群体依然是核心力量，尤其在社交媒介使用方面，青年群体的力量更是得到了充分彰显。

置身于社交媒介的叙事框架中，微信、网络游戏、抖音等社交媒介平台借由移动互联网络的基础结构，不仅实现了媒介的多维互动，而且加强了媒介的主体性互联，"并允许用户彼此交流和交互信息"[②]。对于青年群体而言，社交媒介提供的"媒介易得性""虚拟体验性""强烈互动性""视听刺激性"充满着无限的诱惑，并成为他们不断"疯狂参与"的驱动性要素。比如，作为网络游戏《王者荣耀》玩家的主体力量，青年群体之所以能够介入该游戏实践过程，并非由于该游戏提供的休闲意义，而是由于其文本叙事的互动化以及刺激性。因为《王者荣耀》的文本叙事融入了"战队组建""角色设置""武器装备"等诸多要素，而这些要素的建构需要多个玩家共同参与和互动才能完成，与此同时，该游戏文本叙事设定的"诱人目标"和"升级挑战"，刺激了青年群体的互动化神经，促使他们体验并享受沉浸式的游戏"快感"。显然，社交媒介的本体性结构话语为青年群体提供了自我沉浸以及社会互动的基础条件，并成为青年群体进行"深度媒介化"的重要因素。在"媒介凭借自身力量可以更为广泛地影响受众"的"效果范式"[③]指引下，青年群体受到了社交媒介的影响，这种影响已不再局限于满足单纯的使用需求，而是引发了一种"依赖"的现象，即社交媒介依赖（social media dependence）。

社交媒介依赖是媒介依赖在新时代的一种延伸，其投射着媒介依赖的种种表征。在心理病理学的范畴中，媒介依赖是一种物质依赖（substance

---

① 《第49次〈中国互联网络发展状况统计报告〉》，中国互联网络信息中心网站，2022年2月25日，http://www.cnnic.net.cn/hlwfzyj/hlwxzbg/hlwtjbg/202202/t20220225_71727.htm。

② 尼古拉斯·盖恩、戴维·比尔：《新媒介：关键概念》，刘君、周竞男译，复旦大学出版社，2015。

③ 张卓、赵红勋：《媒介效果研究："假说"还是"理论"？——基于经验学派与批判学派的学术考察》，《新闻界》2019年第1期。

dependence)①，主要表征为一种行为和心理的成瘾；而在传播学的宏观意义解读中，媒介依赖是受众、媒介以及社会相互联系的表现②，尤其体现为受众的行为以及思考以媒介的内容作为重要参照。因为受众对社会的了解无法做到"事必躬亲"，只能借助媒介来感知社会的脉动，以此满足信息需求。然而，随着受众媒介卷入度的加深，依赖问题逐渐超越了"使信息需求得到满足"的基本功效，而在"习以为常的社会工具"③意义中引发了新的社会问题，主要表现为日常生活的行为习惯、思考方式等都有媒介的痕迹，甚至将媒介的内容视为日常生活的"参照"与"标准"，由此忽略了现实生活的价值和意义，诱发"行为僵化""思想困顿""价值迷失"等一系列问题。

随着移动互联网、智能设备的不断普及，受众对社交媒介的依赖，在通过浏览、关注、沉浸以及分享来满足信息和互动需求的同时④，引发了过度依赖/上瘾问题，如互联网中心化、频繁使用社交媒介、切断社交媒介感到焦虑不安等。作为信息化/媒介化社会的一种现象，社交媒介依赖已嵌入青年群体的行为、习惯以及思想。

第一，社交媒介已成为青年群体行为方式的重要表达。在青年群体中，"移动原生代""Z世代"占据了主流，他们的行为方式与移动互联时代的社交媒介紧密关联，并借助社交媒介渠道来表达自我，诠释着"无人不网、无时不网、无处不网"的媒介化生存场景。例如，在青年群体的工作实践中，微信群、QQ群等各种社交媒介平台不仅具有信息通知的功能，而且成为他们沟通工作方法、交流工作感悟的重要载体。尤其是在面对面的交流场景受到限制时，青年群体借助社交媒介开展工作已成为一种常态，他们日渐对社交媒介产生了一种强烈的依赖感。

第二，青年群体的日常习惯镶嵌着社交媒介的表达语态。在移动互联技术的影响下，青年群体的日常生活已被媒介化，"媒介化生存最典型的症候，

---

① 刘振声：《社交媒体依赖与媒介需求研究——以大学生微博依赖为例》，《新闻大学》2013年第1期。

② 鲍尔-洛基奇、郑朱泳：《从"媒介系统依赖"到"传播机体"——"媒介系统依赖论"发展回顾及新概念》，王斌编译，《国际新闻界》2004年第2期。

③ 理查德·塞勒·林：《习以为常：手机传播的社会嵌入》，刘君、郑奕译，复旦大学出版社，2020。

④ 王波伟：《社交依赖与社交节食的对峙与融合——以社交媒体的使用为例》，《编辑之友》2018年第11期。

就是媒介实践与日常生活的区隔正在逐渐消失"①。也就是说,青年群体的媒介实践与日常习惯之间的边界被瓦解,其日常习惯充满社交媒介的气息。比如,在购物消费实践中,青年群体既在选择商品时借助手机等媒介查询品牌、功能、口碑,又在购买实践中通过微信、支付宝等社交媒介平台进行费用支付,还能对商品进行评论,这些媒介化行为不仅与传统的购物消费实践有着本质性的差异,而且形塑了青年群体的消费习惯,即媒介化消费。而这种媒介化消费以一种潜在的方式改变了青年群体的日常习惯,并加剧了其对社交媒介的沉浸性依赖,使其逐渐沦为"技术化"的人。

第三,青年群体的思想价值投射着社交媒介的痕迹。社交媒介在嵌入日常生活的同时,不仅改变着青年群体的日常习惯,而且影响着其思想认知,使其按照社交媒介的逻辑来进行价值判断。无论是学习、工作还是娱乐,青年群体在建构思想认知的过程中总是不自觉地借鉴社交媒介所提供的既有框架来进行意义的参照,青年群体的思想意义在一定程度上遭到解构,导致了"后情感"的形成。"后情感是由媒介等操纵而产生的虚拟、非本真的情感,具有感性化、碎片化、快餐化等特点。"② 这种思想认知的"后情感"书写,在无形之中将青年群体的价值认知推向了一种"浅薄的边缘"。

由此观之,经由移动化和互联性技术而建构的社交媒介形态已深刻地嵌入青年群体的生活图示,并在"浸润化"和"渗透性"的观照下将青年群体推向了社交媒介依赖的境地。从"使用与满足"和"生态关系"的理论体系来看,社交媒介依赖表现为青年群体带着特定的动机和目的进行社交媒介实践,并将这种需求与感知社会联系在一起。然而,青年群体缺乏足够的自控能力以及他们对新技术充满好奇,加剧了社交媒介依赖的程度,甚至导致"上瘾",不断地挤压青年群体对工作、学习以及休闲的时空感知,异化青年群体参与社会实践的互动意义,蚕食青年群体的精神价值体系,从而导致价值迷失、思想断裂以及信仰危机,消解青年群体的主体性意义。青年群体作为国家的未来和民族的希望,其身心健康不仅关系着个体发展,而且关系着社会进步,更关乎国家的命运。由此,青年群体的社交媒介依赖及其矫正机制,既是社交技术语境下青年社会发展迫在眉睫的现实命题,又是媒介实践理论创新的时代之问。基于此,本书立足当

---

① 孙玮:《媒介化生存:文明转型与新型人类的诞生》,《探索与争鸣》2020 年第 6 期。
② 郭景萍:《情感社会学:理论·历史·现实》,上海三联书店,2008。

代社交媒介发展的社会化语境，全景式勾勒青年群体的社交媒介依赖表征、产生后果、生成动因以及矫正机制，从而深化对青年群体社交媒介实践的系统性和全面化认识。

二 文献述评

作为新技术语境下青年群体媒介实践的一种"症候"，社交媒介依赖问题蕴含着丰富的理论体系和行动方式，即媒介依赖的理论思想以及社交媒介实践方式。既然本书致力于探讨青年群体的社交媒介依赖问题，那么核心词则成为解答问题的关键内容。由此，本书对该问题的文献述评围绕"媒介依赖"和"青年的社交媒介实践"展开，力求通过对已有文献的述评，找到新的研究突破口。

（一）媒介依赖研究

作为一种关系（relationship）的表现方式，依赖是指主体的需求满足以及目标实现仰仗于另一方资源[1]。在信息化日渐占主导地位的现代社会，人们的日常生活实践包含各种各样的媒介信息，对媒介信息的依赖已成为一种常态。在对媒介信息的依赖情境之下，美国传播学者桑德拉·鲍尔-洛基奇（Sandra J. Ball-Rokeach）和梅尔文·德弗勒（Melvin L. DeFleur）以生态理论为借力点[2]，在"受众—媒介—社会"的循环系统中建构了媒介系统依赖理论[3]，既涉及社会结构运行对媒介系统的依赖，又包含个体使用媒介时对媒介资源的倚重[4]。其中，前者从结构化视角在宏观层面剖析媒介对社会的控制；后者则立足受众立场阐述个体对媒介的依赖关系，即人们越来越依靠媒介来获得资讯和进行自我社会定位，尤其是在社会的

---

[1] Ball-Rokeach, S. J., DeFleur, M. L., "A Dependency Model of Mass-Media Effects," *Communication Research* 3 (1976): 3–21.

[2] 梅尔文·德弗勒、桑德拉·鲍尔-洛基奇：《大众传播学诸论》，杜力平译，新华出版社，1990。

[3] Ball-Rokeach, S. J., DeFleur, M. L., "A Dependency Model of Mass-Media Effects," *Communication Research* 3 (1976): 3–21.

[4] 梅尔文·德弗勒、桑德拉·鲍尔-洛基奇：《大众传播学诸论》，杜力平译，新华出版社，1990。

不确定性增强时，受众对媒介的依赖会更加强烈①。虽然鲍尔－洛基奇和德弗勒的媒介系统依赖理论考察了媒介对受众以及社会的控制，但是其意在解释大众传播媒介如何在更大程度上影响受众和社会，并非致力于媒介批判，即此时的媒介系统依赖理论并非"媒介批判观"，而是受众依照自己的需求进行的媒介支配，是媒介与受众的互动结果。

然而，随着受众媒介卷入度的加深，媒介依赖研究日益具有批判性色彩。在媒介依赖的批判性话语中，电视、互联网、手机、游戏等媒介形式所产生的不良后果被置于中心。作为以视听兼备为突出表征的媒介形式，电视凭借其全息影像的传播优势引发了国外研究者的广泛关注。日本学者林雄二郎在分析电视的娱乐化倾向对受众的影响时，提出了"电视人"的概念②，其并非电视工作者，而是对电视高度依赖的受众群体。在林雄二郎看来，在电视画面和音响的刺激下成长的"电视人"，常常将自己封闭在客厅的"沙发"区域，沉迷于幻象无法自拔，不仅用电视的标准来审视现实生活，而且回避现实生活的真实互动，导致思考能力和社会互动能力降低。此外，日本的另外一位学者中野收所阐述的"容器人"的行为以及特征，与"电视人"的概念存在高度的相似性，都代表对电视极度依赖的受众群体。相较于林雄二郎和中野收的整体性研究，斯蒂芬妮·斯库马尼奇（Stephanie A. Skumanich）和戴维·凯茵费尔热（David P. Kintsfather）则基于具体的电视购物节目对受众的影响进行分析③，他们认为电视购物节目已深入受众的内心，受众的购买行为投射了其对电视购物节目的依赖程度，通过电视购物节目的叙事话语强度可以预测受众的购买行为。此外，受众对电视的依赖，需要借助特定的量化指标进行体现。南希·西诺里利（Nancy Signorielli）认为，每天观看 4 个小时电视就已构成严重依赖，甚至是"上瘾"④；唐纳德·霍顿（Donald Horton）和理查德·沃尔（R. Richard Wohl）虽然没有明确提出电视依赖的时间标准，但是他们认为当观看电视的行为干扰日常

---

① Ball-Rokeach, S. J., DeFleur, M. L., "A Dependency Model of Mass-Media Effects," *Communication Research* 3 (1976): 3 – 21.

② 郭庆光：《传播学教程》，中国人民大学出版社，2011。

③ Skumanich, S. A., Kintsfather, D. P., "Individual Media Dependency Relations within Television Shopping Programming: A Causal Model Reviewed and Revised," *Communication Research* 25 (1998): 200 – 219.

④ Signorielli, N., "Selective Television Viewing: A Limited Possibility," *Journal of Communication* 36 (1986): 64 – 76.

生活时，就是一种"成瘾"①。

在传播技术不断推陈出新的当代社会，互联网、手机等新媒介样态在日常实践领域进行强力渗透，对受众产生了深刻的影响，其间投射的依赖或成瘾问题也成为研究者关注的重点。美国心理学家伊万·戈登伯格（Ivan Goldberg）对互联网所产生的心理影响进行理性反思，首次将"网络成瘾障碍"（internet addiction disorder）这一现象作为社会病理问题提出，并试图建立支援小组来对患有网络成瘾障碍的人进行心理矫正。在戈登伯格看来，网络成瘾障碍主要是由于长期、重复地使用网络媒介所形成的一种着迷状态，患有网络成瘾障碍的人在心理层面对网络媒介有一种强烈的依赖感，这种感觉经历了从"乐趣""快感"到"迷失""惆怅"的一个过程。阿姆斯特朗（Armstrong）认为，网络成瘾自身涵盖的意义相对宽泛，他从网络色情成瘾、网络关系成瘾、网络强迫行为成瘾、信息收集成瘾和电脑成瘾等五个方面详细阐述了其症候②。金伯利·扬（Kimberly S. Young）③、格瑞夫斯（Griffiths）等心理学者认为网络成瘾是人们对技术的一种心理依赖，属于典型的"冲动—控制失调症"（impulse-control disorder），能够对人们的心理产生负面作用，包括抑郁、社会恐惧、自我控制失调、注意力缺失等。此外，朴基雄（Ki-Woong Park）、颜正芳（Cheng-Fang Yen）④、克立兹（Choliz）⑤等围绕"手机媒介依赖"开展了一系列研究，认为手机媒介依赖是对手机的习惯性使用而导致的依赖或成瘾，具体表现为：高经济成本和大量的电话、短信息；因过度使用手机产生的家庭矛盾；妨碍学校或个人的其他活动；逐渐增加使用才能获得相同的满意度；当使用手机受阻时会发生情绪变化；等等。手机媒介依赖不仅降低学习和工作效率，而且对受众的心理功能和社会功能具有损害作用。当然，手机

① Horton, D., Wohl, R. R., "Mass Communication and Para-social Interaction: Observations on Intimacy at a Distance," *Psychiatry* 19 (1956): 215 – 229.

② Armstrong, L., "How to Beat Addiction to Cyberspace," *Vibrant Life* 17 (2001): 14 – 17.

③ Young, K. S., "Internet Addiction: The Emergence of a New Clinical Disorder," *Cyberpsychology, Behavior and Social Networking* 1 (1996): 237 – 244.

④ Yen, C. et al., "Symptoms of Problematic Cellular Phone Use, Functional Impairment and Its Association with Depression among Adolescents in Southern Taiwan," *Journal of Adolescence* 32 (2008): 863 – 873.

⑤ Choliz, M., "Mobile-Phone Addiction in Adolescence: The Test of Mobile-Phone Dependence (TMD)," *Progress in Health Sciences* 2 (2012): 33 – 43.

之所以能够让人产生"依赖感",并日渐患上"成瘾症",与其"诱人的目标""不可抗拒的积极反馈""逐渐升级的挑战""未完成的紧张感"等内在的设计有着密切关联①。

当然,在网络依赖、手机依赖等问题的研究方面,国外的媒介依赖研究重点群体以青少年为主,这与该群体尚处于不断成长的过程有关。国外对青少年的媒介依赖研究以问题为导向,重点关注媒介给青少年带来的问题。比如,马修·P. 怀特(Mathew P. White)②等学者认为青少年在过马路时使用手机导致交通安全事故的发生;安妮玛丽·尼科尔苏帕(Annemarie Nicolsupa)③等学者在对348名青少年的手机依赖问题进行调查时发现,70%的青少年曾使用手机对别人进行网络欺凌,这对青少年的人际交往乃至心理健康都会产生一定的负面影响;塔苏库·伊加拉希(Tasuku Igarashi)④等人从心理认知层面研究青少年的手机依赖与神经质的关系,发现高度神经质的人对他人的信息较为排斥,从而将其注意力转向了手机,加剧其依赖性,反之亦然,即手机依赖程度越高的青少年,其神经质问题越严重。此外,网络依赖和手机依赖对青少年的影响还包括学习成绩下降、情感认知弱化等。

相较于国外的媒介依赖研究,国内的研究虽然在理论的阐释方面有待加强,但是对这一问题的深入研讨值得关注。从目前来看,国内的媒介依赖研究主要体现在以下三个方面。

第一,媒介依赖的内涵解读。作为媒介、受众与社会相互形塑的一种关系理论,媒介依赖的内涵是丰富多样的。龚新琼从关系、冲突与整合等三个维度,详述了媒介依赖的内涵⑤。从关系视角来看,受众与社会对媒介的依赖具有工具性和仪式化特点;从冲突视角来看,社会的不确定性以

---

① 亚当·奥尔特:《欲罢不能:刷屏时代如何摆脱行为上瘾》,闫佳译,机械工业出版社,2020。

② White, M. P. et al., "Risk Perceptions of Mobile Phone Use While Driving," *Risk Analysis* 24 (2004): 323 - 334.

③ Nicolsupa, A., Fleming, M. J., "'i h8 u': The Influence of Normative Beliefs and Hostile Response Selection in Predicting Adolescents' Mobile Phone Aggression—A Pilot Study," *Journal of School Violence* 9 (2010): 212 - 231.

④ Igarashi, T. et al., "No Mobile, No Life: Self-perception and Text-message Dependency among Japanese High School Students," *Computers in Human Behavior* 24 (2008): 2311 - 2324.

⑤ 龚新琼:《关系·冲突·整合——理解媒介依赖理论的三个维度》,《当代传播》2011年第6期。

及冲突性的不断提升，会加剧人们对媒介的依赖；立足结构功能，媒介依赖系统通过对关系的平衡维护社会的整合意义。此外，聂莺借鉴媒介环境学派的理论话语，阐述了社交媒介依赖现象的生成动因及其与感知环境、符号环境以及社会环境之间的密切关联，并在媒介环境的生态关系中重构了媒介依赖的路径，尤其是通过深化媒介素养的价值重塑来改善受众的媒介依赖状况①。

第二，媒介依赖在互联网语境下的嬗变研究。虽然受众对报纸和电视有一定程度的依赖，但相较于互联网的媒介依赖，报纸和电视则显得逊色不少。由此，学者们围绕互联网语境下的媒介依赖研究值得关注。谢新洲认为，媒介依赖理论具有社会统计以及行为科学等特点，其在互联网时代仍需通过实证性方法进行论证。由此，他通过调查清华大学等4所高校学生的互联网使用情况来分析受众的媒介依赖问题，发现互联网具有的新特质（交互性、实时性、匿名性等）引起了受众媒介依赖习惯的改变，尤其是受众的依赖感更加凸显②。王怀春对受众的新媒介依赖表征进行了更加具体的阐述，在他看来，精神性依赖和实用性依赖是新媒介依赖最为突出的两种表现形式③。姚君喜曾在对不同媒介如何影响信任评价进行分析时指出，受众对新媒体的强烈依赖程度将直接影响政治信任评价，即依赖程度越高，对政府官员的信任评价越负面④。吴文汐和喻国明认为，互联网受众在资讯需求、知识需求、政治参与需求、休闲娱乐需求、决策判断需求等方面的信源依赖度远超传统媒介⑤。林爱珺和何艳明对互联网时代的数字媒介依赖表示担忧，因为其引发的情感迷失、认知偏差、心理焦虑在很大程度上会弱化主体意识，因此应增强受众对数字媒介的批判意识⑥。

第三，青少年或青年受众的媒介依赖研究。在媒介依赖的学术研讨

① 聂莺：《媒介环境学视野下的社交媒体依赖现象》，《东岳论丛》2015年第2期。
② 谢新洲：《"媒介依赖"理论在互联网环境下的实证研究》，《石家庄经济学院学报》2004年第2期。
③ 王怀春：《新媒介时代受众对媒介依赖的变化》，《当代传播》2009年第2期。
④ 姚君喜：《媒介使用、媒介依赖对信任评价的影响——基于不同媒介的比较研究》，《当代传播》2014年第2期。
⑤ 吴文汐、喻国明：《城市互联网用户的媒介使用和信息倚赖——对用户的媒介依赖度、信任度及网络新闻浏览模式的分析》，《当代传播》2015年第3期。
⑥ 林爱珺、何艳明：《数字媒介依赖的新表征与伦理反思》，《学术研究》2022年第5期。

中，关涉青少年或青年受众的媒介依赖研究最为丰富，成为该领域的一个重要方向。胡伟等人围绕"短视频与睡眠质量的关系"这一话题，对666名大学生进行问卷调查，研究发现大学生在夜间频繁使用短视频社交媒介会降低睡眠质量[1]。张亚利等学者对466名大学生进行调查，发现错失焦虑、认知失败与手机社交媒体依赖存在正相关关系，即大学生的错失焦虑能通过影响手机社交媒体依赖进而间接对认知失败起作用[2]。刘振声探讨了大学生的微博依赖问题，认为微博的便捷性使用促进了依赖的形成；大学生对微博的依赖既有主动的一面，又包含着显著的被动性和非目的性[3]。林梵分析了大学生新媒体依赖症的表现，包括虚拟时空的沉溺性、接受内容的猎奇性、生活规律的颠覆性，容易导致钝化思维、引发犯罪、弱化责任、蚕食记忆等问题，需从加强心理疏导、传播文化能量、健全法律规制等方面进行策略重构[4]。此外，赵红勋立足思想层面，阐述了青年群体的新媒介依赖产生的"信仰风险"问题[5]，即信仰对象媒介化、信仰实践消费化、信仰情感冷漠化，极易引发青年群体的价值断裂，从而异化青年群体的主体性价值。

（二）青年的社交媒介实践研究

在大众传播学的理论话语中，以经验学派为主导的媒介效果（media effect）研究积累了丰硕成果[6]，诸如议程设置（agenda setting）、传播与劝服（communication and persuasion）、培养理论（cultivation theory）等，这些理论话语立足媒介立场，重在考察信息文本对受众产生了何种影响[7]，然而却忽略了受众对媒介的使用意义，而以伊莱休·卡茨（Elihu Katz）为

① 胡伟等：《短视频社交媒体依赖与大学生睡眠障碍的关系：夜间社交媒体使用的中介作用及性别差异》，《中国临床心理学杂志》2021年第1期。
② 张亚利、李森、俞国良：《大学生错失焦虑与认知失败的关系：手机社交媒体依赖的中介作用》，《中国临床心理学杂志》2020年第1期。
③ 刘振声：《社交媒体依赖与媒介需求研究——以大学生微博依赖为例》，《新闻大学》2013年第1期。
④ 林梵：《大学生新媒体依赖症的形成、危害与矫治》，《黑龙江高教研究》2016年第4期。
⑤ 赵红勋：《新媒介依赖视域下青年群体的"信仰风险"论析》，《中国青年研究》2020年第1期。
⑥ 张卓：《两种范式的对话：西方媒介效果研究的历程与转向》，武汉大学出版社，2020。
⑦ 张卓、赵红勋：《媒介效果研究："假说"还是"理论"？——基于经验学派与批判学派的学术考察》，《新闻界》2019年第1期。

代表的学者建构的"使用与满足理论"（use and gratifications theory）[①] 有力地扭转了媒介的功能中心地位，聚焦"受众对媒介做了什么"这一问题，对受众使用媒介的动机和需求进行关注。虽然使用与满足理论遭遇了来自批判学派的质疑，"使用与满足研究简直问错了问题，至少不是最重要的问题，光问人们如何使用媒介，不但琐碎无意义，且只有维护既有社会秩序的作用而已"[②]，但是使用与满足理论却与批判学派的受众认知产生了意义的交汇，即都关注受众使用媒介的积极意义。在积极的受众观念生产中，戴维·莫利（David Morley）的《电视、受众与文化研究》[③]、多萝西·霍布森（Dorothy Hobson）的《家庭主妇与大众传媒》[④]、詹姆斯·鲁尔（James Lull）的《电视的社会使用》[⑤] 等批判性研究都具有典型性。除了经验学派和批判学派关注受众使用媒介的积极意义之外，媒介化研究的代表学者尼克·库尔德利（Nick Couldry）从社会实践理论出发，建构了媒介实践理论，其重点考察受众在行为的语境中利用媒介做什么[⑥]。显然，媒介实践理论包含的受众思想也具有能动的主体意义。

正是在受众使用媒介的积极意义中，青年群体的媒介实践被赋予了更多的意义。凯蒂·约翰斯顿－古德斯塔（Katie Johnston-Goodstar）等人认为，青年群体的媒介实践包含了集体行动（collective action）的意义，并经由社会工作推动了职业和教育水平的提升[⑦]。卡尔·英格（Kral Inge）通过民族志的方式考察青年群体的媒介实践与文化的关系，发现青年群体接触新媒介的可能性日渐提升，青年群体善于借助新媒介获得专业知识，产生了新的传播实践、新的文化生产形式，推动了公众参与的快速发展。

[①] Katz, E. , "Mass Communication Research and the Study of Culture," *Studies of Public Communiation* 2 (1959): 1 - 6.

[②] 李金铨：《大众传播理论》，台北：三民书局，1990。

[③] Morley, D. , *Television, Audiences and Cultural Studies* (London: Routledge, 1997), p. 1 - 10.

[④] Hobson, D. , "Housewives and the Mass Media," *Culture, Media, Language: Working Papers in Studies* 79 (1972): 105 - 114.

[⑤] Lull, J. , "The Social Uses of Television," *Human Corrtmunication Research* 6 (1980): 197 - 209.

[⑥] 尼克·库尔德利：《媒介、社会与世界：社会理论与数字媒介实践》，何道宽译，复旦大学出版社，2014。

[⑦] Johnston-Goodstar, K. et al. , "Exploring Critical Youth Media Practice: Connections and Contributions for Social Work," *Social Work* 59 (2014): 339 - 46.

在青年群体借助媒介的广泛参与实践中，他们也在反思不断变化的文化实践[1]。朱利安·德拉富恩特·普里托（Julián de la Fuente Prieto）等学者认为，青少年的社交媒介实践能将他们的线上线下活动与他们的兴趣联系起来，并建构了具有相互协作意义的学习场景[2]。此外，安托万·范登比姆（Antoinevan den Beemt）等学者也认为，利用社交媒介进行学习已成为一种新的方法，而且大多数青少年对这种方法持积极态度，不过他们更喜欢社交媒介实践能够与教师的项目结合起来，这样才能更好地让社交媒介实践服务于学习过程[3]。

第一，青年群体社交媒介实践的自我呈现。随着移动互联技术的不断推进，微博、微信、抖音、快手等各种社交媒介平台备受青年群体喜爱，并日渐成为他们进行展演的舞台，青年群体社交媒介实践蕴含着丰富的"呈现"和"展演"意义。王玲宁和兰娟认为，微信朋友圈是青年群体自我呈现的媒介化表达，其通过自我意识强化、前后台结合表达、角色不协调的剧场冲突、真实自我弱化等进行自我呈现，当然这些意义的生产都与特定文化背景以及青年群体心理特征有着耦合关联[4]。徐婧和汪甜甜则将论述的焦点转向快手的青年用户，发现乡村青年在快手上的自我呈现具有某种戏谑化的风格，与此同时，青年用户通过快手所塑造的乡村面貌，在更大程度上满足了其自我身份认同的话语想象，即乡村青年的媒介呈现致力于重塑身份认同机制[5]。此外，赵红勋、王婉馨和王文静研讨了匿名社交中的青年群体自我呈现，从表演、展示与幻想等三重维度构建了青年群体的媒介化呈现机制，指出青年群体的自我呈现背后蕴含着一种技术的可供逻辑，极可能诱发媒介依赖症，异化青年的精神图示[6]。在论及青年社交

① Inge，K.，"Youth Media as Cultural Practice：Remote Indigenous Youth Speaking Out Loud," *Australian Aboriginal Studies* 1（2011）：4-16.

② Prieto，J. et al.，"Guided Participation in Youth Media Practices," *Comunicação e Sociedade* 37（2020）：21-38.

③ Beemt，A. et al.，"Pathways in Interactive Media Practices among Youths," *Learning，Media and Technology* 35（2010）：419-434.

④ 王玲宁、兰娟：《青年群体微信朋友圈的自我呈现行为——一项基于虚拟民族志的研究》，《暨南学报》（哲学社会科学版）2017年第12期。

⑤ 徐婧、汪甜甜：《"快手"中的乡土中国：乡村青年的媒介呈现与生活展演》，《新闻与传播评论》2021年第2期。

⑥ 赵红勋、王婉馨、王文静：《表演、展示与幻想：青年群体匿名社交中的自我呈现探析——基于匿名社交软件"Soul"的学术考察》，《青年发展论坛》2022年第1期。

媒介自我展演动机时，袁晓川和徐冠群认为，青年社交媒介自我展演并非一种"自恋主义"的表达，其具有多样化①。由此，社会大众应矫正青年群体"媒介自恋"的刻板认知，否则会使青年群体的媒介化变得"妖魔化"。

第二，青年群体社交媒介实践的感知结构。任何社交媒介实践都与主体的感知结构有着内在的联系，因为社交媒介实践并非一种外在表现，更为重要的是投射了主体的情感和认知。对于青年群体而言，其社交媒介实践蕴含着丰富的感知意义。曾一果和罗敏认为，返乡青年借助短视频这种可视化的社交媒介形式，建构了"远离城市，隐居深山"的地方感，并经由短视频的互动结构，造就了集体怀旧的感知想象，生成了青年群体对乡村美学的想象②。张铮和周敏则以 379 名流动青年为对象，探讨其社交媒介实践与地方感之间的关系，发现流动青年的社交媒介实践行为塑造了"流入地"的地方感，这种地方感生成的背后投射着社会资本的话语力量③。此外，李珊认为，青年群体的媒介实践重构了主体的时间感知④，一方面，社交媒介技术的推陈出新，吸引了青年群体纷纷投入漫无目的的媒介实践，导致了"去时间化"感知结构的生成，这种"去时间化"感知结构在更大程度上被外化为消极的媒介依赖；另一方面，社交媒介为青年群体提供了内容生产的渠道，正是在这种主体的自我生产中，青年群体的时间结构与"当代性"保持了高度一致。

第三，青年群体社交媒介实践的文化建构。无论是青年群体还是社交媒介，在当代社会的意义生产都与文化紧密相连，因为他们在各自的领域都体现了一种崭新的、与时俱进的方式，并成为流行文化的代表，所以青年群体社交媒介实践的文化建构也是学者们普遍关注的一个学术问题。陈霖曾指出，基于互联网而建构的新媒介空间为青年亚文化传播提供了新的语境⑤，因为其具有的流动、参与、分享等特质超越了传统媒介的话语特

---

① 袁晓川、徐冠群：《"为了承认的斗争"：当代青年社交媒体的自我展演现象》，《青少年研究与实践》2020 年第 3 期。

② 曾一果、罗敏：《乡村乌托邦的媒介化展演——B 站"野居"青年新乡村生活的短视频实践》，《福建师范大学学报》（哲学社会科学版）2022 年第 1 期。

③ 张铮、周敏：《"他乡客"如何"融新城"？——微信使用与当代都市流动青年地方感建构的关系探究》，《新闻与写作》2022 年第 1 期。

④ 李珊：《时间感知与叙事建构：物质性视域下青年群体的媒介实践》，《东南传播》2022 年第 2 期。

⑤ 陈霖：《新媒介空间与青年亚文化传播》，《江苏社会科学》2016 年第 4 期。

征，并与青年亚文化的阐释形貌高度吻合，由此推动了青年亚文化的意义再生产。马中红认为，以互联网技术为主的社交媒介激活了青年文化的动态因子，推动青年文化形态由传统风格化向数字虚拟化、由小众联盟化向普泛化、由单向传播向多向交互转变，从而形塑了当代青年的亚文化特质，并在与主流文化的协商与对话中彰显其文化创新的潜能①。段鹏和闫伯维立足媒介融合，阐释了青年亚文化的新样态。在他们看来，随着各种媒介的不断渗透，青年群体的社交媒介实践正在塑造一种"亚网红"文化②，其具有反主流以及追求异化审美的意味，并对其他亚文化群体存在一定的意义抵抗。此外，孙琦琰认为，由于社交媒介实践的"可及性"，青年群体的社交媒介使用所建构的文化样态日渐呈现"成本低""方式多""速度快"等特征，这些文化样态看似各有不同，却无一例外地影响了青年群体的行为习惯和思维模式③。

（三）研究现状简评

置身于媒介化社会，青年群体的学习、娱乐、工作等日常生活的诸多情境都被打上社交媒介的烙印，青年群体在一种沉浸性的习惯行为中产生过度依赖。在媒介依赖研究方面，围绕其理论阐释以及青年群体的行为和心理依赖的研究取得了较为丰富的成果，尤其是对青年群体互联网成瘾的探讨，具有很好的借鉴作用。此外，从受众理论出发，围绕青年群体的社交媒介实践而展开的研究也积累了丰硕成果。然而，目前的学术研究仍有较大的提升空间，包括以下几方面。

第一，研究视角的整体性有待提升。一方面，研究内容呈现散点化。围绕青年群体媒介依赖的性格与心理因素的研究居多，缺少立足社交媒介时代对青年群体媒介依赖的系统性思考；另一方面，研究视角相对单一。现有研究认识到青年群体媒介依赖的心理因素及其负面影响，但更多局限于对现象的解读，缺乏通过在社交媒介技术、青年受众、文化生态与社会环境等方面形塑的系统论思维来认识青年群体的社交媒介依赖问题以及思

---

① 马中红：《新媒介与青年亚文化转向》，《文艺研究》2010 年第 12 期。

② 段鹏、闫伯维：《"亚网红"的价值变现：媒介融合背景下青年亚文化的新样态》，《文化产业研究》2020 年第 3 期。

③ 孙琦琰：《新媒介语境下青年流行文化的"变"与"不变"——兼谈当前流行文化的传播机理和发展趋势》，《思想理论教育》2013 年第 5 期。

考如何进行有效引导。

第二，研究内容的具体性也有充实的空间。从研究现状来看，立足个案探讨青年群体的社交媒介依赖问题是常态，缺乏对青年群体社交媒介依赖的表征以及成因的系统化探讨。此外，有关青年群体的社交媒介依赖的研究更多地侧重于心理层面的论述，对青年群体社交媒介依赖的技术症候、主体价值以及解决路径的认知不够深入。

基于此，本书以一种相对系统化和整体性的视角，立足当代媒介发展的社会化语境，全景式勾勒青年群体的社交媒介依赖表征、产生后果、生成动因以及矫正机制，为深入理解青年群体的社交媒介依赖问题提供系统性思考。

三　研究价值

本书立足当代社会语境，旨在深刻揭示青年群体的社交媒介依赖表征和主要问题，全景式勾勒青年群体"工作媒介化""学习媒介化""健身媒介化""娱乐媒介化""游戏媒介化"的社交媒介依赖表征，并对其在身体理性、精神价值、文化生态等方面所产生的后果进行反思与批判，从而挖掘社交媒介依赖背后蕴含的技术可供性、主体意识弱化、社会生态形塑等生成动因，建构社交媒介依赖矫正机制，以期为青年群体的社交媒介实践提供切实可行、科学有效的应对之策。

（一）理论价值

对于任何一项研究而言，理论是研究得以开展的基础，也是研究价值首要解决的核心问题。本书立足社交媒介技术所建构的社会化语境，以青年群体的社交媒介实践为研究对象，透视社交媒介依赖的关键表征，阐释其重要影响、生成动因以及矫正机制，从而揭示青年群体、社交媒介、社会与文化之间的意义生成关系，既满足了多学科的理论研究需要，又创新了社交媒介依赖理论体系。一方面，本书努力实现一种跨学科的理论关联。在青年群体的社交媒介依赖研究中，心理学、医学等学科的研讨相对较多，但是其主要借助实证性方法将社交媒介依赖进行量化，缺乏观照青年群体社交媒介依赖的"传播温度"；而传播学对此问题更多地进行了现象解读，缺乏深入调查、生动观察和剖析。本书尝试通过质性研究方法，在观察以及访谈的过程中，对青年群体社交媒介依赖的生动案例进行普遍化抽象。另一方面，本书将社交媒介依赖的表征体系进行了具象性概括。在对青年群体的社交媒介依赖进行解读的过程中，并没有泛泛而谈，而是在工作、学习、健身、游戏和娱乐等 5 个方面的媒介化实践中进行铺陈和架构，由此创新了社交媒介依赖理论体系。

（二）实际应用价值

通过对青年群体社交媒介过度使用现象的深入分析，全面厘清社交媒介依赖的关键表征与重要影响，深度剖析产生这种依赖性的内部动因与外部激发因素，并在此基础上建构一套切实可行的科学化矫正机制，有效规避青年群体被社交媒介所"奴役"的现象，不仅能够复位青年群体正态的社会化进程，而且能够唤起社会大众对青年群体的关注，促进青年群体积极健康发展。具体而言，一方面，唤起社会大众对社交媒介依赖问题的关注。通过探讨青年群体的社交媒介依赖问题，让这个被长期忽略的问题浮现于社会大众的视野，引起人们的重视，尤其关注社交媒介依赖产生的负面效果以及原因，以此更加清醒地认识青年群体与社交媒介的关系。另一方面，为青年群体摆脱社交媒介依赖提供了切实可行的方案。本书在分析青年群体的社交媒介依赖表征、生成动因的基础之上，从国家、社会、家庭、媒介以及青年等重要主体入手，建构了"五位一体"的矫正机制，具有较强的针对性和实用性。

四 研究方法

在社会科学的研究框架中，定量研究和定性研究占据着主导地位，前者强调借助可量化、可测定的数量分析考察事物的整体客观存在特点，后者力图通过深入、仔细、长期的体验和调查，揭示事物的属性、特征及其关系表征[①]。而围绕社交媒介依赖、网络依赖、媒介成瘾、游戏成瘾等相关主题的研究，主要通过具有量化性质的实证主义方法来进行客观性展

---

① 赵红勋：《移动互联时代青年群体的媒介化交往研究》，武汉大学出版社，2021。

陈，诸如问卷调查、实验控制等。从某种意义上来看，实证主义的研究传统为社交媒介依赖的相关研究提供了可供参照的数据支撑，为解释这种具有普遍性的社会现象奠定了重要基础，但其却容易忽略"意义丢失"的问题。然而，社交媒介依赖问题背后折射的是对受众话语的分析与阐释，尤其是洞察受众社交媒介依赖投射的属性、特征以及关系，揭示受众、社交媒介以及社会的相互依存关系。对这些问题的研讨，则应借助定性研究全面考察现象背后建构的意义问题。基于此，本书在勾勒青年群体社交媒介依赖问题的过程中，力图超越定量研究的"唯数据论"分析，侧重对意义进行挖掘的定性研究（深度访谈），以更好地对青年群体的社交媒介依赖进行关系揭示与意义阐释。当然，在具体的研究过程中，除了深度访谈，本书还采用了文本细读、案例分析等方法，力求使研究更具生动性、更有说服力。

首先，文本细读。在传统的解释中，小说、诗歌、散文等是文本的主体内容，而如今文本的概念已延伸至新闻、影视等领域。本书的文本细读既包括文献文本，又涉及媒介的叙事文本。一方面，在青年群体社交媒介依赖的核心问题下，依据有关该问题的关键词（青年群体、社交媒介以及媒介依赖）进行相关文献阅读，并在对研究现状的整理中进行客观评述，既为问题的后续研究提供了理论依据，又在文本细读中寻求研究的突破口。另一方面，围绕青年群体的社交媒介依赖进行文本细读，对青年群体的社交媒介使用文本进行详细剖析，因为社交媒介使用文本的建构是青年群体产生依赖的重要因素。所以，通过社交媒介使用文本的解读，能够深入洞察青年群体社交媒介依赖的生成动因，为矫正机制的提出奠定良好基础。

其次，案例分析。在学术研究中，案例分析常常被运用，如特定小说文本的叙事解读，某一电视剧文本的现象诠释，某类社会组织的媒介运动，等等。当然，案例分析并非停留在对现象的描述，而是透过那些具体的、生动的人物和事件来揭示通则性意义，即经由案例的解读获得一种普遍性价值。本书对青年群体社交媒介依赖的关注并非一种空洞的抽象描述，而是在一些具体的生动实践中探究社交媒介依赖问题，并通过对案例的提炼，探索具有普遍性价值的一般规律。具体而言，青年群体社交媒介依赖问题的形成与具体的社交媒介实践行为密不可分。所以，本书将青年群体的社交媒介实践进行了具象化观照，包括工作实践的媒介化、学习实践的媒介化、游戏实践的媒介化、健身实践的媒介化、娱乐实践的媒介化，并在这 5 个方面的生动案例中探讨社交媒介实践过程中的依赖问题，不仅以一种直观可见的形式展现青年群体的社交媒介依赖症候，与当代青年群体的现实状况产生强烈的关系呼应，而且为社交媒介依赖的理论阐释提供了生动的话语策略，从而在案例观察、现象描写与理论阐释的循环互动中构筑学术研究的价值体系。

最后，深度访谈。作为质性研究中的一种重要研究方法，深度访谈不仅是获取材料和数据的必要途径，而且是研究者与受访者建构的言语事件（speech event），更是认识和理解社会主体主观世界和意义世界的独特路径①。在具体的操作实践过程中，研究者围绕某一核心主题与受访者展开交流和会话，既可以面对面地在场交谈，也可以借助特定的媒介形式进行沟通（如电话、文字等）。为了能够在受访者身上挖掘客观的、有价值的信息，整个访谈常常是一种半结构化的交谈。这种半结构化的形式，能够让受访者放下戒备心，以更加真实、自由的状态畅谈感受，以此深化研究资料的客观性和真实意义。对于本书而言，青年群体的社交媒介依赖是一个相对复杂的社会问题，既包括工作和学习实践对社交媒介的依赖，又涉及娱乐和健身实践对社交媒介的依赖，还包括游戏实践对社交媒介的依赖，而这些不同的社交媒介依赖问题并非都集中于某 1 名青年的社交媒介实践过程，而是在诸多青年的社交媒介实践过程中进行着不同的意义操演。由此，本研究根据青年群体的社交媒介实践类型，选择不同的青年群体进行深度访谈，从而在一种更强的普遍性之中更好地探求青年群体社交媒介依赖的整体意义。具体而言，笔者试图从青年群体的工作实践、学习实践、娱乐实践、游戏实践以及健身实践等 5 个方面进行样本选取，而"介入"这 5 种社交媒介实践的青年群体是具有差异性的。为了能够清晰地对其进行区分，笔者对不同的访谈方面进行了编号（工作实践的编号为 A，学习实践的编号为 B，娱乐实践的编号为 C，游戏实践的编号为 D，健身实践的编号为 E）。此外，在访谈资料的实践运用中，笔者对受访者的信息也进行了统一的格式编排，即"编号—性别—年龄"，在性别的表达中，男性为 M，女性为 W。例如，"工作实践受访者 1 号，女性，25 岁"表示为"A01 - W - 25"。

---

① 王昕：《深度访谈中的"主体间性"：意义与实践》，《青海社会科学》2013 年第 3 期。

　　第一，在对青年群体工作实践与社交媒介依赖的调查中，笔者选择了已经参加工作的青年群体进行访谈，其职业包括教师、设计师、记者、公务员、建造师等。在具体的访谈过程中，笔者以 30 名已参加工作的青年为对象，与其进行 2～3 小时的对话交流。排除重复与无效样本，保留了 15 名青年的访谈结果（见表 1）。在这 15 名受访者中，有 6 人采用线下访谈方式，他们是笔者发动身边朋友介绍的访谈对象，同时与笔者地理距离适中；其他 9 人采用微信聊天、语音通话等线上访谈方式。在征求受访者同意的情况下，笔者对访谈内容进行了文字记录和录音，为后续写作提供材料支撑。

表 1　"青年群体工作实践与社交媒介依赖"访谈的基本情况

编号	性别	年龄	职业	使用频率	访谈方式
A01	女	25 岁	事业单位	每天	线上访谈
A02	女	31 岁	房地产策划师	每天	线上访谈
A03	女	25 岁	运营经理	几乎每时每刻	线上访谈
A04	女	26 岁	设计师	每天	线上访谈
A05	男	28 岁	销售	几乎每时每刻	线下访谈
A06	男	27 岁	银行职员	每天	线下访谈
A07	女	25 岁	酒店经理	每天	线下访谈
A08	女	30 岁	学管师	每天	线上访谈
A09	女	24 岁	公务员	每天	线下访谈
A10	男	28 岁	记者	每天	线下访谈
A11	男	26 岁	助理	每天	线下访谈
A12	男	28 岁	建造师	每天	线上访谈
A13	女	29 岁	教师	每天	线上访谈
A14	女	25 岁	直播商务拓展	每天	线上访谈
A15	女	26 岁	行政文员	每天	线上访谈

　　第二，在对青年群体学习实践与社交媒介依赖的调查中，笔者在参与式观察的基础上，通过线上与线下相结合的访谈方式展开深入调查。线上访谈主要通过加入学习打卡社群、兴趣部落、学习直播社群等群组选取受访者，采用语音电话、文字交流等方式访谈；线下访谈则通过笔

者所在地区的几所规模较大的自习室随机挑选受访者进行面对面访谈。此次调查共访谈 30 人，线上访谈 20 人，线下访谈 10 人，受访者都在学习过程中频繁使用社交媒介，每名受访者的访谈时间大约为 1 个小时。在排除一些重复和无效样本之后，最终选择 15 名青年的访谈结果进行呈现（见表 2）。

表 2　"青年群体学习实践与社交媒介依赖"访谈的基本情况

编号	性别	年龄	职业	使用动机	使用频率	访谈方式
B01	女	22 岁	学生	准备考试	每天	线上访谈
B02	女	20 岁	学生	学习监督	每天	线上访谈
B03	女	19 岁	学生	兴趣培养	每天	线上访谈
B04	女	23 岁	学生	准备考试	一周多次	线上访谈
B05	女	25 岁	学生	自我提升	一周多次	线上访谈
B06	女	24 岁	学生	学习监督	每天	线下访谈
B07	女	23 岁	学生	准备考试	每天	线下访谈
B08	女	26 岁	教师	教学需要	一周多次	线上访谈
B09	女	33 岁	主妇	监督孩子和自我学习	每天	线上访谈
B10	男	23 岁	学生	能力提升	每天	线下访谈
B11	男	19 岁	学生	兴趣培养	每天	线下访谈
B12	男	22 岁	学生	学习监督	每天	线下访谈
B13	男	25 岁	学生	学习监督	每天	线上访谈
B14	男	35 岁	教师	社群维护与自我提升	一周多次	线上访谈
B15	男	26 岁	公司职员	形象管理与兴趣培养	一周多次	线上访谈

第三，对青年群体娱乐实践与社交媒介依赖的调查，笔者从 2021 年 7 月开始准备，并在对身边人的观察中进行问题提炼，力图呈现青年群体的娱乐实践如何在社交媒介中获得意义，以及如何引发社交媒介依赖问题。为了能够更加生动地展现这些问题，笔者通过"滚雪球"的方式进行访谈样本获取，避免了访谈样本性别、年龄、职业过于相似所导致的文本同质化问题，遵循"样本饱和"的基本原则，最后确定了 18 名青年受访者（见表 3）。访谈主要借助微信、QQ 和游戏交流进行，访谈

的主题围绕"娱乐实践的社交媒介依赖"展开，每次访谈的时间为 1～2 小时。

表3 "青年群体娱乐实践与社交媒介依赖"访谈的基本情况

编号	性别	年龄	职业	关注领域	使用频率	访谈方式
C01	女	19 岁	学生	微博、音乐	每天	线上访谈
C02	女	25 岁	自由职业	追星	每天	线上访谈
C03	女	32 岁	全职妈妈	短视频、微信	每天	线上访谈
C04	女	28 岁	教师	购物	每天	线上访谈
C05	女	24 岁	教师	短视频、购物	每天	线上访谈
C06	女	24 岁	媒体工作者	追星	每天	线上访谈
C07	女	23 岁	美甲师	微博、购物	每天	线上访谈
C08	女	25 岁	街道工作者	追剧、游戏	每天	线上访谈
C09	男	27 岁	学生	追剧、游戏	每天	线上访谈
C10	男	22 岁	游泳教练	游戏、微信	每天	线上访谈
C11	男	22 岁	人力资源师	游戏、微博	每天	线上访谈
C12	男	24 岁	软件工程师	追剧、微信	每天	线上访谈
C13	男	23 岁	学生	短视频、购物	每天	线上访谈
C14	男	23 岁	学生	购物、综艺	每天	线上访谈
C15	男	34 岁	外卖员	短视频、音乐	每天	线上访谈
C16	男	30 岁	电商运营	短视频、微信	每天	线上访谈
C17	男	26 岁	自由职业	游戏、微信	每天	线上访谈
C18	男	25 岁	学生	微信、音乐	每天	线上访谈

第四，为了深入了解青年群体游戏实践与社交媒介依赖问题，笔者采用半结构化的访谈方法与青年群体进行深入的交流。笔者根据年龄、职业以及性别等因素选取了 15 名具有不同程度游戏实践社交媒介依赖的青年进行访谈，其中有 7 名女性和 8 名男性，职业涉及公务员、记者、教师、学生以及销售等，相对较为广泛（见表4）。访谈主要采用线上和线下两种方式，每场访谈大约持续 40 分钟。

表 4　"青年群体游戏实践与社交媒介依赖"访谈的基本情况

编号	性别	年龄	职业	访谈方式
D01	男	25 岁	公务员	线上访谈
D02	女	22 岁	学生	线下访谈
D03	女	29 岁	教师	线上访谈
D04	男	28 岁	软件工程师	线下访谈
D05	女	26 岁	记者	线下访谈
D06	男	24 岁	待业	线上访谈
D07	女	26 岁	学生	线上访谈
D08	男	25 岁	学生	线上访谈
D09	男	32 岁	教师	线上访谈
D10	女	23 岁	公务员	线上访谈
D11	男	23 岁	学生	线下访谈
D12	女	30 岁	地产销售	线下访谈
D13	男	26 岁	酒店管理	线下访谈
D14	女	18 岁	学生	线上访谈
D15	男	25 岁	个体	线上访谈

第五，在对青年群体健身实践如何与社交媒介发生意义连接，并对社交媒介产生依赖的问题探寻中，笔者遵循"样本饱和"的原则，利用"理论抽样"策略对样本进行筛选，放弃相似度较高的其他样本，最终确定了15 名青年受访者，其中男性 8 名，女性 7 名（见表 5）。笔者在 2022 年 6 ~ 7 月通过微信、QQ 等途径进行访谈。

表 5　"青年群体健身实践与社交媒介依赖"访谈的基本情况

编号	性别	年龄	职业	使用频率	访谈方式
E01	男	23 岁	教师	每天	线上访谈
E02	男	24 岁	待业	每天	线下访谈
E03	男	25 岁	电商销售	几乎每时每刻	线上访谈
E04	男	30 岁	公务员	每天	线上访谈
E05	男	18 岁	学生	一周三四次	线下访谈

编号	性别	年龄	职业	使用频率	访谈方式
E06	男	27 岁	程序员	几乎每时每刻	线上访谈
E07	男	26 岁	教师	每天	线上访谈
E08	男	24 岁	学生	每天	线上访谈
E09	女	24 岁	学生	每天	线上访谈
E10	女	23 岁	人力资源师	几乎每时每刻	线上访谈
E11	女	20 岁	学生	每天	线上访谈
E12	女	24 岁	公务员	每天	线上访谈
E13	女	29 岁	教师	每天	线上访谈
E14	女	32 岁	医生	每天	线下访谈
E15	女	27 岁	学生	每天	线上访谈

五　社交媒介依赖：关键概念的阐释

随着网络传播的不断进阶，移动、互联以及智能等各种具有可供性的技术形态主导着当代社会的日常生活，并借由互动性的用户体验逻辑建构了社交媒介的话语模式。当然，社交媒介并非"进行时态"的唯一性媒介景观，其始于电子信息交换系统（electronic information exchange）的邮件发送①，并经由博客（blog）的在线社交进入社会大众的视野②，尤其是 Facebook、Youtube、Twitter 等社交媒介平台的生产互动能力，创构了社交媒介的新型话语模式。美国传播学者保罗·莱文森（Paul Levinson）没有把 Facebook 等平台视为社交媒介，而是视为"新新媒介"，因为在他看来，所有的媒介本身都具有社交性③，甚至包括报刊、书籍等，但是他阐述的"新新媒介"的共性特征（消费者即生产者、免费获取信息、竞争和互相

---

① 帕维卡·谢尔顿：《社交媒体：原理与应用》，张振维译，复旦大学出版社，2018。
② 曹博林：《社交媒体：概念、发展历程、特征与未来——兼谈当下对社交媒体认识的模糊之处》，《湖南广播电视大学学报》2011 年第 3 期。
③ 保罗·莱文森：《新新媒介》，何道宽译，复旦大学出版社，2016。

催化、不限于搜索引擎和邮件功能、超越用户控制等)① 与当前我们正在使用的社交媒介的特点高度契合，由此我们将 Facebook、Twitter 等平台视为社交媒介显然也是妥当的。对于我国而言，正在流行的微信、易信、抖音等与国外的 Facebook、Twitter 高度类似，都是社交媒介的代表。在社交媒介实践中，青年群体以主体性力量占据了半壁江山。

那么，社交媒介为什么深得青年群体的青睐呢？一方面，社交媒介的技术性适应青年群体特质。以微信、微博为代表的社交媒介具有很强的技术性，不仅需要掌握计算机输入语言，而且要对手机等移动终端的操作十分娴熟，而青年群体正处于学习能力强、适应性强的阶段，且对新鲜事物有着敏锐的捕捉能力，所以他们能很快地掌握社交媒介的技术规则，并付诸操作实践。另一方面，社交媒介的虚拟性契合青年群体心理。社交媒介平台凭借其对现实情境的高度重构，为青年群体提供了一个可以进行自我展演的虚拟空间，在这个虚拟空间中，青年群体不仅可以通过视觉线索缺失的环境进行印象管理②，而且能够借助在线互动寻求超越现实的认同感，"还可以建立与拓展自己的虚拟社会关系网络"③。比如，在"王者荣耀"这个社交媒介平台中，青年玩家通过"角色设置"建构一个符合理想自我的形象，并通过组队的方式与其他玩家产生关联，建构虚拟社交网络关系，而且这种虚拟社交网络关系还可能转化为线下的熟人网络关系。此外，社交媒介的自主生产契合青年群体性格。正处于成长阶段的青年群体，喜欢在自主创造的基础上形成自我的风格，并将这种自我的意义与他人进行沟通与交流。而社交媒介的一个重要逻辑就是自主生产，即用户可以创制传播内容，所以就能够吸引青年群体不断参与，并进行内容生产。例如，抖音不仅丰富了人们的视听体验，而且满足了用户进行内容生产的需求，青年群体在拍摄照片、视频的同时，借助视频剪辑功能生成一个新的内容，并通过抖音进行传播和交流。

社交媒介内含的丰富话语吸引了青年群体不断地投身其实践过程，并在自我展演以及虚拟互动中日渐产生了"依赖症"。在传播学的知识地图中，关涉"依赖症"的研讨经历了从"电视"到"互联网"再到"手机"

① 保罗·莱文森：《新新媒介》，何道宽译，复旦大学出版社，2016。
② 赵云泽等：《"社会化媒体"还是"社交媒体"——一组至关重要的概念的翻译和辨析》，《新闻记者》2015 年第 6 期。
③ 朱丹红、黄少华：《网络游戏：行为、意识与成瘾》，上海财经大学出版社，2021。

的媒介转变，由此促进了"电视人""网络人""手机人"等特殊受众的形成。而这些特殊受众的学术问题集中表现为心理问题，并往往与病理学的"成瘾"意义对等，如网络成瘾[1]、智能手机成瘾[2]等。虽然网络成瘾和依赖都有沉迷的倾向，但二者的区别在于，"依赖者没有表现出成瘾症状，只是对网络有一定程度的依赖。它不是一种疾病，而是一种不良网络使用习惯的表征"[3]。而在现实生活的媒介使用过程中，"重度网络成瘾所占比例相对较小，有轻度沉迷行为的人数比例较大"[4]。所以，本书认为，对青年群体社交媒介"沉迷行为"的探讨，或许用"依赖"比"成瘾"更为恰当。那么，我们应该如何理解社交媒介依赖的内涵？这是一个比较棘手和麻烦的问题，但可以在青年群体的阐释行径中对其表征意义进行观照。

第一，青年群体的大量时间消耗于社交媒介使用。作为社会存在的两个基本维度之一，时间不仅是衡量一切事物的重要刻度或标尺，"而且构成了人的内在本性和根本方式"[5]。人的这种内在本性贯穿于日常实践的各个方面，从早晨的起床到白天的工作或学习，再到晚上的睡觉，都借由时间要素获得意义。可以说，如果没有时间，人们的生活将会出现紊乱。在当代青年群体的时间结构中，刷抖音、玩游戏、刷微博、发微信朋友圈等各种媒介化行为占据了重要位置，凸显了青年群体对社交媒介的"时间依赖"。平均使用社交媒介超过 4 个小时的青年比比皆是，更有甚者超过 6 个小时。根据国内的 1 项调查，在后半夜上网超过 6 个小时的大学生占比达到了 23.1%[6]。当然，青年群体每天投入社交媒介的时间并非集中的、连续的，常常是多个缝隙时间的组合，如早起赖床时间、午休时间、晚饭时间等都有社交媒介的影子。当然，还有不少人在白天的工作或学习期

---

① 杨宏等：《大学生网络成瘾的潜剖面分析》，《中国心理卫生杂志》2020 年第 6 期。
② 刘勤学等：《智能手机成瘾：概念、测量及影响因素》，《中国临床心理学杂志》2017 年第 1 期。
③ 高英超、葛翔月、陈敏：《家庭文化资本视角下农村中学生的网络依赖》，《少年儿童研究》2022 年第 5 期。
④ 白羽、樊富珉：《大学生网络依赖及其团体干预方法》，《青年研究》2005 年第 5 期。
⑤ 汪玉娣：《马克思社会时间理论的实践本质及其基本特征》，《安徽大学学报》（哲学社会科学版）2010 年第 1 期。
⑥ 任叶庆、谭超美：《大学生网络依赖程度调查与实证分析》，《经济与社会发展》2012 年第 6 期。

间，都在使用社交媒介。此外，有不少青年除了睡觉，基本上手机不离手，其社交媒介使用时间几乎等于生活时间，导致生活节奏紊乱①。根据美国的 1 项调查，"每天平均上网时间超过 5 个小时，则与家人相处的时间减少，人际关系越来越冷漠"②。因为每个人的时间都是恒定的，一旦增加社交媒介使用时间，势必会挤压自我与他人进行沟通的时间，削弱具有重要价值事件的时间操演意义。比如，不少青年每天将大量时间用于《王者荣耀》《和平精英》等游戏实践，沉浸于虚拟的角色建构以及关系连接，导致其对现实生活关系的漠视。青年群体对网络游戏社交时间的投注，不仅挤压了现实生活的交往时间，而且异化了主体性自我的时间感知。

第二，社交媒介嵌入青年群体的身体空间。在社交媒介的意义叙事中，其不仅是内容生产和传播的平台，而且是形塑用户关系的网络。这种关系网络的建立依赖情境转移，即从社交媒介空间情境转向用户空间情境。当然，社交媒介网络关系的情境转移在青年群体的世界中形构了依赖性话语。因为社交媒介已与青年群体的身体结构形成了"意义的交汇"，加剧了青年身体行动的社交媒介化倾向。一方面，以手机为代表的社交媒介载体融入了青年群体的身体结构。美国学者理查德·塞勒·林（Richard Seyler Ling）认为，手机虽然具有糟糕的一面（如铃声干扰生活），但是它却毋庸置疑地成为一件必需品③。手机已完全进入青年群体的日常生活，成为其身体肌理的结构性要件，并参与了身体行动的诸多话语实践。从这个角度来看，青年群体对手机这种社交媒介载体的物质性依赖已经非常大了。另一方面，青年群体的身心实践存在社交媒介的踪迹。对于身体而言，其既涉及肉体的、具身性的身体，又包含精神的、思想的身体。社交媒介在形塑青年群体肉身结构的同时，对其精神的身体产生了影响。例如，微信朋友圈的自我呈现、点赞、评论等表达形态，触动了青年群体参与虚拟社群的意愿，并在其付诸实践的行动过程中形成了一种"依赖感"，这种依赖感既表现为对现实生活的回避，又表现为按照社交媒介的叙事逻辑进行生活表达。显然，当社交媒介的内容在青年群体的身体图示中进行

---

① 高英超、葛翔月、陈敏：《家庭文化资本视角下农村中学生的网络依赖》，《少年儿童研究》2022 年第 5 期。

② 王海龙、陈建成：《新媒体时代大学生网络依赖调查》，《人民论坛》2015 年第 36 期。

③ 理查德·塞勒·林：《习以为常：手机传播的社会嵌入》，刘君、郑奕译，复旦大学出版社，2020。

渗透时，悄然改变了青年群体的思考和行为方式，影响其对社交关系以及现实生活的清晰认知。

第三，青年群体的交往活动主要经由社交媒介的互动性获得意义。作为日常生活的重要实践方式，交往不仅投射了自我与他人的关系连接，而且将个体纳入了文化以及社会的范畴，形塑了人的社会化特征。在交往的类型建构中，人际交往是其主体内容。相较于传统的"面对面"人际交往，信息化时代的媒介化交往日渐卷入青年群体的世界，并"经由媒介的文化与社会意义形塑新的关系连接"①。青年群体的人际交往实践之所以被媒介化，主要源于社交媒介具有高强度的互动性，这种互动性深化和延伸了青年群体的虚拟沟通实践，使主体的沟通和交往更加轻松和平常。比如，备受青年群体欢迎的网络游戏，已不再是单纯的娱乐，而是一种交往实践的工具，其内在的互动意义让青年群体兴奋不已。如果只是一个人的娱乐，那么网络游戏对青年群体的吸引力就很难维持。而如今，不少青年之所以对网络游戏这种社交媒介形式产生了强烈的依赖性，源于"组队作战"的人际互动效应。再如，深受都市青年群体喜爱的某匿名社交媒介平台，其具有"瞬间广场""灵魂匹配""语音匹配""群聊派对"等各种功能②，这些功能都具有很强的互动色彩。正是这种具有匿名特点的人际互动，满足了不少青年用户的虚拟交流需求，从而使其形成依赖感。当然，青年群体的日常交往并非局限于网络游戏、匿名社交平台，而是囊括了微信、微博等所有社交媒介形式。因为这些社交媒介具有的强互动性能够让不少青年在喧嚣与孤寂之中得到一种精神的抚慰，并日渐形成一种习惯性依赖。青年群体对社交媒介的依赖一旦形成，其工作沟通、学习交流、消费互动、友人联络等诸多日常交往实践就都被附着了社交媒介的意义，即青年群体更愿意通过社交媒介与他人建立联系，而对"面对面"人际交往持回避态度，即便共处一个线下的交流空间，也会产生交流无奈与沟通障碍，由此异化了人与人之间最朴实、最生动的交流意义。

第四，青年群体的记忆实践依赖社交媒介的搜索和存储功能。在人们的生产生活实践中，记忆始终发挥着重要功能。无论是与人交谈、工作学

---

① 赵红勋：《移动互联时代青年群体的媒介化交往及后果探析》，《山东青年政治学院学报》2022 年第 1 期。

② 赵红勋、王婉馨、王文静：《表演、展示与幻想：青年群体匿名社交中的自我呈现探析——基于匿名社交软件"Soul"的学术考察》，《青年发展论坛》2022 年第 1 期。

习还是消费娱乐，都需要记忆。比如，在交谈会话过程中，人们对过去状态的描述是基于记忆实践的，而对现状的描述以及对未来的畅想也总是以过去的状况为起点，其间依然包含着记忆的话语结构。作为一个有关过去的各种形式的上位概念①，记忆发挥着再现历史的作用，以此更好地用过往的经验给予当下新的启示。在传统的记忆过程中，人们主要借助"纸张书写"，而如今则转向了社交媒介，因为社交媒介具有强大的搜索和存储功能，形塑了一种新的媒介化记忆方式。对于青年群体而言，其行为方式、思维模式等都处于一个尚未完全定型的过程，对新生事物的高敏感性以及强学习性促使他们不断地借助社交媒介进行记忆实践，并在长时间的实践中形成强烈的依赖感。

　　一方面，社交媒介的海量信息内容加剧了青年群体的"记忆懒惰"。在一个"承上启下"的特殊年龄阶段，青年群体自身的知识储备尚未稳定，他们对各种历史事件、知识体系等还处于一个不断学习的过程，无论是工作还是学习，他们总会遇到各种难以解决的问题，所以就常常借助社交媒介来强化关乎历史的记忆。因为社交媒介的信息容量能够让青年群体从多种角度来理解历史，进而强化知识的记忆。由此，不少青年就将这种海量的信息视为记忆的原材料，一旦涉及相关问题，就试图借助社交媒介来完成，即便在生活中遇到各种问题，也似乎缺乏担忧意识，总想着至少可以通过社交媒介来进行记忆的建构，不再将身体感知的记忆纳入社会记忆的实践过程，忽视了主体性记忆的最本质意义，导致"记忆惰性"的产生。另一方面，社交媒介的快速查找功能促进了青年群体的"记忆上瘾"。面对信息化社会的丰富信息，青年群体难以有更多时间精选内容，社交媒介不仅可以提供快速的信息检索，而且能够通过大数据对用户习惯进行内容匹配，符合青年群体的媒介实践习惯。正是由于这种媒介实践习惯的长期存在，不少青年的记忆实践越来越依赖社交媒介，既能够节省建构记忆的时间，又能够提高记忆的准确度。在这种中长期的"媒介效果"引导下，青年群体的记忆结构脱离了传统社会的话语模式，日渐被社交媒介所主导，并在悄然之间产生"媒介记忆上瘾"问题。

　　第五，青年群体的生活实践被社交媒介的娱乐话语所裹挟。在日常生活的表达范式中，娱乐性活动占据着突出地位。因为娱乐是人的天性，其

---

① 斯特凡·约尔丹主编《历史科学基本概念辞典》，孟钟捷译，北京大学出版社，2012。

既能缓解生活压力，又能使人获得心灵愉悦。娱乐对于人们如此重要，因此其成为社交媒介的功能叙事以及内容生产的重要法则。虽然交流是社交媒介的重要特征，但享乐似乎是伴随功能出现的用户最重要的体验①，以此更好地俘获了青年群体的"芳心"。比如，借助微信朋友圈这个公共性的虚拟广场，青年群体可以分享各种场合的照片和视频，以轻松休闲的话语来展现向往的生活方式；手机游戏《王者荣耀》具有"耳目一新的角色""层层进阶的任务"，带给青年群体不一样的娱乐体验，既使他们拥有了交流的快感，又使他们感受到了游戏闯关的"刺激"。

根据国内学者对新媒介影响青年娱乐休闲的调查研究，87.6%的人认为如果没有了互联网（或手机），娱乐方式将变得单调②。显然，互联网、手机等各种具有社交化属性的媒介已成为青年群体娱乐的重要工具，并逐渐向青年群体日常生活实践进行全方位渗透。因为社交媒介被理解为娱乐体验的一种延伸，其内在的娱乐精神与青年群体日常生活的休息话语高度一致，所以其成为青年群体进行生活叙事的娱乐载体。当然，青年群体的社交媒介娱乐活动主要是在闲暇时间进行，在工作或学习之余，他们通过刷短视频、玩游戏来获得放松。而短视频、游戏等社交空间将真实与虚拟之间的界限淡化，让青年群体时常忘记自己是在娱乐，休闲的时间概念被淡忘，加上社交媒介本身充满的惊奇、幻想、冒险、刺激等内容，从而吸引青年群体沉浸其中，并沉浸于社交媒介的娱乐感知。而如今，社交媒介所建构的娱乐快感已不再局限于青年群体的闲暇时刻，而是贯穿了青年群体的日常作息，并成为青年群体无意识依赖的目标和对象，影响"青春力量"的活力建构。因为社交媒介所建构的娱乐叙事话语之中掺杂了一些"伪娱乐"的成分，并诱导青年群体对其趋之若鹜，严重破坏了青年群体日常生活实践的娱乐思想体系建设。

第六，社交媒介依赖的行为异动、思想钝化与情感孤独。作为信息化社会的一个显性命题，青年群体的社交媒介依赖既与时间沉浸密切相关，又与社交实践相互联系，还与生活实践高度相关，其中最核心的表现是自我的生活体验越来越依靠社交媒介来完成，并对自我的行为、思想以及情

---

① 彼得·沃德勒等：《永久在线，永久连接：POPC 世界中的生存与交流》，殷乐、高慧敏译，中国社会科学出版社，2021。

② 刘庆庆、杨守鸿、陈科：《新媒介对青年休闲娱乐的影响研究》，《重庆大学学报》（社会科学版）2012 年第 1 期。

感产生了一定的影响。虽然社交媒介依赖尚未构成真正的"成瘾"，但是它已具备了一些成瘾的要素，若不能得到及时纠正，那么青年群体迈向成瘾的步伐将会更加有力，最终走向一种病理性的成瘾境地。从目前来看，青年群体的大多数社交媒介实践活动仍处于一种"依赖状况"，其投射的消极影响主要表现在行为异动、思想钝化以及情感孤独等三个方面。

首先，社交媒介依赖促进了青年群体行为异动的发生。在关涉社交媒介依赖的知识图示中，每天超过 4 个小时的时间沉浸、人际沟通方式倾向媒介化、社交媒介一旦缺席则会无端地焦虑不安等诸多问题的形成，最为直接地将青年群体对社交媒介的物质性依赖进行了生动展现，即社交媒介高度嵌入青年群体的日常生活，改变青年群体的行为方式。一方面，不受理性控制的媒介触摸行为在青年群体中发生。目前，手机作为青年媒介实践的重要载体，其自身的移动互联功能维持并加强了移动生活方式和物质的分散关系，将用户从"固定的地点"中解放出来[1]，给青年群体带来了诸多的便利。正是由于这种便利的存在，青年群体在任何场合都会下意识地去触摸手机。可以说，大部分青年时不时地从口袋中掏手机已成为一种"惯性"活动，极易分散注意力，导致不安全事件发生。另一方面，长时间的媒介使用会损坏身体机能。不少青年每天使用互联网和手机的时间远远超过 4 个小时，且他们的行为方式已习惯了媒介化表现，如对"输入法"的青睐远超"手写"，对小屏幕短视频的喜爱胜过大屏幕电视，等等。这些行为方式是青年社交媒介依赖的重要表现，会导致身体机能受损，如手指关节不灵活、脖子僵硬等[2]，影响青年群体的身体健康。

其次，社交媒介依赖加剧了青年群体思想钝化的产生。社交媒介依赖不仅表征为一种技术性或物质性依赖，而且表征为心理依赖，这也是不少心理学者对其进行研究的重要原因。对于青年群体来说，他们对社交媒介的依赖日渐从行为转向了心理，并常常将社交媒介视为心理动向的指南和参照。然而，社交媒介的内容叙事往往包括各种各样的话语，其中不乏质量较低的内容，但是由于心理上依赖性的存在，青年群体对内容叙事的甄别和选择能力降低，加剧了思想钝化。一方面，认知偏差导致思想和价值的错位。相较于信息传播媒介，社交媒介建构的内容偏向娱乐化体验。为

---

① 彼得·阿迪：《移动性》，戴特奇译，北京师范大学出版社，2020。
② 赵红勋：《移动互联时代青年群体的媒介化交往研究》，武汉大学出版社，2021。

了能够使这种娱乐化体验更加契合青年群体的心理，社交媒介在内容叙事过程中更加注重生动化描写，与事物的本质面貌存在一定的误差，有些甚至背离了事物的本质特征。而青年群体对社交媒介的崇尚与信任，则会让他们将这些内容叙事"一股脑"地吸收，形成认知偏差，可能导致思想和价值的错位。另一方面，缺乏批判削弱思想深度。在从"自然人"走向"社会人"的重要时期，青年群体的世界观、人生观和价值观正处于形塑阶段，而这一阶段需要通过批判性思维的培养使其具备清晰的、有逻辑的思考能力①，尤其是在社交媒介的大量内容裹挟之下，更应该以一种批判性的思考方式来认知。然而，部分青年由于对社交媒介存在心理上的依赖性，反而崇尚那些碎片化的信息，并对信息内容缺乏足够的批判，长此以往，青年群体的思想深度会被削弱，从而使青年群体丧失主体性精神。

最后，社交媒介依赖诱发了青年群体情感孤独的蔓延。在社交媒介的叙事话语中，交往的意义以一种显著性话语得以凸显。无论是微信群通知还是游戏组队作战，抑或语音聊天，都诠释着自我与他人的关系形构。对于青年群体而言，这种媒介化交往拟造了虚拟性的网络亲密关系，满足了他们的沉浸互动想象。因为在当代社会的快节奏下，青年群体的线下交往成本相对较高，所以他们更愿意通过社交媒介来建构交往话语，以此与社会的发展保持一种虚幻的进步同一性。然而，不少青年在长期媒介化交往的过程中，日渐习惯网络互动的感觉，开始对现实生活的人际沟通以及社会往来变得冷漠，甚至持有一种排斥的态度。而网络空间的情感满足是短暂的、瞬时的、多变的，情感关系是浅层的②，若长期沉浸其中，难免会产生情感孤独。正如美国学者雪莉·特克尔（Sherry Turkle）所言："人试图从无生命技术物、虚拟的网络空间寻求亲密关系，不断强化对技术与媒介的依赖和网络人际关系的紧密联系，却变得越来越孤独。"③ 此外，青年群体是一个极易被"感染"的群体，一旦有人被媒介化交往所牵制从而产生了情感孤独，就会"传染"给其他人，最终加剧整个青年群体的孤独

---

① 史金龙：《批判性思维：青年领导力发展的根本动力》，《西南民族大学学报》（人文社会科学版）2021年第3期。
② 董金权、罗鑫宇：《"情感"视角下的网络直播——基于30名青年主播和粉丝的深度访谈》，《中国青年研究》2021年第2期。
③ 雪莉·特克尔：《群体性孤独：为什么我们对科技期待更多，对彼此却不能更亲密？》，周逵、刘菁荆译，浙江人民出版社，2014。

感，影响青年群体的性格塑造和人格培养。

六　叙述逻辑：本书的框架结构

随着社交媒介在当代社会的全面渗透，青年群体日常实践的诸多方面都被社交媒介所裹挟，并在浸润性的媒介实践中日渐生成一种依赖性，不仅重创了青年群体已建立的行为阐释方式，而且在很大程度上异化了青年群体的思想认知以及精神价值。青年群体是国家建设的新生代和主力军，其身心健康关乎社会和谐甚至是国家命运。由此，其社交媒介依赖问题亟待被纳入学术研讨的范畴。基于此，本书立足传播技术日益社交化的新时代语境，以青年群体为研究对象，借由深度访谈、案例分析、文本细读等研究方法，深入考察其社交媒介依赖的表征、生成动因以及矫正机制，既有效填补了青年群体研究和媒介实践研究之间长期形成的"问题裂缝"，又为青年群体的社交媒介依赖问题提供了新的"阐释路径"。

在对青年群体的社交媒介依赖问题进行分析和阐释的过程中，本书既没有形塑社交媒介依赖的"思想史"阐释，又没有对社交媒介依赖的行为和心理进行可定量的"数据化"描述，而是依照"发现问题—分析问题—解决问题"的基本思路，借由定性研究的叙事表达，全景式勾勒青年群体社交媒介依赖的学术地图。具体而言，本书共用七个章节的内容来进行逻辑架构与意义铺设，其中，绪论重在提出并界定问题，第一章至第五章意在分析问题的表征，第六章旨在阐释问题的生成动因，第七章致力于建构问题的解决路径。

绪论重在提出并界定问题（青年群体如何卷入社交媒介的话语体系并日渐对其产生依赖感），对核心问题（社交媒介依赖）进行意义阐释，以此为后续对青年群体社交媒介依赖的深度研究提供基本的参照。此外，绪论还对研究的过程进行详述，即通过案例分析、深度访谈等研究方法对社交媒介依赖的实例进行剖析与解读，并试图在那些生动而鲜活的实例中提取具有普遍性的理论价值。

第一章至第五章致力于从工作、学习、娱乐、游戏、健身等5个具体方面揭示青年群体日常生活实践社交媒介依赖的表征形态。因为青年群体日常生活实践是一个意义庞大的体系，对其进行问题探究的过程难以做到

"面面俱到"，只能从较为典型的实践案例中进行"现状扫描"，并借由这些生动的实践案例审视青年群体如何被社交媒介所裹挟并日益产生依赖性的问题。具体来说，第一章重点考察了青年群体工作实践的社交媒介依赖问题，发现工作场景的表达形态已融入社交媒介依赖话语，借由实践习惯的行为表征、思维方式的内在逻辑、关系建构的权力表达等呈现不同的依赖样态。这种依赖的背后是青年群体工作场域的泛化及社交媒介权威对工作伦理的冲击，青年群体工作场域的运行规则在社交媒介的逻辑中被重新形构。第二章探讨了青年群体学习实践的社交媒介依赖问题。社交媒介给传统的线下学习生活与学习方式带来了诸多影响。作为"数字原住民"，青年群体对线上学习展现了极强的接受能力和适应性，通过学习社群积极呈现自我，寻找志同道合的关系连接，互帮互助、寻求温暖与归属感；此外，他们又不可避免地对社交媒介工具产生高度的依赖性。第三章阐述了青年群体娱乐实践如何与社交媒介依赖话语发生意义连接，认为具有娱乐形式的游戏狂欢、"饭圈"共同体、媒介消费、碎片化的社交媒介使用给青年群体带来了交互体验，并演化为青年群体娱乐实践的社交媒介依赖，在一定程度上满足了青年群体内心的情感需求和现实的社交话语需求，并对青年群体的社会认知产生了内向性反映，重塑了青年群体的社交实践现实道路。第四章观照了青年群体游戏实践对社交媒介如何产生依赖性，认为青年群体游戏实践的社交媒介依赖主要表现为两个方面，即以游戏为媒对现实生活中的社交实践进行变革与重构、以游戏为链建构趣缘社群。此外，这种依赖的症候在很大程度上导致了青年群体的自我认知错乱与社交退化。第五章阐述了青年群体健身实践如何产生社交媒介依赖问题。青年群体的健身实践经由不同的媒介环境，从自然态发展过渡为媒介态。技术的发展、社交媒介的规范及其制度色彩所促成的习惯，以健身打卡和符号消费为特征的仪式感获得，自我表达的满足感、群体归属感以及健身偶像中的情感连接成为青年群体健身实践中社交媒介依赖的重要逻辑归因。同时，青年群体的社交媒介依赖造成了其健身实践的异化。一方面，社交媒介对身体审美的塑造约束了青年群体的身体实践；另一方面，社交媒介对身体观赏价值的凸显加剧了青年群体健身中的身体竞争。

　　第六章着力分析了青年群体社交媒介依赖的生成动因。青年群体社交媒介依赖的生成动因主要通过"青年自身""技术话语""社会环境"等进行体现。孩童时期的接触，使社交媒介早早地对青年群体的行为与认知进行渗透与形塑，导致行为习惯媒介化；大数据、传感器等技术话语体系为青年群体的社交媒介实践提供了基础条件，而技术文本的刺激性叙事吸引青年群体沉迷其中；社会环境的整体性社交媒介依赖所形成的感染效应以及弱监管能力都加剧了青年群体对社交媒介的依赖。

第七章意在对青年群体的社交媒介依赖提出矫正机制。针对青年群体的社交媒介依赖问题，从国家、青年、媒介、社会、家庭等方面建构"五位一体"的矫正机制，力求最大限度地诊治青年群体的"社交媒介依赖症"，让青年群体在健康和谐的环境中正确、合理地使用社交媒介。

第一章　青年群体工作实践的社交媒介依赖

随着互联网技术在社会生活的广泛应用，各种具有移动化沟通功能的社交媒介平台在日常生活中发挥着重要作用。从微信的聊天对话，到雨课堂的在线学习，再到 Soul 的匿名社交，这些紧贴时代脉搏的社交媒介正在构建当代社会的交流方式，其对青年群体的影响更加凸显。毋庸置疑，社交媒介已成为青年群体进行各种社会活动的重要载体，甚至是依赖性工具。

作为当代青年群体的一种实践方式，工作不仅是青年个体成长历程中的重要阶段，也是其日益社会化的显著标识。在青年群体工作场域，社交媒介形成了一个复杂、深刻的活动图谱，其以各种实践路径作用于青年群体的日常工作内容，并使其工作实践呈现明显的社交媒介依赖行为特征。青年群体的社会交往和工作实践也正经历意义的变迁和价值的重构，"媒介"逐渐成为青年群体社会交往和工作实践的主要工具和渠道。互联网和电脑的接入在很大程度上减少了工作中的体力支出，衍生了"线上办公"的工作概念，成为工作场域现代化的标志之一。而随着社交媒介技术在工作场域的深入实践，电脑逐渐成为一种工作实践的必要内容和基本前提，相应地，其作用力逐渐成为一种工作实践的基础设施，被一定程度地忽视。在当下万物互联的社会，远方空间和现处空间突破了"边缘—中心"的关系模式①，一部手机就能实现远距离的工作沟通和问题处理，微信、钉钉、腾讯会议、Welink 等各类社交软件被广泛地应用到工作实践当中，社交媒介成为青年群体线上工作实践的主要路径。跨屏幕的工作实践在跨国企业、大型企业等的工作场域中早已出现并成为习以为常的现象，但对于整个青年群体工作场域来说，这种跨媒介的远程工作在 2020 年新冠肺炎疫

---

① 王斌：《从技术逻辑到实践逻辑：媒介演化的空间历程与媒介研究的空间转向》，《新闻与传播研究》2011 年第 3 期。

情防控期间开始大规模实践。

当远距离的交往成为常态，社会各场域也会依赖媒介逻辑的力量进行秩序的重构，其表征为实践主体的媒介依赖习惯。在社交媒介技术的强力驱动下，社会正经历媒介化的文化过程，青年群体工作场域的实践路径也逐渐被社交媒介所占据，"加微信"已成为现代工作沟通中不可缺少的一项内容，面对面的沟通已经不再是工作交流中的主要方式，即便是线下的工作内容，也在一定程度上基于线上的关系连接与维系。媒介化的社会语境下，青年群体在工作中对社交媒介的依赖已经成为一种工作习惯，并在实践方式、思维习惯、关系建构与情感导向上对社交媒介产生了深深的依赖，整个工作场域的运行规则在社交媒介的实践逻辑中发生变革与重构。

一 行为卷入：工作习惯的社交媒介依赖

习惯是社会文化的表征，人类社会丰富的实践活动勾勒了社会习惯的多元样态。在媒介化日渐显现的新时代，社会实践习惯总是以一种媒介包裹着的行为样态所展现。在社交媒介技术的渗透下，社会的基础设施日益科技化和智能化，大数据和人工智能在社会各场域的实践不仅提高了青年群体做事的效率，而且节约了大量的社会资源，加快了社会整体的运行速度。在手工业逐渐消退的同时，社会生产在科技文明的助推下迈向了一个加速度的时代，资源转化的周期越来越短，日常生活被切割成无数碎片化的活动。"人们期望，人们试图，人们也被迫与不断加速的网络进程和网络时间保持同步"[1]，网上购票、电子身份证、智能家居、人脸识别等各种技术形态的涌现，打乱了青年群体社会活动的时间分配，将他们的时间资源积聚起来，投入更为宏大的社会整体劳动力，为创造社会财富、促进社会进步贡献时间和智慧，而社会进步带来的又是更为先进的科学技术，先进科技成果又为推动社会现代化进程发挥力量，以此循环。这正如移动支付在中国的自然化、合法化和日常化，它在节约了纸质资源、便捷了消费

---

[1] 罗伯特·哈桑：《注意力分散时代：高速网络经济中的阅读、书写与政治》，张宁译，复旦大学出版社，2020。

的同时，激发了更为多样的售卖方式和营销手段，带来了更多的社会消费和社会财富，社会财富的充足又会产生更多的社会需求和社会消费。社交媒介技术对社会的深入实践引领着青年群体的日常生活朝更加智能高效的方向发展，社会在与社交媒介技术相互影响和融合的过程中塑造了一个媒介化的文化形态，使人们的实践活动都深深地依赖媒介技术所展开。无论是宏观层面的社会环境，中层理论视角下的社会政策、教育、娱乐、消费、宗教、工作等各场域媒介逻辑的实践形态，还是微观层面的社会互动关系的媒介化转向，整个社会的实践活动都处于不断的变革之中，社会文化在社交媒介技术的运行逻辑下不断重塑其自身的意义内涵。

青年群体作为现代社会中最具能量的实践主体，其社会活动在很大程度上依赖社交媒介技术的支撑，其中社交媒介甚至成为青年群体社会实践的一种"表达装置"[①]。在青年群体工作场域，社交媒介依赖已经成为一种习惯文化，覆盖青年群体工作场域的各个角落，青年群体的工作实践在很大程度上依托社交媒介而展开。比如，在销售行业，与客户"加微信"是开展工作的前提，因为"微信不仅是信息的承载体，它还凝聚着重要的社会资源"[②]，尤其是房地产、奢侈品、保险等客户投入比较大的领域，销售人员与客户间的沟通在很大程度上依赖社交媒介进行。

受访者 A05 是一名 28 岁的销售，工作多年积累了不少的客户资源，平时的客户沟通与后续维系基本都是通过社交媒介进行。他在社交媒介依赖的问题上有较强的认同感。

> 加微信是最基本的，我们销售并不是把房子卖给客户就行了，后续还会维持联系，逢年过节都要发消息联络一下感情，平时公司有什么礼品赠送，都会帮客户注意，因为与客户关系好了，他会帮你介绍资源，亲戚朋友买房都会向我介绍，这个微信太重要了，我们的工作基本都是围绕它展开。（A05 - M - 28）

社交媒介在社会上大范围普及之时，就已经打破了私人生活的时间界

---

① 赵红勋：《新媒介依赖视域下青年群体的"信仰风险"论析》，《中国青年研究》2020 年第 1 期。

② 郭瑾、蒲清平：《重构与改造：都市青年白领的社交媒介使用与社会交往》，《青年研究》2016 年第 1 期。

限，形塑了青年群体日常实践中线上社交的习惯，并逐渐确立了合法化地位。2019 年 12 月 26 日，最高人民法院公布了《关于修改〈关于民事诉讼证据的若干规定〉的决定》，根据该决定，电子数据包括网页、博客、微博等网络平台发布的信息，手机短信、电子邮件、即时通信、通信群组等网络应用服务的通信信息，文档、图片、音频、视频、数字证书、计算机程序等电子文件以及其他以数字化形式存储、处理、传输的能够证明案件事实的信息①。这不仅反映了社会习惯对社会规则的影响，同时映射了社会文化已深深融合了社交媒介的实践逻辑。微信最初只是一个具有私人性质的社交软件，但随着跨越年龄层的大范围普及，它逐渐将人们的社交行为转移到了线上。现如今，微信已经成为每个人手机上必备的社交软件，基于微信的沟通也逐渐成为一种交往习惯，从私人领域向外扩展，范围涵盖人们日常活动的各个领域。青年群体工作场域中的社交媒介在很大程度上也不再是一个具有私人性质的社交工具，而是以一种工作媒介与私人空间的双重属性出现在不同的工作场域中。青年群体在工作场域中对社交媒介的依赖已经成为一种实践习惯，社交媒介仿佛已经成为他们工作内容的一部分，而不只是一个简单的工具。处于同一个办公空间的职员之间会下意识地通过发微信进行交流或者通过工作群发布工作通知。对于青年群体来说，通过微信群发布通知或接收通知在一定程度上节约了时间资源，从而使他们能更快地投入任务进程，进而使整个工作场域的生产效率和资本营收额度得以提升。社交媒介在青年群体工作场域看似只是一种工作沟通的工具，但它代表着一种新的工作秩序的建立：青年群体的实践活动深刻地依赖社交媒介所展开。具体来说，青年群体工作实践的社交媒介依赖主要体现在两个方面：一是工作沟通的社交媒介依赖，二是工作内容的社交媒介依赖。

　　一方面，工作沟通的社交媒介依赖是青年群体工作实践社交媒介依赖的前提。网络作为一种空间，缩短了交往距离并提高了沟通的可能性②，而沟通作为工作中最为普遍和本能的活动，是一切工作顺利开展的前提和基础，基于网络平台的社交媒介则为青年群体的工作沟通提供了良好的契

---

① 史洪举：《微信记录可做证据利于降低交易成本》，经济参政报网站，2019 年 12 月 31 日，http://www.jjckb.cn/2019-12/31/c_138667998.htm。

② 杰里米·克莱普顿、斯图亚特·埃尔顿编著《空间、知识与权力：福柯与地理学》，莫伟民、周轩宇译，商务印书馆，2021。

机，青年群体工作沟通的社交媒介依赖可以视为青年群体工作实践社交媒介依赖的源头。社交媒介最原始的功能就是提供一种新的人际交往的方式，而人际交往本就存在于人类社会的各个场域。因此，随着社交媒介在人际交往中的常态化，社交媒介在青年群体工作场域的广泛使用也成为一种必然的结果，这是社会媒介化人际传播模式在工作场域的延伸，这种延伸建构了青年群体工作沟通的社交媒介依赖的景观。微信在工作场域中的延伸逐渐衍生了随时在线的工作状态，这也使微信作为一种通用沟通手段的权威性在工作场域被广泛认同并具有了合法化的地位，将"微信通知不正式"的逃避工作的借口彻底打破。

受访者 A15 是一名研究院的行政文员，性格内向，不善与领导沟通，微信虽然帮她避免了很多面对面交流的场景，但她对"微信通知是否正式"的问题有自己的看法。

　　我手机上有很多工作群，其实挺烦的，我觉得工作中微信通知的形式并不正式，但是现在微信沟通在工作中实在太常见了，领导发一个通知你就要回复，不管什么时间，也不能对信息视而不见，平时大家微信都随时在线，说你没看到消息根本没人信，也不会有人置疑微信通知正不正式的问题。（A15 - W - 26）

微信作为一种社交工具，在青年群体的工作实践中被广泛地使用之时，就已经获得了工作沟通的有效化身份认同，人们的普遍习惯会形成统一的、默认的、无形的规则，即使是在法律对微信信息的有效性未形成明文规定之前，工作场域中微信的正式化地位已经在工作者当中形成共识，即工作中通过微信进行沟通已经具有了面对面沟通的同等效力。基于此，微信信息在青年群体工作场域的权威地位是不容小觑的，而导致这种权威地位形成的关键还在于青年群体在工作中对微信的深度依赖。当下，不少上班族早晨醒来的第一件事或许就是查看微信、回复信息；手机一发出提示音就下意识地认为是新的工作信息；即使是在同一个办公室也会通过社交媒介来沟通问题或者发送资料；一个新的工作小组成立后会首先建立一个工作群来方便沟通；个人微信上的工作群数不胜数，甚至微信联系人中的大多数都是同事与客户，这种依赖社交媒介沟通的实践习惯已经融入青年群体的工作思维和意识，成为工作伦理的一部分，即社交媒介的常态化使用是工作的必要手段，是认真工作的前提，或是一种工作品德。

另一方面，青年群体的工作内容与社交媒介产生深度融合。工作沟通的社交媒介依赖作为一种表征性的根源因素，会使得青年群体的工作内容与社交媒介深度融合，社交媒介的工具性特征在长期的工作实践中被逐渐淡化，成为青年群体工作场域中的常规性要素之一。在社交媒介被大规模应用到青年群体的工作场域时，社交媒介的信息内容也逐渐浸入青年群体的工作内容，并通过这种信息力量转变青年群体的工作实践模式。工作实践模式的转变会相应地带来工作内容的变化，电脑、互联网和打印机在办公室的广泛普及使手写材料在工作场域中逐渐消失，微信等社交媒介在工作中的合法化使青年群体形成了社交媒介依赖。2020 年，新冠肺炎疫情席卷全球，社会各行业都面临生产运作的困境，在此期间，社交媒介以一种前所未有的高调姿态被大规模地应用于社会工作场域，钉钉、腾讯会议、微信等社交媒介成功推动了社会生产与运作的进程。社交媒介跨屏幕互联的强大功能在疫情防控期间得到了最直接的体现，已成为青年群体工作场域的内容要素之一。

受访者 A03 是一名传媒公司的运营经理，性格外向开朗，工作能力强，工作性质使其对媒体比较熟悉，并对社交媒介在工作中的广泛应用持认可态度。

> 线上会议以前并不常用，但自疫情以来基本常态化了，线上会议节约了很多资源、很方便，社交媒介确实提升了工作效率。比如，很多要当面沟通的事可以不必见面了，简化了工作流程，提高了工作效率，基本大家都比较认可，也离不开（社交媒介）。（A03 - W - 25）

受访者 A04 是一名设计师，平时与客户联系较为频繁，对工作实践社交媒介依赖同样表现出肯定态度。

> 工作中肯定是很依赖（社交媒介）的，社交媒介很重要啊，平时和客户沟通基本都用微信，设计图正常情况下都要改很多次，微信交流很方便，就算是同事之间微信也很常用，即便我们都在公司，发微信也是常事，工作上很多资料都用微信或邮箱传输，而且公司也要求

要有电子版材料。（A04 - W - 26）

　　青年群体工作实践的社交媒介依赖不仅是一种媒介化的表征，同时融入了青年群体的工作实践，成为其工作内容的一部分。在青年群体的日常工作中，其对工作信息的获取要通过社交媒介完成，而工作内容则基于工作信息展开，工作通知的下发与接收、工作内容的传输、工作推进中的讨论，包括当下应用最多的签到、打卡等工作实践都依赖社交媒介的"连接"功能。疫情防控期间线上会议的实践，更是将工作内容延伸至日常生活，社交媒介的应用边界被无限外扩，延伸至青年群体工作实践的各个环节。社交媒介在青年群体工作场域被日益去本质化，其工具性作用被忽视，而其强大的"连接"功能则为工作的正常开展提供了前提。

二　认知重构：工作思维的社交媒介依赖

　　思维是行动逻辑的内在理路。人类社会文明史中存在一条重要的变迁路径：社会思想观念的变化。从原始社会的野蛮争斗到今天的技术化生产，人类社会在与自然环境的互动中变革着自身的生存方式，其中也伴随人类思维模式的转变。人类文明从传统农业时代跨越到了现代工业时代，劳作方式的进步是人类在漫长的劳动实践中所积累的经验和智慧的总和。"合理化体系的一部分可以从象征标志（iconography）的发展中被了解"①，现代社会技术革新的速度前所未有，人类实践经验转化为技术工具的速度越来越快，尤其是互联网接入之后，依托网络的技术产品如雨后春笋般涌现，从电子邮箱、搜索引擎、网站新闻等初始形态的内容到今天微博、微信、QQ、淘宝、短视频等社交平台的大量应用，社会的生产劳作方式也在互联网产品的普及下迎来了媒介化的实践样态，并在媒介化的实践过程中重新定义了劳动。在人类文明的变迁中，技术工具作为一种表征形式，成为推动社会变革的显要因素，但在技术工具的背后还隐藏着一种关键性的主导力量，即人类智慧与思维的进步。技术工具是智慧的物化表现，而思

---

① 理查德·塞勒·林：《习以为常：手机传播的社会嵌入》，刘君、郑奕译，复旦大学出版社，2020。

维则是智慧的内隐形式，作用于技术工具创造的整个过程，并通过技术工具在社会实践中引领着社会的发展。在当前媒介化的社会景观之下，青年群体的思维也日益融入了媒介的逻辑，并通过社会实践的行动方式所体现。对于青年群体来说，他们已成为社会中媒介使用率最高的群体。截至2021 年 12 月，我国 30～39 岁网民的占比为 19.9%，在所有年龄段群体中占比最高；20～29 岁网民的占比为 17.3%，在所有年龄段群体中排第 3 位①。相应地，青年群体也成为社会工作场域中最具媒介思维的行动主体，这种媒介思维直接作用于青年群体工作实践的各个方面，在媒介思维的主导下，青年群体工作场域的工作伦理也迎来了转变。

一方面，青年群体的工作思维在很大程度上被媒介所主导，其工作实践会下意识地依赖社交媒介开展。社交媒介已经嵌入青年群体生活的各个方面，手机、网络等新媒介在其最具实践意义的工作场域发挥着重要的能动作用。手机点餐、网络购物、线上社交、网络游戏、网上购票等各种日常活动通过社交媒介平台即可完成，这种虚拟化、符号化的线上实践几乎完全取代了身体在场的现实活动，无论是工作还是娱乐，社交媒介始终贯穿于青年群体社会活动的各个方面。在线上空间的虚拟活动中，青年群体贡献了庞大的单位主体和较强的行动力，这也说明了青年群体的思维方式已经在很大程度上被社交媒介逻辑所主导，只要他们产生需求，就会下意识地依赖社交媒介强大的信息功能，这种思维方式不仅是青年群体行动的主导力，同时通过青年群体的行动将社交媒介逻辑融入青年群体工作实践的各个方面。在青年群体工作场域，随处可见的现代媒介设备已逐渐成为工作实践中的基础设施，青年群体工作实践中的大量内容都依赖社交媒介的功能。对于青年个体来说，一部手机、一个社交软件就可以解决大量的工作问题、完成大部分的工作沟通，如果是从事与媒体或新闻传播相关的工作，社交媒介几乎是每一名青年个体工作实践中最为重要的工具。

受访者 A10 是一名在电视台工作的记者，无论是在台里还是在外跑新闻，他无时无刻不关注着手机信息。

因为现在已经接受了网络办公的工作环境，自己的上级一般都会

---

① 《第 49 次〈中国互联网络发展状况统计报告〉》，中国互联网络信息中心网站，2022 年 2 月 25 日，http://www.cnnic.net.cn/hlwfzyj/hlwxzbg/hlwtjbg/202202/t20220225_71727.htm。

在群里通知相关工作，并都有严格要求，我们都会时刻注意，按要求完成，而且大家一般都依赖一些线上方式进行工作的交流和沟通。我觉得社交媒介不仅是一个简单的交流方式，而且已经成为我们工作中不可缺失的内容，就像我们记者行业，随时都有新闻，我们必须保证手机畅通，台里一般都会通过微信进行工作安排，如果不能及时接收可能会耽误工作，毕竟新闻不等人。（A10－M－28）

　　青年群体的社交媒介逻辑会不断地作用于工作实践的各个方面：上班先登录微信、回复邮件；即使在同一个办公区域也会下意识地线上对话；文件永远有电子版，其传输、保存、收藏等各种操作都依赖社交媒介的多元功能；工作中遇到的问题、需要的信息会下意识地依赖社交媒介的信息库。办公室越来越安静，媒介空间却越来越热闹，青年群体的工作在很大程度上依赖社交媒介来推进。思维作用于实践，思维逻辑总是隐藏在实践的路线之中，并通过广泛的实践活动来改变行动场域的原有秩序，从而建立一套以既定思维方式为核心的新观念和新秩序。

　　另一方面，青年群体工作实践对社交媒介的依赖重塑了青年群体工作场域的工作伦理。青年群体工作实践的社交媒介依赖既是一种思维形态，又是一种行动逻辑，二者紧密结合，通过青年群体日复一日的工作实践逐渐融入青年群体的工作理念，进而重塑新的工作伦理。传统的工作伦理倾向工作报酬与所付出的劳动价值成正比，而劳动价值的意义与工作的努力程度具有很大的相关性，努力工作被视为获得理想劳动报酬的正当渠道。尤其是在机器生产大范围普及之前，对于大部分男性来说，工作可能是终其一生的身份建构，努力工作带来的不仅是财富，而且关联着生活方式、家庭结构、道德规范、后代教育等的形式、结构与走向。传统的工作伦理中，男性从事大部分的社会生产是维系社会秩序的手段，由此男性也承担了"养家糊口"的责任，家庭的生活水平在很大程度上取决于男性的工作类型和努力程度。因此，大部分男性将工作视为拥有财富的合法渠道，并通过努力工作来实现理想生活。随着生产技术的现代化、社会工作类型的多元化以及人们思想观念的转变，女性逐渐进入工作场域，加入社会生产的大军，相应地，男性因工作获得的一切也开始转向女性的职业理想，但无论男性和女性之间的社会价值如何定义，传统的工作伦理仍然将努力工作视为一种神圣而道德的美好品质。但社交媒介介入工作场域之后，传统的劳动模式逐渐被消解，社交媒介的作用力逐渐与青年群体工作场域的规则相融合，并以青年群体社交媒介依赖的实践优势改变了传统的工作程序，使媒介思维全方位地渗透青年群体工作场域的各个角落。以往的努力工作大多表现在工作时长和工作态度上，但在媒介化的工作景观下，效率和创新成为工作伦理所倡导的美德，努力的定义不再局限于工作时长和工作热情，而更多地转向工作成果。这是因为，社交媒介的侵入给青年群体的工作效率带来较大的提升，在社交媒介普遍应用于工作场域并成为一种自然化的实践路径时，社会对生产者的要求不仅有日夜不息的劳作和产出，还有劳动的质量，青年群体在工作中的劳动价值被投入与产出的比例所评估。

> 我们单位对稿件的质量是打分制，通过稿件分数、数量以及出勤率来考核绩效，多劳多得，但是你的稿子质量也要高才行。（A10 - M - 28）

> 工作量和工作成果是我们工资发放的标准，工作时长的话倒没有特别的奖励，我们这行加不加班没有强制的要求，就是看谁干得好。（A07 - W - 25）

社交媒介带来了工作效率的提升，传统的工作伦理面临挑战：劳动价值在媒介实践的深入下被重新定义，社交媒介带来的大量信息解放了大量的劳动力，媒介思维之下劳动效率逐渐取代了努力工作的神圣感，成为当下青年群体工作实践的伦理内涵，劳动与报酬之间的划分标准被重新界定，青年群体工作场域正在媒介思维的引领下发生着劳动分配模式的变革，而青年群体社交媒介依赖的行为表征为这种变革提供了现实尺度。

从整体上来看，青年群体社交媒介依赖的程度与青年群体工作场域的劳动变革程度成正比，即青年群体在工作实践中对社交媒介的依赖程度越深，工作场域的变革就越彻底，反之亦然。这就好比要求一个具备媒介思维的人与一个不具备媒介思维的人去做同一件工作，具备媒介思维的人会花费更少的时间完成工作，也会因此获得更多的职场机会，那么对劳动价值的定义和对工作的报酬分配也会向高效的工作模式倾斜。社交媒介依赖的思维形态和行动逻辑已经成为当下青年群体工作实践中的整体性特征，由此所带来的工作分配标准和劳动价值的重新定义也向媒介逻辑靠拢。比如，现代企业都倡导要树立"互联网＋"思维，并将其融入自身的企业文化，那么相应地，在职场中能更多地拥有和展现互联网思维的青年将会得到更多的发展机会。

三　关系重塑：工作交往的社交媒介依赖

关系是社会运行的轴线，从个体的人际关系到社会场域的权力关系，再到整个社会的圈层关系、阶级关系，关系圈层层嵌套、相互重合。社会是一个复杂的关系网络，特定政治制度之下的社会各场域会建立特定的权力关系，对于活动在社会各场域的青年群体来说，其人际关系的建立是整个社会关系的微观映射。青年群体的人际关系中包含着其实践场域的权力关系，同时青年群体又属于特定政治体系之下的社会公民，其人际关系的特征不可避免地受到社会制度文化的影响。比如，中国社会制度文化讲求和谐发展、团结友爱、求同存异，那么中国青年之间的相处则更多地讲求友好和谐、共同进步，避免无畏争执；美国社会制度文化讲求个人主义，那么美国青年之间的人际关系则更多地关注个人的利益与发展。与此同时，青年个体的人际关系又有着很大的差异性，因为社会成员之间具有很大的独特性，不同青年个体之间的成长环境、教育背景、所处阶层与实践场域等的不同，导致其所建立的人际关系也不尽相同。比如，一个城市青年和一个农村青年所建立的人际关系会有所不同，他们与朋友之间的相处模式、谈论话题、见闻感受等都会因环境的不同而有所差异。因此，青年个体人际关系的建立具有偶然性和必然性的双重特征。但从发展的眼光来看，青年个体人际关系建立的表征形式和呈现样态会随着社会大环境和个体小环境的变化而发生相应的改变。在农业文明兴盛与科技文明兴盛的社会背景下，社会制度文化、权力关系与社会成员所建立的人际关系也具有很大的差异。在中国古代社会，农业文明是关联社会制度、阶层关系、经济活动、资源分配等的文化主导逻辑之一，人们的社会实践中处处显现"士农工商"的阶层关系。在当代中国社会，科技文明日益繁盛，人们的社会实践无不投射着技术文化的内涵，其中社交媒介成为渗透人们社会实践最为深刻的技术形态，社会各场域的权力关系也在社交媒介的广泛应用下发生了深刻变化。

任何一种实践形式的出现都是社会与人互动的结果，实践作为一种改变世界的物质力量，其背后不仅体现了人的主观能动性，还隐含着不同社会背景下社会需求对人们实践走向的深刻影响。社交媒介作为当下社会最为普遍的实践形式，勾勒了青年群体社会活动的新样态，青年群体社会活动的各个方面都深深依赖社交媒介的虚拟实践方式。在青年群体工作场域，作为"基础设施"的社交媒介已经成为一种具有合法性的实践渠道，工作内容的呈现深深依赖社交媒介的信息形式，线上会议、微信群通知、文件传输等工作形式在社交媒介的支撑下逐渐成为工作场域中常态化的实践景观。青年群体工作实践的线上转移逐渐缩短了以往面对面沟通的社交距离，相应地，传统的面对面的工作通知所建立的工作关系也会发生新的变化，即社交媒介将人际关系虚拟化的同时，在一定程度上消解了人际关系的隶属结构[①]，但这种变化只是权力关系所表征的形式的变化，在这个过程中存在这样一种动态的变化逻辑："层级分明的权力关系—权力关系的隐蔽—媒介化权力关系的建构"。

首先，层级分明的权力关系通过办公室物理空间的布局与在场化沟通凸显。在传统的"办公室秩序"之下，对话所呈现的层级关系会更加明晰，办公室桌椅的摆放、位置的大小、设施情况等环境布局直接体现着工作场域的权力关系。一般来说，领导者会比普通员工具有更为舒适的办公区域和更为齐全的办公设备，地位越高的领导者越会享有优越的工作环境。这一情况大多数受访者都表示认同。

一般领导都有独立的办公室，小员工是集体办公。（A01 – W – 25）

员工的办公位置是在相对开放的空间中，上级的办公位置通常被安排在较为独立的区域，具有一定的隐私性。（A06 – M – 27）

层级越高的员工，办公位置还有环境越好，一般会有独立的办公区域。（A14 – W – 25）

这种工作场域的空间布局所凸显的权力关系在传统的面对面沟通中得

---

① 许哲、刘会玲：《脱媒 自媒 泛媒——青年与新媒体：知识权力的发展谱系》，《青年探索》2015 年第 4 期。

到了更为直观的体现。由于工作中层级关系的存在，身体在场的对话会很快地建立一种不平等的交流情境，领导者的体态、语气、动作、位置等都会成为凸显其地位的主要形式。在这种空间布局和直接对话的双重权威感的压迫之下，青年群体工作关系中的权力关系与层级属性得以体现。

受访者 A11 是一名助理，平时的工作围绕领导展开，但长期与上级的相处并未使他对上下级关系感到放松。

> 领导和我们肯定不一样，他坐着你可能要站着，但他站着你肯定不能坐，见到领导会下意识紧张，虽然天天和领导打交道，但也更清楚他的界限，下班时间碰到了就是打个招呼，不会一起走，领导看起来和蔼，但是待在一起会有一种压迫感。（A11 – M – 26）

传统的"办公室秩序"所建立的工作关系在很大程度上需要通过现实的物质性表达条件才能加以巩固和维系，工作场域的空间布局与工作沟通的关系情境能最大限度地凸显领导者在工作关系中的首要地位。

其次，社交媒介逐渐遮蔽了"办公室秩序"的权力关系。随着社交媒介在青年群体工作场域中的广泛应用，青年群体逐渐形成了社交媒介依赖的行为习惯，"办公室秩序"逐渐被社交媒介的空间秩序所替代，并在社交媒介的组织逻辑中建立了媒介化的权力关系。在青年群体工作场域，微信、钉钉、腾讯会议、Welink 等社交媒介已被深入地应用到工作沟通的各种场合，成为一种常规化和自然化的实践渠道。例如，青年群体工作场域中的通知信息都依赖微信群向下发布，员工通过"收到""好的""明白"等词反馈到微信群里，现实的面对面的通知仿佛成为一种例外。对于领导层来说，微信在一定程度上消解了其权威性，身体在场的对话以及双方的动作、表情、语气等都可以迅速地传达出去，进而迅速建立一种层级分明的交流情境，这种交流情境对于对话中的下属来说具有一定的压迫感和层级感，而线上的通知只能通过文字或者语音的单一形式来表征领导者的地位，且这种交流情境具有很强的想象性。

受访者 A13 是一名高校教师，其经常参加线上工作会议和学术会议，具有丰富的线上会议经验。

> 线上会议对于层级、环境、位置各方面要求没有那么严格，大家

都在一个屏幕上，也没有什么特别的位置排列，除了主持人会有系统显示，其他的名字都是自己设定的，而且会议开始之后很多人都把摄像头关了，层级关系肯定是没有线下会议体现得那样明显。（A13 - W - 29）

在线上沟通和会议中，工作中的等级关系被技术因素弱化①，具体来说，面对面的通知能够很快地将职员带入一个层级分明的权力关系，这种交流情境所建立的上下级关系具有很强的严肃性，而微信群的媒介形式则在一定程度上消解了这种严肃性。同时，微信群的通知功能带来的交流情境的想象性也会使层级关系的表征更加复杂和不稳定。这其中涉及一个"经验背景"的问题，即不同的人由于所处的环境、接受的教育、性格、审美等的不同，对问题的理解和解读也会有所差异。面对面的通知建立的强烈的上下级关系几乎可以消解信息解读的差异性，或者说差异性微乎其微，但领导者通过微信发布的消息，脱离了身体在场的多种层级关系的表征因素，职员依赖文字或语音所想象出来的情境会有所差异，进而导致不同职员所感受到的层级关系的差异。因此，青年群体工作实践对社交媒介的依赖冲击了传统"办公室秩序"之下的习惯结构，在社交媒介的工作叙事中，领导者的身份在一定程度上被隐藏，或者相比现实物理空间中层级结构的权利关系有所减弱。

最后，由于工作关系的线上转移，媒介化的权力关系得以建立。社交媒介依赖的习惯文化对工作关系的冲击并不是只破不立的，且工作关系的层级结构是维系工作秩序、保证工作正常运行的根本支撑，基于此，在社交媒介的空间秩序下，新的工作关系也会围绕核心的权力关系被建构，工作关系在青年群体对社交媒介的依赖中形成一种默认的线上转移，其表征形式通过"发言人"与"拥护者"的媒介身份加以体现。比如，一个工作团队通过腾讯会议的形式来讨论某项工作内容或工作任务，团队中的主导者一般掌握着会议的发言权和会议的流程，会议何时开始、何时结束，讨论哪些问题，如何分配任务、确定最终方案，任务何时完成，任务具体要求等一系列具有决策性质的问题都会由团队中的主导者来确认，这就可以

---

① 彭兰：《视频会议应用与工作的"媒介化"》，《山西大学学报》（哲学社会科学版）2021年第1期。

形成一种主导者与会议成员（领导与下属）的权力关系，而社交媒介的应用将这些能够体现这种层级关系的活动包裹上了媒介转译的话语实践。腾讯会议为工作团队提供了一个线上的讨论空间，在这个空间中，团队的主导者通过"主持人"的媒介图像来掌握整个空间的运行，而空间的运行需要秩序的建立，"主持人"身份的出现就已经确定了某种层级关系，并且这种层级关系在"主持人"与"会议成员"之间相互配合的一系列活动中凸显。"主持人"通过"大家打开麦克风/视频""今天通过这种形式……""有什么问题打在评论区""今天就到这里，大家可以离开会议了"等特定的媒介用语来控制会议进程，而会议成员通过语音的附和或弹幕的文字滚动来表达对主导者决策的拥护。在"主持人"与"会议成员"的外在身份形式与其媒介话语的双重作用下，一个层级分明的权力关系结构就此呈现。

社交媒介强大的互联互通功能使得青年群体的工作内容越来越依赖社交媒介，手机不离手、微信 24 小时在线、随时随地都可以进行线上会议等深入的社交媒介依赖的工作实践将青年群体的工作关系从传统的"办公室秩序"转向社交媒介的"空间秩序"，工作实践中的权力关系也在青年群体对社交媒介的依赖中发生了表达形式的变化，从传统的具身权威到社交媒介空间的媒介身份权威，青年群体工作场域的权力关系结构在社交媒介依赖的工作习惯中被重新定义。

四　批判的质疑：依赖抑或支配

媒介在与社会的互动中通过融合与转化的实践逻辑形构了"媒介化"的社会文化表征，社会各场域的运行都反映了媒介逻辑的支配力量，并通过一种媒介依赖的实践习惯凸显，在此过程中，青年群体的社交媒介依赖为描绘这种习惯文化提供了重要参照。社交媒介在青年群体工作场域的广泛实践不仅是一种媒介依赖的具象表达，也是青年群体工作场域变革及变革归向的关键指引。一是社交媒介在青年群体工作场域中的应用打破了私人场景与工作场景的边界，使得工作内容逐渐向青年群体的生活场景延伸，工作时间被变相延长，而青年群体对社交媒介的依赖则掩盖了这一事实。二是社交媒介带来的工作思维在一定程度上消解了传统劳动的社会价值，青年群体对即时性财富的追求使工作伦理面临解构的风险，在社交媒介依赖的习惯支配下，青年群体对"流量"价值的着迷和追求不断催生更多元的媒介及媒介实践形态。因此，社交媒介依赖的表征之下是媒介逻辑的支配力量在青年群体工作场域的引导与控制，换言之，青年群体对社交媒介的依赖在某种程度上不是一种主体性的实践，而是一种被支配的行为。

（一）依赖的延伸：工作场域的边界模糊

现代社交媒介的出现提供了一种更为高效的连接方式，基于互联网的跨场景连接突破了交往的物理条件限制，人们的社交仅剩一个屏幕的阻隔。传播技术的诞生从一开始就是为了打破传播过程中的自然地理条件的限制，"媒介形式的变迁的逻辑之一正是向着逐步克服物理地点导致的信息传播障碍而进行的"[①]。随着社交媒介在社会交往中的深入实践，其凭借高效无障碍的即时连接以及低成本的交往形式，使青年群体对其产生了深深的路径依赖。青年群体倾向通过社交媒介来满足社会交往的需求，同时希望社交媒介自身的社会实践提供更为广阔的路径与渠道，由此，身体在场的对话越来越成为一种极具正式性和仪式感的交往场景，基于社交媒介的线上叙事则成为一种日常化和生活化的交往形态。由于社会沟通的必需性和社交媒介的广泛适用性，社交媒介逐渐成为社会各场域建构的内容之一，并以一种"习以为常"的外在形式将人们的活动自然地裹挟起来，进而使社会各场域的实践表征都呈现同质化的媒介性特征，相应地，社交媒介对人们实践的同化功能也使人们实践场景的边界相互延伸和融合。

在社会工作场域，交流是合作劳动的必要实践，社交媒介作为一种社会交往习惯，与工作实践密切融合。青年群体对社交媒介的依赖将工作实践纳入了社交媒介实践内容的范畴，社交媒介将工作实践引入青年群体的私人场域，导致工作场域的边界模糊，使青年群体的工作与生活日渐融合。

受访者 A09 是一名刚入职不久的公务员，由于工作流程还不够熟悉，基层工作也较为繁忙，其在工作上花费了很多精力。

---

① 王斌：《从技术逻辑到实践逻辑：媒介演化的空间历程与媒介研究的空间转向》，《新闻与传播研究》2011 年第 3 期。

感觉一天都在上班，上班时好好处理工作的事情，回家我也需要时刻关注单位工作动态，这是一件耗费精力的事情，也导致我无法确定自己的旅行或者聚餐时间，而且由于工作的变动性，工作和生活无法实现"和解"。（A09 - W - 24）

受访者 A12 是一名工作多年的建造师，性格沉稳，对工作表现出强烈的热爱，工作与生活的界限在他看来并不重要。

我感觉工作和生活早就已经没有明显的边界了，我的工作就是我的生活，工作上社交媒介的使用确实占用了很多个人生活时间，在下班途中或者周末的空闲时间，会有工作消息弹出，需要及时进行处理，我觉得这都很正常，而且我也经常在休息日处理工作。（A12 - M - 28）

微信作为一种私人的社交媒介，其与工作实践的连接成为工作场域和私人场域融合的关键所在，微信中工作群的日益增多使微信逐渐从私人的社交软件转变为一个工作媒介，并不断挤压着私人社交的空间，工作内容与私人交往的边界已经变得模糊不清，同一个微信空间承载着青年群体工作和生活的多重人际关系与话语体系，使青年群体的工作内容逐渐有了生活化的特征。

在青年群体工作实践中，近距离身体在场的交流需要做很多的准备，如尽量无干扰的交流环境，以及交流双方衣着妆容、仪态体姿的得体等，但这种相对高成本的交流方式反而带来了一种约束性，使双方的沟通仅仅停留在工作性质的内容上，彼此的情感因子难以流露，并且由于见面的条件制约，也无法及时了解彼此的反馈，但社交媒介的低成本、离场化与即时性的沟通则完全弥补了这种不足。约翰·杜海姆·彼得斯（John Durham Peters）曾说："网络交流可以减轻我们的身体、脊柱和脚所承受的风险。"[1] 社交媒介的跨空间、跨屏幕的交往解放了身体的束缚、降低了交往的风险，不仅保证了工作的连续性，而且激发了双方在社交过程中的情感因子，使青年群体工作的边界感被逐渐消解，工作的严肃性也被生活化的叙事

---

[1] 约翰·杜海姆·彼得斯：《奇云：媒介即存有》，邓建国译，复旦大学出版社，2020。

所冲淡。从生活实践的社交媒介依赖到工作实践的社交媒介依赖，这种扩展不是一种单向的延伸，而是一种双向的融合。在社交媒介依赖的实践路径中，工作性质的交往逐渐向生活场景转移，青年群体处理工作的时间和场所也不断向外扩展，生活场域日益工作化，工作场域日益生活化，杂糅与融合模糊了不同场域的边界，使不同场域的内容在社交媒介的系统中铺陈开来，通过社交媒介系统的秩序与逻辑建构出青年群体工作实践的习惯景观。

工作场域的边界模糊总是隐藏着矛盾、对抗与平衡，社交媒介的"随时在线"将工作的时间尺度打破，弹性的工作时间逐步向私人生活时间溢出[1]，其本质原因在于以社交媒介为代表的信息技术带来的一种持续性的"时空压缩"[2]。对于青年群体工作场域来说，其对生活场域的嵌入在原有的明确工作时间的基础上，不断将生活中碎片化的时间片段纳入工作时间的范畴；而对于青年群体生活场域来说，在工作内容的强势入侵下，私人生活的时间被不断地挤压，工作成为青年群体日常实践的主要内容。这种看似明显的矛盾与对抗中，仍然维持着一种平衡，即青年群体在社交媒介依赖的参考路径下对工作内容的认知逐渐生活化，换言之，青年群体基于社交媒介的工作实践在某种程度上构成了青年群体生活场域的实践内容之一，二者相互交融，这不仅是工作场域对私人生活的同化，也是生活场域对工作实践的内化，二者在相互的转化中形塑了青年群体社会实践的媒介化路径与模式。

（二）支配的透视：工作伦理转向媒介权威

工作伦理是维系社会生产的合法化约束，它对工作价值的宣扬和对懒惰者的批判推动着社会成员源源不断地投入社会生产，为维持社会稳定和创造美好生活提供了行为规范和精神期许。长期以来，工作伦理将工作"高尚而神圣"的道德品质融入青年群体的价值观念和劳动认知。工作伦理致力于倡导社会成员积极投身工作，只要他们通过工作获得基本的生活支撑，就具有道德上的优越性。基于此，青年群体将工作视为人生中最为重要和根本的生存目的和意义，无论是如意还是不如意的工作，青年群体都会因为得到一份工作而产生安全感，对工作的热情是人们所积极倡导并

---

[1] 张铮、陈雪薇、邓妍方：《从浸入到侵入，从待命到疲倦：媒体从业者非工作时间社交媒体使用与工作倦怠的关系研究》，《国际新闻界》2021年第3期。

[2] 孙中伟、路紫、王杨：《网络信息空间的地理学研究回顾与展望》，《地球科学进展》2007年第10期。

视为正义的。

工作伦理在道德上的崇高地位以及得到的广泛社会认同，使工作成为衡量一个人人生价值的重要方面。青年群体对工作会存在一种永恒的追求，不仅因为工作能带来正当的报酬，还因为工作本就是一种社会规则，若不遵守这个规则就会遭到道德上的鄙弃，而对于社会中那些没有劳动力的人口，工作伦理认为需要以"最小化原则"（principle of less eligibility）[①]给予援助。基于工作伦理在社会中的权威性与普遍认可度，青年群体将工作视为人生中最重要的事业，并为之付出大半生甚至一生的努力。青年群体对工作所抱有的期望和情感不仅基于基本的生活需求和社会道德，还包含着责任、担当、理想、价值观、成就、财富等一系列的情感因子，青年群体对世俗的追求因为工作而得到了合理的论证。比如，在女性进入社会工作场域之前，男性在很长一段时间里占据着家庭结构中的主导地位，其根源就在于社会劳动的分工和工作类型的分配所建立的工作伦理。在女性进入社会工作场域之前，男性一直承担着"养家糊口"的责任，他们有义务为家庭创造财富，那么相应地，男性在家庭中的权威地位也会得到家庭成员的一致认同，一般来说，男孩子在家庭里得到的期望和支持会比女孩子高，为此，工作成为男性一生中最为重要且长久的价值追求。而随着社会生产力的进步和社会思想的开放，工作实践的内容日益多元化，越来越多的女性进入社会工作场域并参与社会生产、创造社会价值，由此，工作逐渐成为每一位社会成员所积极追求和努力奋斗的事业。人们对工作广泛的情感导向和价值认同所形成的社会合意一直是工作伦理的规范力量，它保证了社会工作场域的正常运行。随着社交媒介的侵入，青年群体社会工作场域的规则和秩序被重新定义，工作伦理在不断缩短的生产流程中被扭曲，"实体经济正在日渐走向流动性、不确定性，劳动组织成为'液态的'存在"[②]。劳动模式的更新、工作时间的重新划分、资本运转周期的缩短、社会资源的再分配等一系列的新变化使青年群体对工作的追求变得更加功利性。青年群体对即时的、高效的成果追求转变了其对工作伦理的认知，工作这一长期的事业在不断缩短的"投入与产出"周期下变得不再专一和

[①]　齐格蒙特·鲍曼：《工作、消费主义和新穷人》，郭楠译，上海社会科学院出版社，2021。
[②]　杨馨：《媒介的"下沉"与奠基——媒介化社会的政治经济学批判》，《新闻界》2020年第2期。

神圣，越来越多的青年期许社交媒介技术带来更多即时收益，着迷于"流量"资本的收益，从谋生、创造价值到追逐名利，传统的劳动价值观逐渐淡化。例如，直播、短视频、娱乐行业的收益吸引了越来越多的青年投身其中，在现代媒介资源的运用下塑造出一个个光鲜亮丽的职业角色，"明星""偶像""网红"等纷纷活跃于各种社交媒介平台。青年群体对这些职业角色的向往和着迷，使其对工作伦理的权威意识逐渐淡薄，而更多地转向对媒介权威的追崇。

"媒介是注意力生产的社会工具，但实际的资源则是媒介控制呈现信息的能力"①，媒介权威对工作伦理的冲击在于社交媒介系统之于青年群体的信息分配是一种隐藏的支配性力量。在社交媒介依赖的习惯文化渗入青年群体工作场域并成为工作场域构成的内容和一种稳定的工作秩序之时，社交媒介就不再只是一种实践工具，同时是一种支配工作实践的行动逻辑。媒介自身的意识形态性会将社会文化引入特定的方向②，随着社交媒介技术的发展，社会生产的结构也在不断地进行调整和重构，青年群体的职业追求和工作观念也并不是一成不变的。在工业化与社交媒介技术的双重作用下，青年群体的工作观念发生了很大的变化，工作上的沟通、任务的分配、问题的解决等都呈现媒介依赖的意识和行为习惯。"媒介依赖可以产生超强的受众黏性"③，它不仅强化着青年群体既有的行为习惯，而且不断引导着青年群体社会实践路径的趋势和走向，与其说是青年群体依赖社交媒介开展工作，不如说是社交媒介（社交媒介技术）支配着青年群体工作的思维与行动。

小 结

在媒介化深入实践的当代社会，媒介对社会文化的形塑在很大程度上改变了青年群体社会实践的广度和向度，社交媒介作为青年群体社会活动的主要路径，成为考察其工作实践的参照点，诠释着青年群体工作实践社

---

① 施蒂格·夏瓦：《媒介化：社会变迁中媒介的角色》，刘君、范伊馨译，《山西大学学报》（哲学社会科学版）2015 年第 5 期。
② 佟亚洲：《新媒体时代青年工作面对的新挑战》，《当代青年研究》2020 年第 4 期。
③ 林昱君：《媒介系统依赖下的短视频受众研究》，《编辑之友》2020 年第 7 期。

交媒介依赖的实践习惯、思维方式、关系建构与情感导向如何在社交媒介依赖中以一种习焉不察的方式建构自身的逻辑秩序，从而构建了青年群体工作实践社交媒介依赖的表征形式与内在机制。

首先，青年群体的实践习惯在其工作实践中的"基础设施"地位透过社交媒介得以彰显。实践习惯的社交媒介依赖主要通过两个方面陈述，一是工作沟通的社交媒介依赖，微信、腾讯会议等各种社交媒介在工作中的大量使用构成了青年群体工作实践社交媒介依赖的行为表征；二是工作内容的社交媒介依赖，在青年群体对社交媒介的依赖习惯下，工作内容与媒介形态融合，社交媒介在一定意义上不再仅仅是一种实践工具，同时成为青年群体工作实践的构成内容。其次，青年群体工作思维的社交媒介依赖是其工作实践的行动逻辑。人类传播媒介的变迁总是伴随思维方式的转变，社交媒介在为青年群体提供一种实践模式的同时，将一种媒介思维引入青年群体工作实践的各个方面。再次，青年群体工作实践的权力关系在其社交媒介依赖中得以重塑，传统"办公室秩序"下的权力关系在一定程度上被遮蔽，一种基于社交媒介的空间秩序与权力表达方式得以建构。最后，青年群体社交媒介依赖的表征源于一种情感的偏向。社交媒介作为一种常态化的实践路径，不仅通过自身高效的工作特性为青年群体的工作实践带来了安全感，它的生活化叙事也减弱了青年群体对工作实践的任务感，在一定程度上消解了工作关系的冷漠性，加深了青年群体的归属感。同时，社交媒介对当下青年群体的心理慰藉使青年群体逐渐对工作实践产生情感寄托，这也成为青年群体工作实践社交媒介依赖的又一情感指向。

青年群体社交媒介依赖的工作话语之下是青年群体与社交媒介之间的对抗、平衡与支配。一方面，社交媒介模糊了青年群体工作场域的边界，将工作内容延伸至生活场域，在与生活场域的时间对抗中形成一种工作场域对生活时间的掠夺与生活场域对工作实践的内化；另一方面，在青年群体社交媒介依赖的行动图谱中，媒介权威不断冲击着工作伦理的权威，成为青年群体工作实践追求的主要遵循。社交媒介依赖作为一种工作场域的表征形式，掩盖了社交媒介对青年群体工作实践的支配性作用，因此，在青年群体工作实践与社交媒介关系导向上，无论是青年群体工作实践依赖社交媒介，还是社交媒介支配青年群体工作实践，都反映了社交媒介与人的关系不是单向的，而是在一种对抗的互动中达成平衡。

第二章　青年群体学习实践的社交媒介依赖

思考，贯穿于青年群体学习过程的始终。个体思考时的不确定性，促使青年群体越发依赖社交媒介去获取知识、交换信息，在此过程中，青年群体的多种焦虑情绪也能得到抚慰。回溯历史，在早期口语媒介时期，人们主要通过言语和形体来传授技能知识，拥有学习机会往往也代表着一种权利关系；随着印刷技术的出现，知识搭载纸质媒介跨域传播，年轻人开始通过读书学习来接受教育、改变命运；视听媒介推广使用后，知识的传播样态日渐丰富，传播速度、传播范围、接受人群也达到空前程度。然而，广播、电视媒介并未在根本上颠覆纸质时代印刷媒介所创设的传统学习方式，单向性的传授模式并不利于青年群体的学习与理解①。21 世纪后，移动互联技术迅速发展并推动教育事业发生剧变，促成了青年群体知识获取方式、学习认知方式的变革。现如今，豆瓣、知乎、微博等社交媒介已成为青年群体学习和生活中至关重要的存在。

在移动媒介的强力驱动下，文化与社会正经历前所未有的"媒介化"过程，深刻影响着大众的生产、生活方式②，青年群体也因此跨入了媒介化生存时代。CNNIC 公布的第 48 次《中国互联网络发展状况统计报告》显示，截至 2021 年 6 月，我国网民总人数高达 10.11 亿人，相比 2020 年 12 月增长 2175 万人，网络的普及率达 71.6%③。其中，10～39 岁的青年群体占总人数的 50%，其手机使用率更是接近 100%，且手机多用于短视频与直播的观看以及网购、外卖等消费。此外，3.25 亿人正在采用线上形式学习和工作，线上公共服务也不断朝着多样化、成熟化的方向发展。由

---

① 汪学均等：《媒介变迁引发学习方式变革研究》，《中国电化教育》2015 年第 3 期。
② 施蒂格·夏瓦：《文化与社会的媒介化》，刘君、李鑫、漆俊邑译，复旦大学出版社，2018。
③ 《第 48 次〈中国互联网络发展状况统计报告〉发布　我国网民规模超 10 亿》，中国工信产业网，2021 年 8 月 30 日，https://www.cnii.com.cn/rmydb/202108/t20210830_305057.html。

此可见，青年群体的工作、学习、游戏娱乐、购物消费等都深深烙上了媒介化的印迹，媒介更是深度嵌入青年群体的学习过程，给传统的授课形式、情景、行为带来了重大变革，也由此衍生了新的逻辑关系、师生关系、社交关系。与此同时，各种在线学习平台、App应运而生，使青年群体不断调整和适应新的学习节奏、学习方式，从而达成知识增益的目的。并且，在疫情防控期间"停课不停学"的现实背景下，媒介与学习进一步深度连接，给传统的线下学习实践带来了深刻的变革。

在线学习成为当代青年群体学习的重要方式。现如今，知识和学历往往成为衡量一个人成功与否的重要标准，青年群体面临巨大的学习压力——谁拥有更多的知识和更高层次的学历，谁就拥有更多选择和谈判的筹码。然而，知识技能更新迭代的速度越来越快，青年群体要想跟上时代的步伐不被淘汰，就得通过不断学习来提高自己的知识和技能。因此，技能和学历的提升成为青年群体焦虑的重要来源。在社会舆论及压力的反复形塑下，青年群体的自主学习意识及知识付费思维不断强化，充分利用碎片时间在手机、平板等移动设备上展开学习已发展成新的趋势。数据显示，截至2020年底，我国在线教育用户人数达到2.96亿人，与此同时，在线教育的软件下载量呈直线增长态势，全网占比已达4.5%[①]。青年群体作为互联网"原住民"，对知识效益有着更加直观的感受，他们愿意为知识付费，甚至利用社交媒介成为知识的传播者。同时，青年群体对于学习媒介化的接受度和适应性相较于其他年龄段网民更高，其在线学习呈现多样化、主动性、社交化等特征。也就是说，媒介化学习给青年群体的发展带来了有益的助力和更多的机会。

当然，社交媒介技术的深度介入往往也会带来一系列问题。例如，随着资本、算法技术的无形嵌入，一些青年在学习过程中产生了过度依赖社交媒介的情况，并且资本介入后，在线学习出现商业化、娱乐化的倾向，降低了青年群体学习的效率和质量。因此，本部分将在学习实践语境下，对青年群体的社交媒介依赖行为进行研究，以此来发掘社交媒介在学习实践中显露的独特样态，并思考媒介化对青年群体学习行为、习惯及收益效果的影响。

---

① 《QuestMobile：〈在线教育行业洞察报告〉（全文）》，网经社网站，2018年6月13日，ht-tp：//www. 100ec. cn/index/detail - 6454519. html。

一 社交化学习：青年群体学习实践的媒介化

"社会化学习即经过社交媒体的平台不断推动个体、组织及团队的知识性获取、共享与变更工作。"① 在社交媒介所呈现的虚拟群聚里，不同区域、性别、文化背景的青年个体因统一的兴趣爱好集结成相对稳定的学习群体。青年群体作为在线学习的主要实践者，微信、QQ "打卡" 社群，B站直播频道，豆瓣学习小组，Timing，雨课堂以及腾讯会议等丰富多样的学习社区，都是他们学习实践的重要阵地。这些社交媒介不仅革新了学习模式、学习内容，而且帮助青年群体获取了学习新体验，诸如 "打卡" 学习、直播学习、社群讨论等一系列在线学习方式已潜移默化地嵌入青年群体的学习日常，日益成为青年群体不可或缺的学习方式。

（一）"打卡"学习：趣缘、表演与情感认同

青年群体是依赖社交媒介学习的庞大群体，随着社交媒介功能的不断完善，他们愈加倾向通过微信、QQ 等社交媒介进行实时化的沟通及学习。青年群体是伴随互联网快速成长的一代，因而拥有丰富的社交媒介实践经验，对于各种互联网学习的操作流程也是驾轻就熟。其中，微信是最为普遍的社交软件，自 2011 年推出后直到现在，其全球总活跃用户达到 12 亿人。随着微信小程序功能的不断更新，微信逐渐扩展了社交媒介的属性，成为集通信、学习、娱乐、投资等多样态于一体的集散平台。其中，微信 "打卡" 逐渐形成一种潮流，成为当代青年群体学习互动的重要方式。"打卡" 指一种考勤方式，把考勤记录卡插入考勤机，自动记录上下班时间②。随着网络传播的深化，"打卡" 突破了原有的语义和用法，在网络用语中，"打卡" 一词可被视为一种实现承诺的标志，它可以用来监督一个需要坚持的或者是需要完成的事物和行为，一旦某人完成既定的计划或者承诺，就可以实现 "打卡" 行为。另外，还有一些青年通过付费购买阅读课程或练习书法、学习英语口语等技能性知识，把自己每天完成的任务通过截图

---

① 韦宁彬：《社交化学习理念助推教师教学反思的探索》，《教学与管理》2017 年第 13 期。
② 孙宝新：《"打卡"新义新用》，《语文建设》2018 年第 9 期。

或者"海报"的形式分享到微信朋友圈，一是期待得到他人的关注和监督，二是希望完成个人形象的塑造。

受访者 B09 是一名辞去工作、专门在家中抚育孩子的主妇。孩子现在上小学，为了督促孩子学习英语，她在线上平台给孩子报了一个付费的英语口语练习课，孩子每天的学习情况都要通过视频或者海报的形式转发到微信朋友圈。这一方面可以起到对孩子学习的监督作用，另一方面可以满足父母微信朋友圈社交的自豪感。

> 我孩子的同学都报了这种付费的英语口语练习课，我的微信朋友圈基本被这些"打卡"学习的内容占据了。我和其他几个家长都是通过给孩子每天的学习"打卡"认识的，我们互相给对方点赞和评论，时间久了我们就相互认识了。这样的气氛我觉得挺好的，既促进了孩子学习的进步，又让我们认识了很多同龄的家长，并成为好朋友。后来我给自己报了一个投资理财的课程，也是每次上完课后需要"打卡"，这也让我认识了有其他兴趣爱好的朋友。（B09 - W - 33）

"打卡"学习成为一种新的社交方式，青年群体凭借相同的趣缘聚集于互联网空间造就的虚拟社群中，他们活跃在媒介所构建的社交空间中，进行各种丰富的社交媒介实践。他们在不断的"打卡"实践中得到他人的关注和点赞，完成了自我形象的建构，满足了社会交往的需求，获得了一种精神上的满足和情感上的认同。

首先，"群聚"是人类现实社会中普遍存在的社会现象，兴趣社群可被视作网络社交空间中的一类"群聚"模式，这些兴趣社群的成员由于各类不同的兴趣爱好，或是任意一类利益关联的因素而聚集在一起。在这些兴趣社群中，对共同话题的兴趣爱好是形成相似的群体交往方式和共同话题的重要基础，青年群体会根据自己的价值需求加入线上兴趣社群。

受访者 B01 是一名学生，就读于一所理工科学校，她自小就爱读名著、看小说，对读书有着浓厚的兴趣，平时最大的乐趣就是在社交软件上与有着共同爱好的书友们交流读书心得。

> 我平时比较"宅"，不太喜欢参加学校活动，但就是喜欢看书，我喜欢通过一些兴趣小组与大家交流学习，每当我读完一本书，我都

会写一篇简短的书评。有时候书友们会找我要一些我的读书笔记,我也会分享给大家。(B01 – W –22)

青年群体在线"打卡"时,基本驻扎于围绕兴趣爱好所建立的社群中,有微信读书社群、英语口语社群、电影爱好者社群等,社群管理员会制定相应的学习规划,并以在规定时间内完成任务量作为"打卡"标准。当然,这个标准既可以是社群成员共同的目标,也可以是社群成员自我的目标。此类学习社群既能够满足青年群体的学习需要、交往需要,又为青年群体搭建了一个展现自我、张扬个性的平台。

受访 B07 是一名毕业于普通院校的学生,她觉得自己的本科院校不太好,想借助考研提升学历,目前正全身心准备考研。在学习期间,她经常会用到社交媒介作为学习和交流的辅助工具。

我其实是第 2 次考研了,总结第 1 次考研失败的原因,主要是自己一个人学习自律性不强,且缺乏有效的监督机制,所以现在我选择和线上的研友一起学习,并约定好每天采用"打卡"学习的形式进行互相监督,若有人未完成规定的学习内容便会被罚款 50 元。我们已经实行 1 个月了,效果还不错,我希望可以一直保持下去。(B07 – W –23)

众多的社交媒介平台都设有类似于"树洞"或者文化交流的广场,青年群体可以在社交媒介平台上相互交流、交换信息。比如,围绕读书的兴趣小组有豆瓣读书小组、微信读书小组、知乎读书小组,在这些小组上,我们可以看到一本书的读书人数,以及这本书的读者给予的评分与评价。每名读者都可以在相关的评论区发表读后感,也能够选择自己感兴趣的评论并回复。青年群体就是通过这样的学习交流模式不断强化情感连接,从而构建了一种新的相对稳定的社交关系。在这些小组中,有一名制定规则和发布、分享消息的管理员,他需要提醒成员每天在固定的时间进行"打卡"签到,以及引导成员分享近期的体会。其中,在分享交流的过程中,若发现话题和兴趣高度契合的群友,青年之间会互相添加好友,这种因学习爱好而结缘的社交方式,在青年群体中比较普遍。当然,无论是为了学习交流,还是谋求善友,均彰显了社交媒介平台对青年群体学习实践的强大影响力、渗透力和吸引力。

其次，按照欧文·戈夫曼（Erving Goffman）的拟剧理论，在日常生活与交际过程中，人们会依照社交内容与社交场所的不同，操纵不同形象展现自我，从而塑造出姣好形象[①]。"打卡"学习这种通过后台呈现前台的方式，在社交中也被界定为形象管理，即以一个符合当前社交情景或人际背景的形象来表现自己，并使别人产生符合自己预期的评价[②]。在虚拟空间的交往中，社交媒介平台变成了每个人展示自己的舞台，因为人们总是想要通过精准地定位观众来选择节目内容。

受访者 B11 是一名名校大学生，学习成绩在其年级名列前茅，他特别喜欢在社交媒介平台上分享他的学习日常，如最近看了什么书、看了什么文艺电影、参加了什么竞赛活动、关注了什么社会热点等，他的一系列分享逐渐使其在老师、同学心中建立了"学霸"人设。

> 我经常会在微信朋友圈或者抖音上分享自己的学习日常，我觉得这就是一个自我展示的机会，现在社交媒介这么方便快捷，为我提供了一个自我展示的机会，同时是对自我的一种鞭策，让我变得越来越好。（B11－M－19）

尽管可以采用对微信分组屏蔽的方法进行观众的筛选和区隔，但从长远来看，人为过滤所花费的时间、精力成本都过高，所以对信息内容的把关基本都遵从普遍原则，即通过呈现学业、健康、消费、工作、娱乐等合乎社会规范、表达正向价值观的信息内容[③]，建立一种能够让观众广泛认可的、"老少咸宜"的人设。而"打卡"学习也贯彻了这样的普遍性原则，虽然面向不同潜在群体，但由于展示了好学上进、坚持自律等公信形象，也可以得到大多数人的正面认识和评价。

最后，人们对人际交往的主要需求之一便是心理归属需求，即渴望在人际交往中建立和某人或某群体之间的良好关系，并以此形成心理归属感。所以人们在展现身份的同时，也在宣布自身是属于某一个族群或者某个阶级[④]。由于有着作为等级区分的品位，当然存在高低贵贱之分，但是

---

① 欧文·戈夫曼：《日常生活中的自我呈现》，冯钢译，北京大学出版社，2008。
② 欧文·戈夫曼：《日常生活中的自我呈现》，冯钢译，北京大学出版社，2008。
③ 黄闽倩：《"最美人物"现象的受众审美心理分析》，《戏剧之家》2019 年第 31 期。
④ 刘昕瑶：《匿名社交软件对大学生社交活动的影响》，《大众文艺》2019 年第 15 期。

当人们通过在社交活动中表现的品位来确定对方所属等级之后，自然也会产生潜在的"鄙视"链条。以微信好友所发布的信息分类为例，大放厥词、偷拍他人、炫耀资产等都会被定义为肤浅、低俗或物质等。而正如前文所提及的，微信朋友圈是熟人社交，因此也可以通过在微信朋友圈展现自身的高端品位来吸引一部分更高层次的人群，从而加强与他们的关系，并以此获得社交优势。青年群体将学习视为身份、勤奋、积极的象征，在阅读"打卡"时，通过不经意的动作，从侧面展示自身的学习内容、阅读天数、阅读书目，这些"小心机"充分地满足了青年群体身份表达的需要。

(二) 直播学习：监督、陪伴与规则维护

网络技术的繁荣发展及广泛运用，变革了现代人的生活方式，而移动通信技术的不断更新，更推动社交媒介深层次地渗透青年群体的日常学习，特别是重新创设了青年之间的社交关系。直播学习是近年来在社交媒介上出现的一类受欢迎的社交模式，它的兴起再次印证了社交媒介技术对传统学习实践的颠覆，以及对青年群体学习行为的强势影响。直播学习在青年群体学习实践和社交媒介进步的双重驱动下，不断催生新的形式和特征。

受访者 B02 是一名大三学生，同时也是一名拥有上万名"粉丝"的学习"UP 主"，她从大一开始就在 B 站上不定时地直播学习，一开始直播间没什么人，但随着她的直播特点不断凸显，直播间人数越来越多。

我开始尝试直播学习是在大一的时候，因为自己自律性不强并且期末复习过于枯燥，所以就支起手机将自己的复习过程进行直播，没想到不一会儿就有好几十人围观我的直播学习，这种被其他人围观的学习方式让我感到非常有成就感，对我的学习也有一定监督作用，于是我就坚持了下来。后来我又直播了四六级考试、教师资格证的备考过程，在大家的见证下，这些考试我都顺利通过了。我的"粉丝"越来越多，我就建立了一个学习资料分享群，大家在群里面互相分享学习资料。现在我基本每天都会直播我考研学习的过程，加入我的"自习室"的伙伴也越来越多。(B02 - W - 20)

直播学习是对传统教学模式及准则的变革性发展，在常规的校园学习里，作为学习实践主体的学生和老师都需要身体在场，师生之间形成一个规范而严肃的学习场域，规训力量的源头是学校、老师及相关的学生干部，而后会形成一个稳定的监督组织，而同学间也会形成同侪压力。相较于传统的教室学习空间，网络直播间的搭建相对随意，成员之间互不熟悉，纪律也相对松散，因而不具备绝对的权威性，群体压力也不具有强制性，此时监督和规训的力量所发挥的效用都取决于学习实践者的参与意愿。相比教室学习空间的绝对权威，网络自习室的房主代行"教师"的权威角色，拥有维护网络自习室文明秩序的权力。当然，也可以选择特定网友作为管理员，共同维护好网络自习室的纪律。一个秩序良好的网络自习室需要每名自习者共同维护，秩序越好，直播间的人气就越高，就会吸引更多人打开摄像头加入直播学习的行列。当然，如果网络自习室的秩序混乱，房主和管理员违反纪律，观众可以通过弹幕留言方式反馈或者以退出网络自习室的形式表达不满。网络自习室的在线人数越多，算法推荐技术就会将其推荐给更多对直播学习感兴趣的用户。

> 网络自习室可以说是对传统教室学习的颠覆吧，没有老师的监管，也没有繁杂的规矩的限制。作为学习者，你只需要保持安静，完成自己的学习任务即可。作为网络自习室的房主，我有一定的责任关注直播者画面是否合规，弹幕是否有反馈的问题或者不当的言论。（B02 - W - 20）

青年群体是直播学习的重要践行者。一方面，他们通过网络实现了陪伴式的学习，在网络自习室中，天南海北的学习者涌进浩瀚的虚拟空间，享受着线上平台所提供的沉浸式学习空间，同时在被他人凝视的群体狂欢中共同"举办"了一场身体缺席、精神在场的媒介仪式；另一方面，青年群体会在直播学习过程中出现维护秩序的职责感，特别是在变成网络自习室的管理者后。青年学习者希望在直播学习的集体气氛中得到一定的存在感与陪伴感，从而消除独自学习的孤独感及无趣感。这种对群体依赖的学习行为有助于缓解个体的孤独感，直播学习的共享氛围满足了这一心理诉求。当一些围观者看到人数爆满的网络自习室，便会进入观看他人的学习直播，同时会通过弹幕鼓励认真学习的同学。

受访者 B12 是直播学习的"粉丝",也是备战考研的学生,前段时间他也加入了网络自习室直播学习的行列。

> 我一开始只是一名看客,当我看到越来越多的小伙伴打开摄像头直播自己的学习情况,并且每个人都自觉保持安静,就被网络自习室的轻松、惬意的学习氛围感染了,有这么多人一起学习突然就觉得自己不孤独了。(B12 - M - 22)

总之,这种来自线上学习的规训是有限度的,其营造的沉浸式学习气氛及陪伴感有利于消除个体学习的孤寂感。在去中心化、权威化的媒介空间中,云端在线的青年群体既是虚拟空间的精神陪伴者,也可以被视作虚拟空间里的规则守护人①。

二 阐释形态:青年群体学习实践的社交媒介依赖表现

无论是"打卡"学习还是直播学习,青年群体都在利用社交媒介提升自己的知识水平和能力、实现自我价值和目的。但是社交媒介的渗透也在不断地提醒着我们,社交媒介并不是被创造、被选择的单一化角色,它有着一定的反向能效,它也可以对人们的生活进行一定的干预及限制,此类强大的影响力,或是大众赋权且持续强化的结果,或是大众在社会生活中对社交媒介体系的顺从。不管怎样,信息社会不断迅猛发展,人们对社交媒介产生了不同程度的实质性依赖,它已深深烙印在青年群体日常生活的各个方面,并使个别青年沉浸其中无法自拔,从而对社交媒介产生了难以割舍的依赖。

(一)依赖关系复杂多变

青年群体在学习过程中表露的社交媒介依赖,不仅是主动寻求同自身发展相适应的需求,而且涵盖了一定的被动属性。在主动层面,对于社交

---

① 吴明华、张樾:《Z世代线上直播学习的行为逻辑及反思》,《当代青年研究》2021年第6期。

媒介具有依赖性的青年群体，可能在日常生活中不喜爱交际，但是他们更乐于在社交媒介的辅助下，在社交媒介平台上参与表达和获取、分享信息，当获得持续的满足与肯定时，他们还会以更加主动自觉的姿态去构建社交关系，从而不断拓展自身的人际关系，这就显现了社交媒介对个体发展有益的一面。在被动层面，一部分青年对生活、工作、学习的情绪相对消极，呈现较强的逃避心理。例如，他们沉浸在微博、微信、抖音、B 站等社交媒介创造的虚拟世界中，依赖社交媒介来释放现实生活中的压力，他们利用刷微博、刷微信朋友圈参与各种热门话题讨论，以及争先恐后"吃瓜"等相关行为方式来缓解现实生活的紧张感、压力感。在这种环境下，社交媒介平台在一定程度上充当了现实中青年群体释放压力的出口，但是其中包含着纷繁复杂、参差不齐的信息，这些缺乏审核的劣质信息，像"精神鸦片"一样无限制地吸引着青年群体去进行错误的尝试。长此以往则会助长青年群体的消极心理，他们逐渐沉溺于社交媒介建立的虚拟世界中，漫无目的地耗费着碎片化时间去刷抖音、刷微信朋友圈、刷微博追八卦。

> 在学习过程中是真的需要用到手机，遇到不会的单词、不懂的释义都需要借助手机去查阅，方便快捷，但是查完资料就忘记放下手机了，给朋友回复一下消息，或是在微博看一条新鲜出炉的八卦新闻，紧接着就是刷着一条又一条的信息，就这样日积月累，浪费的时间挺多的。（B07 - W - 23）

在学习的过程中，青年群体往往难以认识到自己的无价值消耗，如不经意间拿起手机查阅资料或者是看一条新闻，此时社交媒介不再是解放受众的工具，更像是锁住青年群体的一个"囚笼"，把他们牢牢地束缚在虚拟且梦幻的社交媒介空间中。综上，在媒介化时代，青年群体的社交媒介依赖关系更加复杂多变。

（二）依赖趋向群体依赖

青年群体依赖社交媒介达到学习目的，所依赖的不仅是社交层面的人际关系，更表露深层次的群体依赖特征。"媒介依赖理论"提出的关键论点聚合微观、宏观思考，共同考察个体、媒介、社会三者间的依赖关系，但是对于中观层面的群体依赖并未高度重视①。以时下青年群体非常流行的"趣缘文化部落"为例，社交媒介既能够迅速地向青年群体输送大量的数据，更能够为青年群体提供输出自身个性及价值观念的机遇，他们在社交圈内寻求有着相同兴趣的伙伴并创建社交群组，以寻求身份的归属感及认同感，群体传播以此得到充分的展现。

受访者 B14 是豆瓣"每天提前 N 小时我们一起读书"群组的组长，该群组设有 1 名组长、9 名管理员，共有 600 多名成员，属于较大规模的读书群组。该群组中有较为成熟的规章制度，并不定期组织读书活动，除了日常读书交流活动，还有"每月打卡 10 次读书笔记""群友换书活动"等。

> 我创建这个群组的目的就是为喜欢读书的朋友们打造一个基地，在这个基地里我们可以畅所欲言，聊自己爱看的书，分享自己的读书乐趣，在这里我们都能开心地展现自己。这么多年来，很多群友都对我们这个集体产生了深厚的感情和归属感，即使我们没有见过对方，我们也不感觉陌生，可能是这种志趣相投的信任感抹平了一切的嫌隙。(B14 - M - 35)

社交媒介的发展，使青年群体在学习过程中对人际和群体的依赖变本加厉，社交媒介能在短时间内快速聚集志同道合的群友，满足了青年群体学习时的陪伴需求，使个体逐渐在群组中获得身份认同与情感归属。

(三) 媒介工具依赖：情感关系的异化

媒介工具依赖指的是把媒介视作无所不能的工具，企图依赖媒介工具解决日常生活中的一切问题。媒介工具依赖行为的产生同媒介赋予的文本内容没有直接联系，而与媒介文本的载体有关，如广播、电视、电脑、手机等。大众期许通过电视、手机等媒介来了解及认识周边的世界，从而得到一种求知、社交和娱乐的满足感，而同媒介平台上播放着的相关影视剧或者新闻、游戏的内容并未有直接联系。

---

① 鲍尔 - 洛基奇、郑朱泳：《从"媒介系统依赖"到"传播机体"——"媒介系统依赖论"发展回顾及新概念》，王斌编译，《国际新闻界》2004 年第 2 期。

我之前无论是学习上还是生活上遇到疑惑，都会通过搜索引擎或社交论坛寻求解答，因为在极短时间内就能获得答案，也不需要花费多长时间去思考，基本不需要付出信息获取成本，久而久之我就依赖从社交媒介上获取答案。（B05 - W - 25）

在青年群体中，有相当一部分人已经陷入了对社交媒介的沉迷，他们遇到问题最先想到寻求互联网的解答，久而久之就形成了对社交媒介的极度依赖，失去了独立思考的能力，以至于将一切搜索到的答案奉为圭臬，从来不去辨别真伪。

我的朋友提醒我不要轻信这些所谓的"标准答案"，这些"标准答案"的背后暗含着资本和大数据的运算逻辑。"大数据杀熟""竞价排名"等无不暴露社交媒介被资本"挟持"后的丑恶面目，普通人难以抵御这些算法背后的"暗算"。甚至它还能在一些相对主观的问题上影响到我的思想和具体行为，现在这么一想还挺可怕的。（B05 - W - 25）

传播信息是大众的一种天性，从社会历史发展的进程来看，早在初期，人类就能够运用简易的媒介宣传、共享信息，随时保持着同周边世界的联系，从当初的生存所需到现今的学习交流，大众需要不断寻求信息，从而获得成就感。当初大众能根据自身的体能来完成一些单一化的时间及空间传播，从而进行个体同个体或是个体同群体的沟通工作，但是人类自身即可被视作媒介，在信息宣传中留存一定的局限性，所以持续化地求助于外部世界。从石头、结绳到大众媒介，再到社交媒介，此类以传播信息为重要职能的工具日益受到大众关注。马歇尔·麦克卢汉（Marshall McLuhan）觉得媒介是人体的延伸，文字和印刷媒介是人视觉能力的延伸，广播是人听觉能力的延伸，电视则可被视作人视觉、听觉、触觉能力的整合发展。总而言之，媒介的呈现及发展不断推动人类的体能、感官得到深层次的延伸发展，且逐步变成大众沟通的便利工具。

随着社交媒介技术的发展，社交媒介变革了社会交往方式，它打破了时间与空间的限制，使人们足不出户就可以与天南海北的人员进行交流。移动媒介因其便捷性、移动性和低成本等优势越发受到青年群体的青睐。

然而，当青年群体花费大量时间投入虚拟世界时，其现实中的人际互动时间被动压缩，长期沉溺在虚拟世界的青年群体，也会对现实社交产生恐惧和焦虑心理，并且会将虚拟世界交往与现实交往的边界模糊，与现实中家人和朋友的情感关系日趋呈现"冷漠化""荒芜化"的异化症候。

一方面，大众依靠人际往来强化情感连接。网络交往将交往主体置于身体缺席的空间，在为交往带来便利的同时，导致交往主体在现实中的交流减少。这种交流方式符合青年群体匿名社交的心理，因此得到青年群体的青睐，一些青年更是将网络交往作为其主要的社交方式。但是，社交媒介技术的发展改变了人们对时间与空间的感知，导致传统的社交关系发生巨大改变，取而代之的是以微信、QQ、微博等社交媒介为主的虚拟社交。另外，随着社交媒介技术的发展，时下正流行匿名社交，因此匿名社交的端口也不断出现在各类学习社交媒介平台中，这种匿名社交的开发理念是有益的，社交媒介技术的可供性提高了匿名社交的效率，同时也降低了人际沟通的成本。这也使青年群体热衷于互联网的匿名社交，相较于微信熟人的社交机制，匿名社交主打的是与陌生人的语音社交，它满足了青年群体追求刺激、新奇的心理期待，双方在互相不了解对方、一般也不知道对方长相的情况下进行交流。但是因为匿名的形式，个人的身份和相貌等信息被隐藏，道德约束机制的效力就大打折扣，并且这其中也存在法律的真空地带，这就造成匿名社交中的鱼龙混杂。有的青年为追求刺激，会在交流中谈论大尺度的内容，更有诈骗分子会伪装成异性进行所谓的在线陪聊服务。由于青年群体追求新奇刺激的特性，他们越来越沉溺于这种匿名社交。匿名社交的筛选机制很简单，它根据大数据和用户提供的个人喜好资料，随时为用户匹配所谓的"心灵伴侣"，遇到不满意的情况，可以随时挂掉语音电话或者删除聊天对话。匿名社交的这种低成本、即时性，让一些青年沉迷于不停地寻找新的匹配对象的新奇感，并逐渐产生对匿名社交的"上瘾"症状。这种虚拟空间的交往，会使青年群体在现实社交中无所适从，继而产生恐惧、焦虑的交往心理，甚至产生抑郁、孤独等消极情绪。

我曾经有段时间特别沉迷在学习社区寻找具有相同爱好的朋友，通过不断地刷新界面，匹配不同的"心灵契合"的伙伴和你聊天，渐渐地，我开始沉迷于这种互联网上的浅层社交，因为没有精神压力和道德负担，也不需要花费多少成本，但是时间一久发现自己依然很孤独迷茫，我依旧没有找到一个能交心的朋友，还浪费了大把的学习时间。(B13 - M - 25)

另一方面，过多采用社交媒介会侵占现实中的沟通交流时间，异化了人与人之间的情感关系。虚拟数据过载会导致精神迷茫，过度依赖社交媒介及缺少理性化的追求会导致主体逐步失去理性。对于长期沉迷于虚拟空间的青年群体来说，他们在处理现实中的情感关系时呈现消极的态度，对待他人主动的交流会产生不知所措之感，难以处理这样的现实行动，只能被动或者冷漠化地应付，这已经严重破坏了情感、行动和人际关系。人是社群动物，如果我们完全脱离社群，那么我们的情感关系将变得岌岌可危，青年群体的社交媒介沉迷正在侵蚀人与人之间的情感关系，将人与人之间的情感依赖转向人对媒介工具的依赖，导致人与人之间的心灵距离越来越远，人变得越来越孤独，而人的孤独存在完全背离了社会交往的本质，这就是社交媒介技术所带来的人们情感关系的异化。

三　动力机制：青年群体学习实践依赖社交媒介的需求

社交媒介为青年受众的学习实践提供了便捷条件，品类丰富、功能多样的社交产品以及流动着的网络文化，正广泛应用于青年群体的学习过程。作为"移动互联的原生代"，青年群体始终活跃于互联网最前沿，是互联网技术最忠诚的拥护者、体验者与实践者，他们借由各种社交媒介进行丰富多样的学习实践，身体力行地描绘着"万物皆媒介、万物互联"的媒介化生存场景。当然，社交文化形态的丰富多样，也使青年群体对社交媒介产生无法抗拒的依赖性。

(一)　社会需求：制约动机

一是进行社会互动，完善社会关系。人类是社会性动物，自出生起我们就与社会建立了不可分割的联系，谁也离不开与周围人的交流与互动。青年群体在社交媒介的"打卡"行为就为社会关系的维系提供了一种形式。当下，社会化的社交媒介技术正在悄然改变着人们的社交圈层，不断重构人与人之间传统的社会交往模式，进而描绘出新的社会化交往图景，形成新的社交关系和生活重心。人们逐渐疏离或者对现实的生活社交圈层产生陌生化倾向，传统的社交关系受到了互联网的强烈冲击，人们更乐于在社交媒介所创造的虚拟空间中进行沟通与自我身份的重新建构[1]。网络自习室的直播主播往往以完成某个学习任务为目标发起直播互动，通过诉说或者弹幕的形式激发社群成员的情绪体验，建立社群成员之间的情感连接。

受访者 B08 是一名高中语文教师，她周末抽空在社交媒介平台上免费直播讲课，她觉得线上讲课的形式对于她来说有更大的挑战性，也更有社会意义和价值。

> 只要我周末有空，我都会在固定的平台上义务直播两个小时，一开始我还不能适应线上讲课的形式，线上授课和平时在教室上课差异特别大，讲课的形式、语调、着装等，都得有所调整。下播之后，我还会建立一个"粉丝群"，现在有好几百人，我平时也会在群里分享一些学习资料，解答网友的问题。（B08 – W – 26）

主播在完成某一阶段的学习直播任务后，网络自习室群友之间的交流并非就此终结。主播会继续找到群友之间的兴趣连接点，持续带领大家开拓新的社交圈，如通过建立微信群、QQ 群的形式将大家再次聚集，形成更加稳固的社群关系。之后他们又通过微信朋友圈、QQ 空间进行评论、点赞等常规的社交实践，群友间能够相互监督，经过沟通来实现对彼此的认可及肯定，不断强化人际关系的构建。除此之外，创建微信学习小组可被视作一类强大的交互模式，能够在更深层次推动线上及线下的人际发展。

二是受到群体认同及归属感的相关影响。根据社会认同理论，一个人的社会群体成员身份和群体类别是自我概念极为重要的构成部分，个体会把群体认同放到关键位置[2]。当我们处在一个相对稳固且熟悉的环境中，

---

① 王茜：《社交化、认同与在场感：运动健身类 App 用户的使用动机与行为研究》，《现代传播—中国传媒大学学报》2018 年第 12 期。

② 王茜：《社交化、认同与在场感：运动健身类 App 用户的使用动机与行为研究》，《现代传播—中国传媒大学学报》2018 年第 12 期。

如公司、学校、家庭、班级等，受群体归属关系和认同感的影响，当个人所属的群体中大多数人都在使用某个学习媒介时，会导致一部分青年群体对学习媒介产生一种心理上的依赖。但是，青年群体使用微信等小程序"打卡"学习或者是在网络自习室学习，并不能被简单定义为一种盲目从众的行为，这是他们自我学习能力的一定体现，也是他们主动适应环境的一种表现。

（二）实用需求：基础动机

一是获取知识，提升自我。在媒介化深入发展的时代，媒介可被视作极为关键的社交工具，在大众的日常生活中发挥着不可或缺的中介作用，它把大众与社会各领域连接起来。比如，在日常生活中，我们需要通过社交媒介同远方的朋友家人进行沟通；出门时，媒介能够帮助我们查公交、地图、定位等；在家里动动手指即可进行购物活动、了解国内外发生的重大新闻事件。由此可见，媒介的实用性能够满足大众最基本的日常需求，其现实意义重大。而在校园里的青年群体的学习生活一样离不开媒介的积极介入，学习上的相关难题除了可以向老师讨教，也可以通过媒介工具查找解决办法。当代青年群体查询资料基本都是通过网络进行，尽管高校的图书馆有着较为丰富的书籍，但是他们依旧会偏向选择媒介工具。

> 我觉得挺幸运的，可以生活在互联网高度发达的今天，因为我的本科学校平台有限，学校开的课程也相对较少，但是我可以通过 B 站或者慕课等平台学习很多名师的课程，而且这些课程都是免费的，可以不限次数地听，恰当运用好在线学习的软件，可以让我拥有更多的机会去提升自我。（B02 - W - 20）

青年群体使用媒介工具学习最直接的动机和目的是增加自己的知识储备；有的是为了期末考核；有的是为了英语能力的提升；有的则是为了升学和考公务员，推动自我发展。大量的学习媒介的内容都是基于青年群体最本质的学习需求而开发的。总而言之，学习媒介的功能越来越丰富和强大，在一定程度上满足了青年群体学习与生活层面的各类需要，但当此类需要转变成固定的习惯之后，便会使青年群体形成较大依赖。

二是督促自我，培养习惯。当前中国的高中教育方式与大学教育方式存在较大的差异，这就导致很多大学生难以迅速适应大学的学习生活。一方面，高中教育方式不符合本科阶段的培养计划；另一方面，大学缺乏强有力的监管，导致不少大学生的学习出现松懈、怠惰的情况。在这种情况下，青年群体主动利用媒介工具辅助自己学习，他们选择"打卡"学习、直播学习等多样化的模式展开自我监督工作，从而激励自身培育良好的行为习惯；他们会采用学习媒介来给自己预设一定的目标，其中涉及学习时长、学习量、复习时间等，整个学习过程的数据都可以被详细规划和记录，以达到效率提高的目的，最终通过长期的坚持，在助力自身完成目标的同时培育好的行为习惯。所以，很多青年选择利用"打卡"学习，特别是先付违约金等强制的方式来激励自己学习，在该前提下合理分配时间，形成优质的学习习惯。

受访者 B11 是一名大一学生，他表示在大学中再也没有人时刻提醒他学习，以至于对大学的学习生活产生了较强的不适应感。

> 刚入大学一切都是新鲜美好的，但是在学习上突然没了明确目标和效率，因此我就在学习 App 上为自己设定学习目标，学习 App 可以实时记录我学习的数据，还能时刻提醒我学习，并且我还选择利用"打卡"学习的形式强制自己学习英语口语，经过一段时间的坚持，我取得了一定的好成绩，最重要的是终于培养了好的学习习惯。（B11 - M - 19）

青年群体把网络社区单纯地视为一种监督工具，这对培养良好的学习行为、实现自我监督起到了积极的作用。在学习目标完成后，他们也养成了固定"打卡"的习惯，这样做不仅提高了学习自主性，还可以实现更深层次的自我满足，所以他们会继续依赖学习媒介的监督作用。

（三）心理需求：诱发动机

一是直播学习行为本身带来一定的满足感。青年群体直播学习在很大程度上是要获得内心的满足，直播"打卡"代表着一种仪式，是一种自我的炫耀，它能够给受众带来一定的满足。依据学者威廉·史蒂芬森（William Stephenson）的传播游戏理论，"打卡"活动是一种有针对性目标、能够满足人所需的游戏①。在种类繁多的学习 App 中，人们乐于选择"打卡"机制更为成熟的 App。社会主体由各类不同角色的个体、民族等组建而成，他们有不同的分工，并统一在社会的建构管理下有序地开展各类工作。

> 在线学习社群中，每个人其实都有明确的定位，其中群主和管理员除了要维持好秩序以外，还要活跃学习社群的氛围。我作为管理员，要以身作则，时刻保持活跃，去带领大家完成学习任务，维系社群规则，调动大家的学习热情，增强学习自主性，只有这样才能运营好一个在线学习社群。（B14 - M - 35）

在媒介塑造的虚拟环境下，网络学习环境也是由各类不同角色的学习者构成的，他们在自身学习中遵循一定的准则，为维护整个虚拟学习空间的秩序努力做出贡献，学习者日益认识到自身在虚拟学习空间中的角色定位，并可以依据角色定位充分发挥自身的职能。同时，虚拟学习空间主导者自身的学习主动性、计划与权威性，能够对其他学习者的学习动力产生一定的影响，从而带动大家一起学习，自觉主动地营造一种积极的学习气氛。

二是塑造优质自我，得到他人的赞扬。依据欧文·戈夫曼的拟剧理论，微信朋友圈可被视为一个表演舞台，一些青年凭借在微信朋友圈"打卡"来"表演"，营造爱学习等良好形象，从而获得老师、长辈、朋友的赞许。在个人形象塑造的过程中，"表演者"想要操纵他人对自身的态度及评价，因此"表演者"在"打卡"时会具体选择"打卡"的内容及类型，也会编辑一些帮助塑造理想形象的文案信息。青年群体在"打卡"学习中呈现自己前台上的优秀，而在后台上淡化了怎样完成枯燥学习的经过。

受访者 B15 是某公司职员，平时工作不是很忙，所以就经常借助媒介工具学习一些技能，他喜欢通过分享日常学习展现自己的状态。

> 我平时空闲时间多，所以就想学一些新的技能提升自我，我一般都是在 B 站或者"我要学习"网站上找免费的资源去学。学完以后，

① 刘海龙：《大众传播理论：范式与流派》，中国人民大学出版社，2008。

　　我会将自己的成果通过微信朋友圈或者抖音展示，我很享受这一分享
过程，尤其是拍照发微信朋友圈或者是剪辑一个合集发抖音上，每当
有人给我点赞和评论时，我都会感到深深的满足。说实话，有时也有
因为没有学习，但是碍于面子就将之前的作品拿出来再次分享一遍的情
况。（B15 - M - 26）

　　由此可见，社交网络在呈现个体行为及语言的表达上并不是完全真实
的，这是"表演者"在不同情景下对环境判断及选择的结果，也是塑造优
质自我的一种策略。青年群体在"打卡"学习的过程中也会出现放弃的想
法，但他们不愿意让自身努力营造的理想形象崩塌，所以一旦他们心中有
所懈怠，印象管理就会给他们发出一定的警示，他们理想的一面就会出于
创造自我形象的目的而不断呈现，青年群体的"打卡"学习如果是以他人
对自身的评价为基础，那么在此类目的推动之下，青年群体的后台学习效
果并不理想。

　　三是为了缓解知识焦虑。知识焦虑是这个时代人们无法回避的一种现
实困境。喻国明曾说，在一个充满焦虑和失控感的时代，人们迫切需要一
个把控"乱花渐欲迷人眼"的变动不居的生活和世界的"知识抓手"①。
新媒介的发展推动人类进入媒介化生存时代，信息技术迅速发展，信息接
收者在面对繁杂的信息时会产生恐惧和困惑，所以当知识服务能够以单一
高效的模式向大众传输有效信息、缓解知识焦虑，那么大众会毫不犹豫地
选择它。

　　受访者 B05 是一名学生，她直言同学之间的学习"内卷"特别严重，
她时常会感到"知识焦虑"。

　　对于知识的焦虑我真的太有发言权了，前段时间我的舍友在抖音
买了一门英语口语线上课，我看她每天都准时学习，并且都会在微信
朋友圈发"打卡"海报，并且还配有"继续加油"之类的激励话语，
看上去她真的学得不错。而我此时就产生了莫名的焦虑，于是为了缓
解这种焦虑，我也报了一门网络在线课。（B05 - W - 25）

───────────────

　　①　喻国明：《知识付费何以成势？》，《新闻记者》2017 年第 7 期。

"打卡"学习的媒介实践行为的兴起与大众对知识的焦虑有着一定的联系，生活节奏的加快及压力的不断加大对大众的知识文化有了更深层次的要求，但大众并没有充分的时间及精力来筛选自身所需要的相关知识，"打卡"学习则能帮助大众用每天零碎的时间完成学习任务。与此同时，在朋友的互相鼓舞之下，大众实现了常规设定的目标，继而在一定程度上缓解了"知识焦虑"。此外，每次在学习中"打卡"也是一种潜在的缓解和释放内心压力的方法。同为了产生知识满足感而自发学习相反，当个体看到众多朋友在微信朋友圈"打卡"学习时，会想到自身也需要获取知识，会觉得这种学习行为对自身有了较大影响，从而会出现一定的脱离群体、不进则退的焦虑感。为了缓解这种焦虑感，他们也会加入"打卡"学习的行列，而后经过学习来满足自身所需。

四　效果之思：学习实践的社交媒介依赖影响

青年群体在学习层面具有极为明显的特征，即对新事物的接受能力较和好奇心较强，对社交媒介有着较大的兴趣。然而，尽管青年群体的知识及技能水平有了提升，其价值理念还处于塑形阶段，思想也易受到外界各类信息的干扰，所以他们对自身的掌控及对外界事物的认识可能会出现一定的偏差。社交媒介为青年群体提供了沟通的便利，将全球各地的人们连接起来，汇聚成一个"地球村"。但是社交媒介带来的优势并不是绝对的，当媒介化学习达到一定程度时，也会出现一定的问题，其对传统的学习关系、伦理体制等的影响重点集中在以下几个层面。

其一是计时工具带来的相关学习的异化。异化指的是人的物质及精神产品同人对立，且反过来主宰人的现象，由此会造成行动者所采取的行动与其预期的结果相违背，或者与他人异化。青年群体在线学习过程中，不断提升速率的计时工具或功能繁多的学习监督软件很有可能产生相反的效果，既没有起到监督学习的作用，又让学习效率大打折扣，无法让学习者沉浸在专注的状态当中，因为计时工具就是夹带其他目的的、被异化的工具。当计时工具被误用且忽略了学习能效时，随之衍生的"恶性角逐"会引起盲目的计时，从而给学习实践带来负面影响。

　　我之前为了专注学习下载了很多计时 App，如"专注森林"。打开"专注森林"之后，只要你不操作手机，它就会在一定的时间内给你种树，种的树越多，说明你专注的时间越长，只要操作手机它就立马结束种树。这原本是一个挺不错的学习工具，但是最后成为我和我室友攀比的一种工具，为了显示自己专注时间长、种更多的树去炫耀，我们还因此产生了矛盾，当工具不单是工具的时候，它就变质了。（B12 - M - 22）

　　其二是学习表演引发的矛盾。在消费社会的商业化语境下，社交媒介变成了具有压抑性的社会工具，进而导致媒介文化朝单向度发展，此时的社交媒介变成了青年群体的"主人"，这种物化的情况日益渗透社会的各个方面，甚至从经济生产、社会体制、文化风气入手，逐渐侵蚀青年群体的意识形态。在消费氛围的鼓动下，直播学习频道的商业化改版和升级导致的各类冲突不断增多，出现了价值观差异较大的群体，这进一步扩大了用户之间的隔阂，也给社群成员带来相对较差的体验，最终导致不同社群团体之间出现不同程度的冲突。冲突会呈现一定的表演矛盾，且不断深层次地呈现"表演者"同"观众"的联系，"表演者"同"观众"的互动出现在自我反思的范畴内，也可被视作社会反思的重要范畴，它提供了一个有限化的透明窗口，经过此透明窗口能够检查社会及文化的敏感问题，面对学习行为正向开展一定的管控工作。另外，众多的青年群体在直播相关产品时呈现了一种展演的状态，而学习直播的时长、规律性的学习状态则呈现一种主动积极的品质，这些品质已经得到他人的认可。例如，观众在直播间发言点赞，此举能够让直播者得到较大的满足，从而沉迷于此类活动所带来的成就感。

　　其三是过度关注学习模式而忽略学习直播给学习带来的实际效果，只会让青年群体变为网络社会中的"数字劳工"及"资本奴隶"，社交媒介的出现不仅为大众提供了便利，而且为大众创造了新的需要。比如，抖音的出现为大众提供了一个娱乐的集散平台，供人们休闲放松，但也让人们沉迷当中，沉迷刷抖音对不少人的工作及学习产生了一定负面的影响。对这些平台来说，每一名用户不过是一串自带流量的相关编码，用户的任何网络性操作均可能成为商品，任意一次学习直播对于平台来说都是吸引更多人去观看、获得更多用户流量的方式，平台采用学习直播之类的方式吸引用户，再把用户统一打包成"流量"贩卖给商家，并从中得到一定的利益。

　　我之前有个一起考研的同学，他给周围人的感觉就是学得特别好，他把每天的学习成果拍照，并且制作成一个相册，发到微信朋友圈"打卡"，并且附有自己每天学习的总结，仔细认真，搞得我们都特别焦虑，感觉学得不如他好。可是，这一切都是假象，我们几个一起考研的伙伴最后只有他没过，还挺可惜的。（B05－W－25）

　　当学习直播成为有利可图的生意时，就会有很多人加入学习直播的行列，为了获得更多流量，通过"博人眼球""作秀"的方式进行学习直播，让学习者误以为"学习时长越长，学习效率就越高"，把对笔记、视频的精美剪辑与学习成果挂钩。那么，由此获得的成就感便是一个虚假的自我感动，并不能对个体产生积极能效，这类形式主义不仅是空洞且失败的，而且会使每个学习者变成免费的"工具人"。

　　其四是商业消费带来的相关影响。人是消费的主体，消费过程是随着资源消耗的，它与人的需求密切关联，它不仅涵盖物质层面，也涵盖精神、观念、文化等层面。让·鲍德里亚（Jean Baudrillard）认为消费不是简单的满足性消费，也不是被动的吸收和占有，而是创建关系的一种模式。现今，众多社交媒介将开发重点放在对用户关系的挖掘上，创建用户关系变成他们打造垂直化社区及商业化战略的重要决策。当开发者让消费的产品及内在价值体系相统一时，即会构建消费与产品的和谐联系；若同内在价值体系冲突，就会出现与本意相违背的状况。

　　其五是社交媒介中"单向度的人"。知识可被视作一种关键的话语权力，米歇尔·福柯（Michel Foucault）觉得现代知识是一种特殊的话语体系，它同个体及主体相连接，同个体思维、生活模式紧密结合，同个体自律相连接，同整个社会的体制密切相连，从而推动现代社会的各个成员自觉或不自觉地参与现代话语体系的构建。

　　学习直播的主播及观众在参与中感知他人的存在，在心理上得到一定的陪伴感，但网络的距离并不能消除现实鸿沟，学习直播参与者的所见所闻都被限定在有限的维度当中，他们对于他人实际生活中的真实变化其实并不关心，并且他们更加受限于网络空间，这极易产生消极影响。学习直播是夸大的炫耀，让参与者产生心理压力，被披露的个体信息也遗留了一定的被他人利用的风险，这些要素导致人与人之间的心理距离不断拉大，矛盾也会逐渐显现。在网络社交时代，网络技术的发展让面对面的孤独在现实生活中凸显，青年群体沉迷于网络造就的虚拟空间中，在虚拟空间中积极行动，但其内心依然是无比的孤独，这就显露了群体的两极分化倾向①。若要深层次打破在线社交壁垒，需要不断增加两者间的信任。媒介化实践给大众学习行为带来督促，也对青年群体的认知形成规训。当青年群体不为追求知识而行动，而是为了某些功利化的目的学习时，学习的媒介化实践会对他们提出意味深长的警告。

其六是对教育模式与学习伦理的消解。目前，媒介化已经渗透学习者的生活日常，给他们的学习生活带来较大的便利。教育行为与理性知识开始同媒介相连接，从而使媒介变成提升教育价值和学习能力的工具。教育的终极目的并不只是让学习者学到知识，同时会重点培育学习者的人格品性。若学习行为经过媒介化的方式被单一地塑造成一种固定化的培训模式，那么学习行为及教育活动自身便不能充分传达教育者的价值理念。媒介化实践背后的主观能动性源自学习者自身对学习的渴望，但当学习者接触一定的学习工具或载体之后，他们会对学习实践进行一个自觉化的提升，相对自由的学习工具能够助力学习者更加清楚地认识学习的本质，从而不断探索适合自身的学习方式。

不管是对具体知识的把握，还是从学习活动中感知的热情及关怀，都是学习媒介化的具体实践成果。在以信息革命技术为主导的网络社会里，不管是事物自身的发展，还是迅速流转、不断压缩的社会结构，均会随着技术的不断前进而发展和加速，因此形成了曼纽尔·卡斯特（Manuel Castells）所说的"无时间的时间"和哈尔特穆特·罗萨（Hartmut Rosa）所说的"社会加速"。因此，尽管青年群体学习的主动性有所提升，但是他们也会抵触现实生活中的线下教育模式。

小　结

媒介的使用必然伴随身体和精神的媒介化。传播学者马歇尔·麦克卢汉说："媒介延伸了人体，同时也在某方面截除人体。"在媒介化生存时

---

① 陶志欢：《青年群体性孤独的技术逻辑及其规制》，《当代青年研究》2020 年第 2 期。

代，青年群体与社交媒介产生强烈的"关系嵌合"①，社交媒介延伸青年群体的日常学习实践，越来越成为青年群体不可或缺的部分。但是，青年群体又陷入对社交媒介的高度精神依赖，其与社交媒介的关系走向颠倒，社交媒介制造了大量"单向度的人"。青年群体沉浸在社交媒介造就的虚拟幻境中，导致自由时间不断被占用和窃取、人际关系的疏离、情感的冷漠化以及精神思维的模式化。这些都是青年群体对社交媒介高度依赖所产生的异化表现。但我们需要清楚，在"工具理性"和"价值理性"的博弈中，大众理应追寻人的本质属性及自由的生存模式，而不被技术、环境所约束，让技术及媒介为人类所用、为大众服务，让人和大众的自由及幸福变成最终目的②。人，并不是工具里的人；而社交媒介，需要变成人的工具及幸福生活的工具。

---

① 赵红勋：《新媒介依赖视域下青年群体的"信仰风险"论析》，《中国青年研究》2020 年第 1 期。
② 方艳：《论人际关系媒介化》，《国际新闻界》2012 年第 7 期。

第三章　青年群体娱乐实践的社交媒介依赖

在社交媒介技术的普遍渗透下，社会空间中的诸多领域被媒介生态所裹挟，使生活场景呈现高度的"媒介化"表征[①]。在媒介化社会的意义阐释下，任何个体或群体都难以逃脱媒介"议程设置"的维度，并在社会实践中不断与媒介发生意义的连接。在社交媒介普及的时代，青年群体对社交媒介的依赖程度日益加深。无论是工作、学习还是娱乐，社交媒介都发挥着不容忽视的作用，甚至成为青年群体自我表达的新"装置"，与青年群体的实践空间深深结合。大多数青年不带手机出门会感到社交焦虑，随时打开微信、微博、QQ等社交软件进行信息的查看已然成为社会交互的常态化。通过社交媒介交互沟通成为当代青年群体维系人际关系、进行社会实践的方式之一。

在生活节奏日渐加快的现代社会，压力不断刺激着青年群体的神经末梢，紧张感、焦虑感充斥生活场域，越来越多的青年群体选择利用社交媒介进行娱乐实践，以此缓解学习、工作等实践空间所带来的压力、获得心理上的愉悦体验，但过度感受娱乐实践所带来的体验会加剧青年群体对社交媒介的依赖，进而延伸为社交媒介依赖这一"风险性"问题，使青年群体的娱乐实践领域日渐被社交媒介这一虚拟仿真场域所替代。

学术界部分研究已对青年群体娱乐实践的社交媒介依赖问题进行了探讨，主要可以分为两大类。一类是娱乐实践引发的社交媒介依赖与健康之间的关系。从心理学视角来看，青年群体过度使用社交媒介等高新技术媒介会导致个体对此产生依赖感，并出现明显的心理功能异化，没有任何摄入物质的影响，只是一种依赖心理症状[②]。社交媒介依赖会危害青年群体

[①]　施蒂格·夏瓦:《文化与社会的媒介化》，刘君、李鑫、漆俊邑译，复旦大学出版社，2018。

[②]　高文斌、陈祖妍:《网络成瘾病理心理机制及综合心理干预研究》，《心理科学进展》2006年第4期。

的身心健康，扰乱其日常生活和学习，引发青年群体孤独、压抑等负面情绪，易导致孤僻自卑的心理状况①。另一类是关于社交媒介依赖的生成动因。在青年群体中，利用社交媒介进行娱乐实践的现象较为普遍，而娱乐实践实际上已经成为社交媒介与青年群体之间最为重要的黏合微元素②，游戏狂欢、"饭圈"组建、媒介消费等娱乐实践也成为深化社交媒介依赖不容忽视的因素。第一类研究着重探讨社交媒介依赖对健康造成的不良后果，第二类研究旨在发现社交媒介依赖的行为机制，本部分将更加关注第二类研究。

正处于成长与塑造阶段的青年群体，深受西方后现代主义的影响，思想行为充满着未知性。尤其是在思想价值与人生目标处于不确定阶段时，青年群体往往会选择逃避对深度人生问题的思考，转向通过与社交媒介进行娱乐互动获得身心的愉悦，进一步满足本能的娱乐化需求，从而加深自身与社交媒介的连接与依赖。在这种娱乐实践所引发的社交媒介依赖表征中，娱乐实践日渐成为青年群体日常生活的主要行为，这种行为的发生也在不断影响着他们的社会成长路径，使他们深陷表达与行为的意义对抗之中，从而影响着他们的精神面貌与成长发展。因此，基于媒介化这一现实语境，青年群体娱乐实践的社交媒介依赖是如何体现的？生成动机有哪些？对青年群体造成了什么样的影响？本部分将就这些问题进行理性思考与学术辨析，诠释青年群体娱乐实践的逻辑表征，阐释娱乐实践加剧"依赖症"的内在诉求，以批判性视角审视青年群体娱乐实践带来的影响，以此明晰社会大众对青年群体社交媒介依赖的认知体系。

在娱乐实践的研究过程中，笔者借助微信、QQ 等线上交流方式对 18 名青年进行了深度访谈，试图通过访谈内容挖掘青年群体娱乐实践对社交媒介的依赖表征、生成动因及影响，并进行批判反思。

一　表征样态：青年群体娱乐实践的社交媒介化

随着移动互联技术的发展，社交媒介的出现扩展了青年群体的日常生

---

① 许颖、苏少冰、林丹华：《父母因素、抵制效能感与青少年新媒介依赖行为的关系》，《心理发展与教育》2012 年第 4 期。

② 刘明洋：《从娱乐到游戏：基于网络的媒介文化变迁》，《青年记者》2015 年第 9 期。

活空间。当青年群体单独面对社交媒介所带来的社会变革时，"液态流动"的发展给他们带来的社会未知性驱使他们通过社交媒介进行娱乐实践，这成为社交媒介依赖的切入口。而媒介依赖理论将社会个体的使用需求分为自我理解、社交理解、行动趋向、互动趋向、自我娱乐和社交娱乐等 6 个方面。由此可见，娱乐实践是人们必不可少的日常生活元素，社交媒介的出现使本身具有"原始性"和"超前性"的娱乐实践在传播中变得显而易见。正如西格蒙德·弗洛伊德（Sigmund Freud）提出的"快乐—现实原则"，他将这一原则归入无意识的范畴，青年群体中的大部分行为都源自内心的抉择，并且不是在有意识的自我驱使下完成的①。因此，娱乐实践作为一种生活现象，既是青年群体在社会变革进程中通过空间生存方式的行为表达，又是社会现实问题中的无意识选择。青年群体借以媒介化的虚拟场景诠释着娱乐实践，点缀着自身的文化体验场域，助推着社交媒介依赖的形成与加剧。

（一）仪式化的游戏狂欢连接交互关系

兰德尔·柯林斯（Randall Collins）曾在《互动仪式链》一书中指出，互动仪式链是建构社会空间的结构性基础，正是这种微观的互动仪式链塑造了社会组织的主要表征。群体的互动仪式是一个由各要素组成的、具有因果关系和反馈循环的过程，包含身体共在、仪式准入机制、相同焦点以及共享情感体验②。在媒介化图谱的裹挟下，游戏已经不再是内涵单一的消遣性娱乐方式，而成为黏合互动仪式链的媒介话语形态。

首先，CNNIC 调查显示，我国网络游戏用户规模达到 5.54 亿人，其中"90 后""95 后"占八成③。青年群体成为网络游戏的中坚力量，通过操纵多样态的游戏形式进行着娱乐狂欢，展现着社交媒介的交互意义。而游戏的实践文本不再局限于传统的面对面交流，它借助移动互联的发展优势，形塑虚拟场景的游戏形态，如《王者荣耀》《英雄联盟》《绝地求生》《和平精英》等网络游戏打造了离身性的共在体验。正如丹尼斯·麦奎尔

① 陆涛：《媒介效果与威廉·斯蒂芬森的"乐得理论"》，《江西社会科学》2020 年第 7 期。
② 刘国强、蒋效妹：《反结构化的突围：网络粉丝社群建构中情感能量的动力机制分析——以肖战王一博粉丝群为例》，《国际新闻界》2020 年第 12 期。
③ 《CNNIC：第 49 次〈中国互联网络发展状况统计报告〉（全文）》，网经社网站，2022 年 3 月 11 日，http://www.100ec.cn/detail-6608634.html。

（Denis McQuail）所言："媒介使用这一行为本身就是普遍的社会交往方式，是一种现实社会互动的代替品。"① 由此可知，在社交媒介日渐成为"习以为常"的景观文本时，网络游戏也逐渐演化为青年群体社会交往的"显著性"工具，游戏空间延展了青年群体的社交渠道，将现实中的人际关系与组织关系嵌入，描绘着现实社会关系的画卷，忽视物理距离所带来的离身性差距，塑造着身体共在的仿真场域。

　　我平时学业繁忙，社交范围很小。因为我喜欢打《英雄联盟》，在这上面认识了很多游戏好友，后来我们经常约着一起打游戏。虽然距离很远，但我们的关系都很好，和别人组局都很不习惯。（C09-M-27）

　　平时和朋友出来没什么可以娱乐的，我们就会约着一起去网吧打游戏。在网吧里我们每人一台机器，看似都是各玩各的，但我们在游戏里配合得很好，现实的人际关系也能带到虚拟的游戏里面。（C17-M-26）

其次，在青年群体社会交往的意义范畴中，群体交往以一种特殊的方式连接他们之间的交互关系，主要表现为仪式化的游戏狂欢，以此来实现仪式准入机制的建构。尼克·库尔德里认为，媒介自身可能就是一个仪式化的存在，人们的媒介使用行为本身就是一种仪式，是某种戏剧性行为，这种仪式化实践在"媒介的仪式空间"进行与媒介相关的各种社会组织活动②。也就是说，青年群体通过社交媒介所建构的游戏虚拟场域参与群体狂欢、进行互动仪式，进一步增强他们之间的群体凝聚力，促进仪式准入机制的确立。例如，2021年11月7日是2021年英雄联盟全球总决赛冠军角逐之夜，九成以上的青年群体关注着赛事直播，直播界面充斥着仪式化的弹幕互动，微博与微信朋友圈都被与该赛事相关的信息"刷屏"。

　　我很喜欢玩《英雄联盟》，也很喜欢看直播。因为直播可以将更多关注这个赛事和游戏的人聚集在一起，而这次的总决赛有中国EDG电子俱乐部的参与，很多朋友都在关注，通过弹幕、微信朋友圈、微

① 丹尼斯·麦奎尔：《受众分析》，刘燕南、李颖、杨振荣译，中国人民大学出版社，2006。
② 尼克·库尔德里：《媒介仪式：一种批判的视角》，崔玺译，中国人民大学出版社，2016。

博将我们的支持传递出去，这种仪式化的比赛直播凝聚着我们的集体荣誉感。（C10 - M - 22）

再次，青年群体通过虚拟技术和社交媒介设备进入游戏空间，彼此通过文字、图片、虚拟人物、音乐、语音等相同的具体性符号进行交往，借此展开"第二人生"的成长演练。在此过程中，青年群体面对同样的游戏文本进行交互话语的沟通，拥有并强化着身份共通感和话语共同感，如《王者荣耀》游戏中的"清兵""打野""偷塔"等交互话语以及一些音乐符号都在塑造青年群体的共识。由此，游戏化社交凭借相同的交互话语打破了青年群体与亲朋好友缺乏共同话题的社交壁垒，成为代替现实社交的方式之一。

在游戏中能找到有共同话题的朋友，他们能明白我说的那些游戏语言还有游戏皮肤的代表性含义，对于这些符号的交流也迅速拉近了我们之间的关系，能让我产生被认同的感觉，也能让我找到现实中很难找到的归属感，导致我现在很依赖这种感觉。（C11 - M - 22）

最后，在传统社会中，社会结构关系相对简单与固定，人们大多依靠血缘或地缘建立较为稳定的社群。随着社会变革与社会结构发生变化，传统的亲密关系与情感的黏合性下降，为游戏空间中虚拟社群的成立提供了契机。这一种新的社群形式打破了血缘与地缘的条件限制，把人们的情感、精神等意识层面局限在虚拟空间中。青年群体依靠游戏空间所建构的虚拟社群不断与他人发生交互，以此来满足自身的情感体验，实现社会互动的目的。这不仅打破了时空束缚，而且通过新的空间情景使青年群体与他人达到情感的共振与共享，形塑着虚拟社群交往方式的新样态，加深了青年群体对游戏实践的沉浸程度。

之前上大学的时候我特别喜欢笑煮（笑煮曾为电竞选手），我当时还加入了笑煮的"粉丝群"，会与其他"粉丝"一起讨论比赛，约定时间为他加油；还会对笑煮的比赛和战术进行研究，很多"粉丝"的游戏水平都有了很大的提高。"粉丝群"里还有各种关于笑煮的表情包，每名"粉丝"之间的关系也很好，我很喜欢群里的友好氛围。

（C08 - W - 25）

总的来看，作为游戏空间的使用主体，青年群体通过离身性的身体共在、仪式化的狂欢实践、共同性的文本焦点以及社群的情感共享形成纷繁复杂的社会关系，深刻感受到了游戏空间的文化性、精神性与交互性，进一步增强了其与游戏狂欢的黏合感，演化为社交媒介依赖的娱乐实践之一。

（二）情感化的"饭圈粉丝"打造互动共同体

情感对于社会大众的日常生活具有重要影响及一定的指导作用：一方面，情感对社会关系的建构有着关键性意义，社会个体在编织关系结构时会对情感产生深层次依赖；另一方面，情感共同体的实质是共同情感，个体被纳入群体进行情感分享不仅可以促进群体关系的整合，还可以缓解个体面对负面问题所带来的情感压力。随着媒介化技术对青年群体日常生活的不断渗透，社交媒介赋予青年"粉丝"更多的话语权，成为"粉丝"实况交流和情感寄托的虚拟情感空间，进而形成了一种新的"社群"——"饭圈"。

"饭圈"这一虚拟情感空间的成员多为"90后"与"00后"青年"粉丝"，他们大多属于独生子女，情感缺失严重，缺乏安全感和归属感。同时，"液态"世界所带来的社会不确定性以及生存个体化，使青年"粉丝"的生活环境充满陌生感与竞争性，其情感地带呈现"荒漠化"特征。美国社会学家本尼迪克特·安德森（Benedict Anderson）曾表示，大众传播媒介唤醒了不同社会群体之间的"共同体"意识。青年"粉丝"抽离了传统的社会共同体，通过社交媒介的使用与情感的共振连接唤醒群体意识，建构了"饭圈"的内生机制，也为青年个体"粉丝"加入"饭圈"提供了契机。来自不同空间网格的"粉丝"因相同情感聚集并构建关系网络，出于对某个特定偶像的喜爱而加入"饭圈"，他们在这种情感社群中强化着群体归属感与身份认同感，一致行动与情感同化是其显著表征。

我是独生子女，除了父母很少向别人展露情感，长大之后和父母说的也很少了。但自从有了喜欢的明星偶像，慢慢了解她之后就加入了"粉丝群"，认识了很多"饭圈"的姐妹。在"饭圈"中，我能找到明白我内心情感的人，让我在现实中很难表达的情感找到了归属。而且"饭圈"的姐妹跟我有共同的爱好和情感，让身为独生子女的我找到了情感归属地。（C02 - W - 25）

兰德尔·柯林斯曾认为，情感是互动过程中的一种能量，而拥有情感的个体会最大限度地发挥情感能量，以达到互动的目的①。"饭圈"借助社交媒介优化着"粉丝"内部的传播方式，实现了从个体到群体的范围扩散，加强了社群个体间的情感连接感，实现了他们之间的互动交流，从而形成了以情感为基石的互动共同体，进一步加深青年"粉丝"对社交媒介的依赖程度。例如，自2018年起，我国视频网站平台盛行《偶像练习生》《创造101》等偶像养成系真人秀节目，这些节目播出期间，"饭圈"会通过社交媒介为各自喜爱的选手进行结构化分组互动，分为应援组、打投组、数据组、宣传组、集资组等多个内部小组，他们在组中进行着人际互动与情感共享，以此实现对偶像的情感表达，在一定程度上加深着"饭圈"成员对社交媒介的依赖。

在2018年播出的《偶像练习生》了解了蔡徐坤之后，我就特别喜欢他，加入了他的"粉丝群"，成为一名"饭圈"女孩。在节目播出期间，我每天都在给蔡蔡投票，给他做宣传，与其他喜欢蔡蔡的姐妹讨论怎样给他提供更好的应援。节目结束之后，我们也会以蔡蔡的名义去做一些公益，支持他的各种代言。总之就是，我觉得我们这些喜欢蔡蔡的"粉丝"更像是一个大家庭和共同体，不断地互动，不断地加深感情。（C06 - W - 24）

总的来说，个体"粉丝"的情感涌现与社交媒介的使用驱动了"饭圈"的形成，推动了以情感为纽带的"粉丝"社群的发展。"饭圈"成员在其组织内部通过社交媒介频繁进行情感与行为的交流互动，不断强化着互动共同体的象征符号，使个体拥有身份寄予地带。因此，"饭圈"这一虚拟社群在社交媒介中不断编织着青年"粉丝"的人际交互网络，以此形

---

① 殷文、张杰：《中国式怨恨、差序格局与认同边界——情感社会学视角下的网络群体性事件研究》，《哈尔滨工业大学学报》（社会科学版）2017年第6期。

成青年"粉丝"之间的情感依赖，并在社交媒介依赖的旋涡中演绎着将情感转化为娱乐狂欢的路径。

（三）象征性的媒介消费驱动符号交往

随着媒介化社会空间的扩展，社交媒介所提供的视觉盛宴令人目不暇接，这种视觉化与具象化的社会被居伊·德波（Guy Debord）称为"景观社会"。他认为，人类社会生活本身都展现为景观的凝聚，同时将社会存在的一切都转化为一个表象[①]。在这种景观社会的背景下，社交媒介引导消费者不再重视物品的使用价值，而是关注被媒介符号建构的象征意义[②]。由此可知，青年群体的娱乐实践范畴不只包含游戏狂欢和"饭圈粉丝"这类表征明显的集体互动，新一代的青年群体开始从为实物消费过渡到为满足精神需求的内向性消费，将社交媒介视为提供娱乐体验并获得愉悦感的工具。他们在社交媒介中进行的任意媒介消费都是其发泄情绪、开展社交的演变路径，以此形成个人社交媒介的消费轨迹交织关系，进而形成整个社会的社交媒介消费娱乐图景，加深青年消费者对社交媒介在心理方面和使用方面的依赖程度。

一方面，消费仪式建构符号交往的转译表达。社交媒介的娱乐实践通常令人感到身心愉快，其通过声音和视觉宏大场面的耦合，诱导青年消费者认同某些消费观念、感受、事件与仪式等。而这一虚拟消费所提供的一系列令人眼花缭乱的物品与服务，不断引导青年消费者参与媒介消费的规则体系，并建构与现存价值观、消费观、消费体制和实践相一致的思维与体系。"双十一""双十二"等有象征性的节日本是"单身节"的代表，而一些媒介运营平台在2010年以"双十一"这一象征符号进行营销，并将其发展成规模性购物节，使大量青年消费者加入这一购物体系。随着交易记录不断被刷新，这一购物节的媒介热点由原来的11月11日当天延长至为期近1个月。2021年11月12日凌晨，天猫公布11月1~11日的成交额为5403亿元，较2020年增长8.45%，交易额逐年攀升。这些数据与购物节契合青年消费者的价值偏好，认同媒介消费所带给他们的狂欢体验。

[①]　居伊·德波：《景观社会》，王昭凤译，南京大学出版社，2006。

[②]　仰海峰：《商品社会、景观社会、符号社会——西方社会批判理论的一种变迁》，《哲学研究》2003年第10期。

同时，消费自带的娱乐热点使青年消费者不单为了认同彼此而消费，更为了彼此能够在媒介消费中形成社交氛围，从而获得较大的交互快感。

> 每年一到"双十一""618"这种消费大促的时候，我身边的家人朋友都会讨论要买什么，如果没有什么要买的就会有点格格不入。而且再加上价格确实会优惠一些，我当然也会加入这场消费，买完之后再和其他朋友进行讨论，彼此之间交流一下爱用好物和优惠商品，这些购物节也不单是消费这么简单了，更像是每年大家都一定会参与的仪式，像春节一样，成为目前社会上的一个"节点符号"了。（C04 - W - 28）

另一方面，商品意涵形塑符号交往的直接表达。路德维希·安德列斯·费尔巴哈（Ludwig Andreas Feuerbach）曾表示，如今的时代，人们更愿意使用符号指代物品，用幻象代替真实，用表象指代本质。社交媒介提供着消费景象，为商品进行内容包装，将商品符号渗透于社会文化之中，消除了不同文化之间的层次差异，使社交媒介与商品融合为一种意识形态，强化着对青年消费者的媒介消费控制。正如让·鲍德里亚所言："我们的社会正处于被消费控制的境地。"[1] 在这个虚拟影像所建构的仿真世界中，影像逻辑替代了主体在场，所有的消费体验都借由符号进行意义的传递，青年消费者更加注重商品背后所蕴含的身份、地位、权利等，与消费行为背后所具有的象征意义与符号价值进行整合，并借由拟真的消费互动代替真实的交际。比如，从社交媒介购买美妆与护肤产品被青年消费者视作"美丽""精致"的代名词，鞋包与衣物等穿搭单品被视作"时尚"符号；在手机上"点外卖"等消费实践被视作"休闲"与"宅"的代名词，"秋天的第一杯奶茶""520红包"等也被视作"爱情"符号。

> 我个人比较喜欢吃东西，不仅会从直播间买很多，还会点外卖之类的，每次买完之后都很期待，觉得等待美食的感觉很好，会很"惬意"。我平时还比较喜欢买鞋和衣服，觉得买完之后搭配起来的感觉很酷，买完回来之后那种被大家夸赞的感觉很好，朋友们也觉得我很

---

① 让·波德里亚：《消费社会》，刘成富、全志钢译，南京大学出版社，2001。

会买东西，经常让我给他们发链接。（C14 – M – 23）

作为女生，网上购买的东西肯定是化妆品比较多，感觉没有这些化妆品就觉得自己不好看，会有容貌焦虑，但每次买完这些东西就会产生"我会很好看"的想法。我的男朋友每次到节日的时候，也会送我一些，我觉得这也是他喜欢我的表现。（C07 – W – 23）

青年消费者会通过虚拟的影像逻辑知晓社交媒介的品牌化、物质化，了解商品的品牌属性和价值符号，并通过购买具有不同符号属性的商品来彰显与自身契合的表征意象。这些符号被青年消费者频繁使用，并在媒介消费的实践过程中勾勒着他们的社交图谱。

总之，社交媒介在整合现实交往和虚拟交往的同时，模糊着现实世界和虚拟空间的边界，二者不断融合。青年消费者在融合的过程中重塑着自身的消费体系，以适应社交媒介所建构的拟真消费环境，在上演消费行为的同时绘制着交互画卷，并深陷其中。

（四）"碎片化"的社交媒介使用加剧时间浸润

"碎片化"原指完整的东西被切分成零碎状，媒介化语境下的"碎片化"问题主要涉及媒介、受众以及信息的"碎片化"过程。早在20世纪末，丹尼斯·麦奎尔就指出媒介"碎片化"会使受众的注意力被数量众多的媒介内容分割成碎片，受众将较少依赖议程安排进而获得更多的自主选择空间，形成契合自身与媒介环境的媒介使用习惯，即"碎片化"的媒介使用。有学者对"媒介碎片化使用"这一概念做出界定，即受众在时间上间断性地、在空间上不固定地接触多种媒介或内容的行为实践[①]。可见，在媒介"碎片化"的席卷下，多样的社交媒介拓展了青年受众媒介接触的选择范围，也把他们使用不同社交媒介的时间和空间分割成"碎片化"状态。但在某种意义上，这种"碎片化"的社交媒介使用方式使青年群体沉浸于自己的时间和空间坐标。因此，青年群体娱乐实践的"媒介碎片化使用"行为主要呈现以下表征。

首先，一种社交媒介的多职能使用或是多种社交媒介的同时使用。

---

① 廖圣清等：《媒介的碎片化使用：媒介使用概念与测量的再思考》，《新闻大学》2015年第6期。

社交媒介的便携性和多功能性使青年群体依赖其进行社会生活实践，社交媒介功能的丰富性使青年群体可进行多种娱乐实践。比如，当青年群体在进行学习和工作等社会实践时，会将听音乐等娱乐实践"碎片化"地穿插其中，缓解情绪，间接地体现了青年群体依赖社交媒介进行娱乐的使用习惯；或是一边用手机浏览短视频，一边用平板客户端进行电视剧的播放；或是一边浏览微信朋友圈、微信公众号、微博推送等交互内容，一边通过播放音乐、电影等进行娱乐消遣，多种娱乐实践同时存在。

> 自己上自习的时候也很无聊，我就会一边看文献、一边打开网易云音乐听歌。这些音乐软件还有评论或交流功能，既让我在听音乐的过程中和别人交流，缓解一下学习的紧张，也让我得到了放松。（C18 - M - 25）

> 我平时没事就喜欢打开微博看看，关注一下最新的"热搜"。但光刷微博也很无聊，我更喜欢一边看、一边听音乐，这样会缓解无聊的情绪，两边一起操作也早已成为我的习惯了。（C01 - W - 19）

其次，社交媒介的使用呈现时间性的"碎片化"特征。随着社会节奏的加快和生活压力的增加，青年群体日常生活的多数时间被工作和学习占据，娱乐时间被不断压缩，进而只能通过间隙时间进行社交媒介的娱乐使用。再如，青年群体在工作的茶歇或学习的课间进行社交媒介的浏览与使用，观看短视频、玩小游戏都是"碎片化"时间中使用频率较高的娱乐项目；而当青年群体在路上行走时，频繁地查看手机、进行视频通话、播放音乐等社交媒介的使用都反映了社交媒介依赖的症候。

> 作为全职妈妈，在家做饭、做家务的时候也会很无聊，我一般会在蒸煮饭菜的时候看看短视频，之后经常会不自觉地拿起手机刷抖音。虽然时间都很"碎片化"，但利用好这些碎片时间进行娱乐确实会得到放松。（C03 - W - 32）

> 在外面送外卖也很枯燥，后来就开始在路上戴耳机、听音乐，每天一边送一边听。而且我喜欢听节奏快一点的歌曲，这样每天工作的时间会变得比较快。同时，等商家配餐的时候，还会看看快手、抖音

里面的小视频，这些都成为我每天工作必做的事情。（C15 - M - 34）

最后，社交媒介的传播内容呈现"碎片化"表征。随着青年群体的娱乐时间不断被压缩，其投入娱乐实践的精力日益减少，而游戏、消费、视听等娱乐项目的内容生产方为了维持青年受众的注意力，创造了大量"碎片化"的娱乐内容，如短小精悍的短视频、以标题为主的微信公众号推文和微博"热搜"，以及能在短时间内浏览多样化商品的媒介消费平台，诸如此类的"碎片化"娱乐内容符合青年群体的社交媒介使用习惯，加剧了青年群体对社交媒介的依赖。

> 有时候工作结束了就会想放松下，看看电视剧，但通常就会习惯性地打开微博看看"热搜"，每看见一个感兴趣的"热搜"就会点进去，慢慢地时间就过去了。这样一来，感觉自己没得到什么放松，时间还都流逝了。（C07 - W - 23）
>
> 平时我没事就会打开微信，就是那种依赖和不经意的习惯，每次都是刷微信朋友圈和微信公众号，看到感兴趣的标题都会点进去，一刷就停不下来了。（C18 - M - 25）

由此，在媒介化的社会语境下，青年群体日常生活中的多数实践都在社交媒介所建构的虚拟情境中完成，利用社交媒介进行娱乐实践成为他们的首要选择。青年群体对一些娱乐实践的体验或感受已不再通过直接经验获取，而是在通过社交媒介进行快速的认知与了解后，沉浸于虚拟场景，进行"碎片化"的娱乐实践，并将自身的娱乐维度嵌入社交媒介空间。同时，"碎片化"的社交媒介使用易导致青年群体的习惯性社交媒介使用，持久地接纳时间的浸润，从侧面推动社交媒介依赖的形成。

二　内在诉求：娱乐实践缘何依赖社交媒介

随着社会与科技的发展，青年群体在当下的社会语境中已然成长为较具活力、创造力与包容态度的群体。他们随着社会的发展而发展，随着科技的进步而进步，呈现人机融合的媒介化生态环境。于是，通过社交媒介进行社交话语的表达已经成为青年群体日常生活的一部分。在时间的浸润下，他们对社交媒介的依赖程度日益加深，使用频率不断增加。无论是游戏狂欢、"饭圈"共同体、虚拟消费还是"碎片化"的社交媒介使用，这些娱乐方式都基于特定的需求和动机，并在作用过程中使青年群体获取心理满足。而青年群体作为依赖社交媒介进行娱乐实践的主动演绎者，他们的媒介交往已不再局限于社交媒介所产生的直接效应和受众的单一使用动机，而是社交媒介与文化和社会综合作用后所产生的深层次互动，这在某种意义上对青年群体的娱乐实践实现了有益延伸。

（一）情感满足：自我内心的慰藉与陪伴

心理学家威廉·舒茨（William Schutz）曾表示，人与人之间的交往关系需要满足情感需求。情感需求是人类彼此之间建构社会关系的基本条件之一，它反映出社会个体是否可以在精神上得到满足的重要因素①。大多数社会学家都主张情感体系是由社会建构的，这种情感体系是社会文化以及社会结构所产生的条件化结果，受到文化规范、价值和信念的调节作用，与情感活动、体验和表达也密切相关。因此，情感产生于与社会具有密切关系的情境之中，而人们在这种情境之中学会了恰当的情感以及如何在不同人际关系中运用②。交往需要在一定的空间状态下才能完成，个体之间的关系需借由空间才能产生交互链接。在娱乐化社交过程中，通过社交媒介所建构的虚拟社群成为青年个体进行情感倾诉的主要空间，这个空间多维度地满足着他们的情感需求。

一是填补内心的情感缺失，寻求安全感与归属感。归属需求具体指社会个体期望与他人建立稳固的关系，以此摆脱内心的孤寂状态，进而从关系网中获取心理安全感。自古以来，群居性是人类的生活表征，家庭和地方在构建群居生活时具有显著意义。但家庭不是单一存在的，它通过不同的意义实践被建构，并形塑着社会意义，使住所转变为"家"③。而现代社会诸多现实因素引起生活动荡，家庭与社会的关系日渐呈现"流动性"，

---

① 赵红勋、王婉馨：《乡村美食类短视频青年粉丝的在线社交探析——以"农村会姐"的粉丝为例》，《北京文化创意》2021年第4期。

② 乔纳森·特纳、简·斯戴兹：《情感社会学》，孙俊才、文军译，上海人民出版社，2007。

③ 陶伟、蔡少燕、余晓晨：《流动性视角下流动家庭的空间实践和情感重构》，《地理学报》2019年第6期。

人们的安全感与归属感受到冲击，甚至在一定程度上有所破裂。由此，社交媒介所搭建的虚拟空间使青年群体的情感关系得以延续与重构，以此弥补安全感与归属感的缺失。在现代社会中，青年群体在生存过程中承受着比传统社会更多的压力，工作、身体、学习等都会给他们的个人发展路径带来不确定性因素，加之多数青年成长于独生子女家庭，随着社会生存需求的日渐增加与年龄的日渐增长，他们与父母等血缘亲属的沟通日益减少。

> 我是独生子女，小时候和父母关系还很亲密，很多问题父母都能与我探讨。但上了大学后，与父母的距离远了，我喜欢的一些东西他们也不能理解，在学校发生的事情父母也没有办法感同身受。而使用社交媒介，和虚拟空间中的人无所不言，能够让我无处安放的情感找到寄托，这些没见过的"家人"填补着我内心的情感空缺。所以，我也越来越依赖社交媒介。（C01 - W - 19）

另外，一部分青年面临与朋友和恋人异地的远距离社交，交流话题缺乏共存地带，情感关系呈现疏离走向。社交媒介的出现为青年群体营造了人际交往的虚拟空间，利用社交媒介所进行的娱乐实践为他们提供了共同的关注对象和交互话题。

> 我和我女朋友虽然在一个城市，但因为工作分布在城市的东西方向，每天见面的话路上需要花费很多时间，经常不见面的话又会没有话题，两人之间的感情会变得平淡。后来我们俩通过微信视频联系并分享日常，看到社交媒介上一些有趣的热点，我们俩也会相互探讨，感觉感情没有受到"异地恋"的太大影响，社交媒介给足了我们在感情之中的安全感。（C12 - M - 24）

在虚拟空间中，亲子之间、朋友之间以及恋人之间都能够共享话题，类似的娱乐实践制造着共同经历，游戏狂欢、"饭圈"共同体、虚拟消费、"碎片化"的社交媒介使用等都将微弱的安全感与归属感巩固并强化，对青年群体内心所缺失的情感地带进行填补，依赖社交媒介完成娱乐化交往成为代替现实社交的最佳选择。

二是宣泄负面情绪，排解生活压力。宣泄负面情绪是青年群体通过虚拟社交与他人进行情感交流的主要方式之一，通过社交媒介进行娱乐实践亦是为了排解现实生活中的负面情绪与生活压力，寻求愉悦源泉。在现代社会，随着社会生活节奏的加快，青年群体的生活压力不断增加，由于社交圈层主要集中于工作、学习与家庭层面，局限的社交范围使他们的生活压力和负面情绪无法尽情宣泄。但因每名青年的社会经历、成长经历、行事习惯和生活方式有所不同，所以在一定程度上，个体之间并不能产生情感共振。通过在社交媒介中进行娱乐实践，不同青年个体之间形塑了类似的审美价值与感知体系，凿通彼此之间的情感话语"围墙"，形成情感共鸣。同时，娱乐化的社交媒介交往使青年群体不再受到现实社会的束缚，而是搭建了虚拟的情绪宣泄园地，青年群体在其中能够呈现自身最真实的心境状态。比如，游戏狂欢中的青年群体沉浸于比赛的荣誉感，"饭圈"中的青年"粉丝"获得了现实中缺失的身份认同感。

> 我觉得在现实生活中，朋友能结识的原因大多是从小一起长大或者是一起上学，但我们的兴趣爱好、性格大不相同，有的只交流学校、家庭和工作话题。而在社交媒介中结识的"饭圈"朋友，大都和我性格相同，我们的爱好也很一致，所以能够产生一些情感共鸣，也能让我更好地宣泄现实生活中的压力和情绪。（C02 - W - 25）

由此可知，青年群体作为当今社会的主要建设者，因为工作、学习、生活等的压力被禁锢于固定空间，致使他们的社会情感关系日渐脆弱，而在社交媒介中的娱乐实践排解着他们的负面情绪，也为不同青年个体之间的交互打造了有慰藉性的社交关系，以此帮助他们释放负面情绪。

三是内心期望与群体融合，避免"社交错失"。"害怕错过"是由美国作家安妮·斯塔梅尔（Anne Stammel）提出的，也被称为"错失恐惧症"。随着社交媒介的广泛使用，"社交错失"现象普遍存在于现代人的内心，这一现象在青年群体中尤为显著，其基本表征是青年个体会因没有及时查看他人的动态或错过信息变得不安，进而产生社交焦虑现象[①]。社交媒介作为信息的传播载体，加大了信息的传播力度。在媒介化社会中，新闻资

---

① 何秋红、靳言言：《社交媒体依赖的心理成因探析》，《编辑之友》2017 年第 2 期。

讯、游戏概况、娱乐八卦、消费品牌以及生活知识等都属于信息，信息价值日益凸显。对于青年群体来说，占据大量的信息资源就是拥有潜在的财富。尽管多数娱乐信息对青年个体的发展路径没有实质性的用处，但仍被他们作为人际交互之间的谈资，用来避免脱离"社交茧房"。当没有及时查看手机，无法通过微信朋友圈、微博和抖音等平台获取社交网格中的娱乐资讯与社会动态时，青年群体便会丧失与潜在利益客体的社交机会，呈现"与群体连接断裂"的内心焦虑情感。

> 平时我有事没事都会打开手机，看看有什么关于我喜欢的明星的信息，也会关注一些其他的"饭圈"事件，很害怕和其他"粉丝"交流的时候无法融入话题。而我作为一个媒体人，保持高度的注意力去关注各种各样的新闻、资讯早已成为一种条件反射，了解更多的社会动态有利于我去维持和别人的关系。(C06 - W - 24)
>
> 因为我做电商，所以必须时刻关注网上的资讯，经常通过微信、抖音看看最新的流行资讯，和其他同事、朋友交流一下，能够更好地帮助我做好运营工作。(C16 - M - 30)

而如今，青年群体害怕在媒介化社会中错失信息导致自身与社会脱节、与群体脱离，致使他们对于社交媒介使用的内心情感改变，不惜消耗时间和精力来保证自己与社会的耦合度，向自身灌输着大量无实质意义的娱乐化信息，依赖社交媒介的娱乐化使用，消解着"社交错失"焦虑。

总的来看，寻求安全感与归属感、宣泄负面情绪、排解生活压力、避免"社交错失"都是内心情感作用的结果。情感作为人类的一种精神性活动，对人们日常生活的多方面都有着不容忽视的影响，依赖社交媒介进行娱乐也是青年群体情感需求的直接作用与间接转化。

(二) 关系延展：社交话语的意义升级与重塑

"社交"是指在社会话语下，不同的社会个体之间进行精神与物质交流的实践活动，是个体与群体结合的基础因素，也是维持人际关系和社会发展的重要方式。在社交媒介所主导的当代社会，社交不仅存在于现实世界，还依赖社交媒介的娱乐化实践达到社会关系的确认、连接与建构，并对社交话语进行意义升级与再造。正如马克思所言，人的本质不是单个人所固有的抽象物，而是人与人之间真正的社会联系，故人类总是在积极呈现自我本质的路径中产生并塑造社会的联系与本质①。因此，依赖社交媒介能够进一步提升人际关系连接的可能性，激发青年群体的社交热情与需求感。也就是说，在游戏狂欢、"饭圈"共同体、虚拟消费、"碎片化"的社交媒介使用等娱乐方式的强力裹挟下，青年群体在其中多维度深化和延展着人际交互关系的经纬网格，满足着他们的社交幻想。而这一社交图景也成为青年群体日渐依赖社交媒介、进行娱乐化实践的动机之一。

首先，拓展并重塑青年群体的社交空间。社交是人类社会存在并不断发展的方式，是由一定语境下的物质条件和精神话语共同作用而产生的结果②。但随着社会生活节奏的加快，工作、学习等多重压力不断挤压着青年群体的社交空间，物理距离和时间限制也使现实空间难以扩展。社交媒介的发展为青年群体的社交娱乐提供了契机，他们利用社交媒介建构全新的社交空间，构造具有离身性交流表征的虚拟场景。比如，不少青年个体热衷于在《王者荣耀》《英雄联盟》中寻求游戏的狂欢与慰藉，与朋友或是陌生人进行娱乐互动。在这一过程中，社交空间从切身的地理场所转变为社交媒介所建构的虚拟场景，这种技术为青年群体提供了娱乐交往的空间情境，避免了身体的实际接触，但始终保持着"身体的在场"，重构着青年群体自我与他人的虚拟连接关系。

> 我上大学的时候经常和室友一起玩《王者荣耀》，但我们每个人都躺在自己的床上。这个游戏还能随时随地开局，把我们从现实的世界带入虚拟的游戏空间，降低了我们的社交成本，感觉现实关系在游戏里也可以维持。（C08 - W - 25）

同时，青年群体在游戏狂欢、"饭圈"共同体、虚拟消费等各种媒介娱乐化的社交实践中不断模糊着交互主体的空间位置，进行多重主体的空间混合交流。例如，当青年群体利用碎片时间通过视频媒介平台观看电影时，同时观看的多名青年个体都可以对该电影进行弹幕评论，这种同空间

---

① 中共中央马克思恩格斯列宁斯大林著作编译局编译《马克思恩格斯文集》（第 1 卷），人民出版社，2009。
② 王武召：《社会交往论》，北京大学出版社，2002。

实时的多话语表达重塑着交互主体之间的空间内部关系；在网络直播的仿真表演场景中，主播还能通过直播间与多名"粉丝"交流，进行多重主体的同时空话语表达。

> 像我平时看综艺的话，我非常喜欢看弹幕，看见弹幕的滚动就像是很多人和我一起观看；看一些淘宝直播的话，主播们也会针对评论中的问题进行解答。这样看来，其实很多时候很多不同地方的人像是处在同一个时空，每个单独的人在看综艺或者观看淘宝直播的时候都不会孤单。（C14 - M - 23）

其次，巩固并形塑社交主体之间的社交关系。在社交性的话语实践中，社交主体占据着关键地位，多个社交主体需要通过关系连接发挥作用。关系是个体之间、组织之间甚至群体之间因接触和沟通而产生的一种中枢性的纽带联系，这种纽带联系通常分为强关系与弱关系两种[①]。其中，强关系是基于血缘、地缘及业缘等传统人际交互所形成的社会连接，如亲属、邻居与同事等。随着青年群体在社交媒介中不断进行娱乐实践，通过微信、抖音、游戏等媒介娱乐形式与其他人进行不受时空限制的互动，原本现实生活中较弱的社交关系进一步强化。而传统社会因素所产生的强关系，通过社交媒介使娱乐性的互动频次日益增加。与亲朋好友进行视频通话、邀请朋友"一起网易云"、组队进行游戏狂欢等行为，在一定程度上使强关系的黏性得以巩固与增强。

> 我上学和工作都离家比较远，就是所谓的"异乡人"，平时除了和女朋友微信打电话联络感情外，和家人也用微信联系，父母想我的话，也是拨打微信视频。（C12 - M - 24）

同时，社交媒介在某种程度上实现了陌生个体之间的弱关系连接，使不同社会表征的陌生化青年个体因某项共同爱好的娱乐实践而产生交互关系，突破了自身所设置的强关系边界，形塑着虚拟空间中的趣缘社交关系。当不同的青年个体畅游社交媒介空间时，他们会因相同的爱好与兴趣

---

① 李继宏：《强弱之外——关系概念的再思考》，《社会学研究》2003 年第 3 期。

进行话题交流，甚至将虚拟的娱乐化交流延展为现实的好友关系。比如，在社交媒介空间中，陌生的青年个体会因同一首歌、同一影片甚至同一表情包产生相似的看法，通过进一步的交流加深共鸣感，进而结识为好友关系，满足着他们与陌生客体建立社交关系的需求。

> 我听音乐的话经常使用"网易云音乐"，它里面有"邀请好友一起听"功能，还能为你邀请到音乐品位相同的陌生人。之前我就匹配到一个人，我们两个喜欢的歌非常相似，慢慢地我们就交换了联系方式，把虚拟世界中的彼此变成了现实好友。（C01 - W - 19）

最后，多样态的娱乐交互方式丰富了社交图谱。在社会互动的演化模式中，社交方式呈现中介性与媒介化的意义表征，并在整个社交过程中发挥着至关重要的作用。在传统社会，人们多借助于身体、语言等传播方式进行人际沟通；大众传播时代，人们借助简单的技术性手段进行远距离交流；而社交媒介时代，移动互联技术将以上两种方式结合起来，通过技术化手段突破时空束缚，实现面对面的"切身在场"交流，进一步达成超距离的深度连接。对于青年群体而言，依赖社交媒介等进行娱乐交互的方式使其社交话语的表达方式愈加多元，现实娱乐生活也在虚拟场景中得到多维度延展。例如，游戏直播、"饭圈"直播、"直播带货"等多样态的直播方式可以为青年群体塑造虚拟化的在场空间，能在一定程度上增强青年群体社交的沉浸式体验；微信中的视频通话功能区别于以往的语音交流，通过临场技术加深了社会交往在仿真空间中的可视化程度。与此同时，社交媒介为青年群体的娱乐交互提供了多重选择，他们会因共同的娱乐交互方式产生连接，优化交往体验。比如，游戏狂欢、"饭圈"共同体、虚拟消费、"碎片化"的社交媒介使用甚至在社交媒介平台上发布的图片或文字，都有可能转化为青年个体之间的娱乐交互方式，为青年个体之间的社会交往增添了多种可能性，不断丰富着青年群体在现代社会的社交想象，满足着他们在现代社会的社交需求。

> 我平时在网上购物的话，会看很多"直播带货"，这样会让我以最少的时间看到更多的商品，于是我也就更依赖社交媒介中的"直播带货"方式。而我作为一个老师，在跟学生交流之后，发现他们现在

也是依靠不同的社交媒介去进行社交，如打游戏、看电影、拍短视频，他们的社交方式更加多样化了。（C04 - W - 28）

由此，青年群体通过社交媒介产生的娱乐交互方式与以往的传统方式有所区别，临场技术打造的虚拟在场空间为社交关系增加亲密度提供了可能性，多样化的社交方式丰富着青年群体在社交媒介时代的交互想象，多样态的使用动机驱动着青年群体进行娱乐实践，塑造着青年群体与社交媒介娱乐化交互的融合形态，成为青年群体依赖社交媒介的"无意识"动机。

三　后果之思：娱乐实践的社交媒介依赖影响

约书亚·梅罗维茨（Joshua Meyrowitz）曾表示，媒介是一个综合性的信息系统，它随着社会化情境的改变而发展变化，并引导人们的行为发生相应的变化，新的媒介制造出特有的情景模式，在此基础之上衍生与之相匹配的媒介行为[①]。由此，社交媒介建构着多样的虚拟情境，并将原来的现实情境进行分离，而这一虚拟情境对青年群体的社交行为与媒介使用行为提出了新的要求。社交媒介情境仿真现实生活，形塑着青年群体的社交感知环境和话语体系，影响着他们对世界的认知，进而产生一系列适应行为，并对青年群体造成了深层次影响。

（一）"娱乐至死"：青年群体的直接化反映

尼尔·波兹曼（Neil Postman）曾提出"娱乐至死"的观点，指出公众社会生活话语体系涌现娱乐化的表征，并随之发展为一种文化，而社会的政治、宗教、教育等多层面逐渐沦为娱乐的附属品，社会公众也将陷入"娱乐至死"的旋涡。青年群体正处于成长磨炼的重要人生阶段，这一阶段的行为和思想充满着未知性，实践方式也深受西方后现代思潮的影响。因此，青年群体对于事物的是非判断难以形成一个可定量的标准，他们不

---

① 约书亚·梅罗维茨：《消失的地域：电子媒介对社会行为的影响》，肖志军译，清华大学出版社，2002。

断地游走于现实与虚拟之间，难以摆脱西方后现代思潮的裹挟。但在青年群体个人价值观与思想未形成完备体系的阶段下，他们往往选择逃避深度的价值选择问题，通过社交媒介进行娱乐实践，进而获得心理上的安慰，形成暂时性的精神庇护，满足人性中的娱乐需求，这为青年群体依赖社交媒介进行娱乐实践提供了动机。

随着社交媒介的普及，青年群体使用社交媒介的频率攀升，他们主动参与社交的可能性也在增加。比如，游戏、消费、视听等娱乐交互方式的出现，拓展着青年群体的娱乐实践边界，无论是在游戏空间中寻求狂欢，通过微博、微信发布信息，还是在消费平台购物，他们都能够积极参与关系互动。这种关系互动伴随时间的浸润能够形成一种惯性，使青年群体渐渐对社交媒介产生深层次依赖，本能地依赖娱乐实践带来身体的愉悦之感。而社交媒介所产生的诸多"碎片化"的娱乐形式与青年群体生活耦合，逐渐形成一种社会文化的表征形式。

> "娱乐"这一项活动在落地实践的同时，本就会让人产生快乐的多巴胺，短暂躲避了生活中出现的压力。我很喜欢看抖音上面的小视频，还会经常拍摄，但慢慢地我越来越上瘾了，有时候一刷就是好几个小时，还会耽误一些正事。而且在短视频中一些点赞量很高的文案，还会很影响人们的思想。（C05 - W - 24）

在青年群体与社交媒介进行娱乐交互的过程中，他们的日常生活被分割成不规则的碎片状态，他们对社交媒介的依赖程度日益加深，无形之中影响着他们的行为习惯与思考模式，使其陷入表达与行动的对立矛盾，削弱着主观能动性。

长此以往，社交媒介所营造的虚拟情境围困着青年群体的日常生活，娱乐成为他们生活中的交往谈资，模糊着青年群体对于正确人生道路的选择方向，威胁着青年群体社会责任感、道德感乃至使命感的正向发展，个人的社会价值无法达成，最终走向"娱乐至死"。

（二）社会认知：青年群体的内向性反映

乔治·格伯纳（George Gerbner）曾提出"培养理论"，其主要观点是：现代社会的社交媒介所呈现的象征性现实对于受众认识和了解社会有着关键性作用，但这种结果并不是暂时性的，而是潜移默化的长期内化过程，在无意识的发展中作用于人们的认知和行为方面。社交媒介建构的类象化娱乐世界运用色彩、语言等带有社会文化的象征方式，构建了一套虚拟空间专属的社会体系，为娱乐情境注入了全新活力。但娱乐的认知体系并不是直接性的输入，而是涵化的内向性嵌入，主要体现为社会认知符号对娱乐情境的修饰与耦合。西方符号学家弗迪南·德·索绪尔（Ferdinand de Saussure）把符号看作人类交流与沟通的工具，通过一定的传播媒介实现传播者与受众的相互交流。而随着符号学理论的发展，人们逐渐意识到符号丰富的内涵，它本身所具有的象征性与社会意义有利于社会的交互沟通。社交媒介通过游戏、消费等娱乐情境进行符号植入，赋予娱乐实践丰富的社会意义，塑造着能够切身体验的娱乐空间，潜移默化地植入青年群体的社会生活，并通过娱乐符号成为他们社会生活中不可或缺的部分。例如，《王者荣耀》《英雄联盟》等游戏根据社会历史对游戏中的人物、皮肤、场景以及铭文等进行设置与点缀，在游戏过程中，青年群体的社会历史认知也会受到潜移默化的影响，激发着他们对于社会历史的探索欲；同时，淘宝、抖音、微信小程序等媒介购物平台根据社会文化认知对商品的使用价值进行象征性符号意味的解读，影响着青年消费者的价值观念与消费文化，为社会物质文化融入全新的消费理念。

> 我是一个很喜欢吃东西的人，小时候就爱吃好吃的。现在淘宝、京东、拼多多这些购物软件的出现，以及抖音、微信这些社交媒介中的购物功能，让我接触了更多的美食，我会研究美食的配料和功能，对美食进行对比，吃得更加健康了，也形成了现在的"健康消费"理念。（C14 - M - 23）

因此，在社交媒介的仿真世界中，不同的文化思潮与思维观念错乱交织，形塑着多样化与多态化的认知空间。但过多的不确定性与不可控制因素存在于社会认知范畴，有可能导致青年群体社会认知分化的风险，造成认知危机，以错误的认知影响着青年个体发展与社会总体的认知走向。比如，游戏空间与戏剧空间中会引鉴大量的历史背景与人物故事，以此为基础构筑生动的仿真场景，实现历史与虚拟现实的融合交错，但易造成青年群体对正确社会历史的认知失调，潜移默化地影响着他们历史学习的认知过程，滋生错误的历史认知。再如，淘宝、拼多多、京东等购物软件的出现是为了使社会大众便捷购物，但不同消费理念的融合也会冲击正确的消费理念，进而形成奢靡、攀比等不良社会风气。

> 《王者荣耀》中的一些人物取自历史上的一些人，游戏设置过程中呈现的铭文等能够代表人物特性的符号，其实是与历史不完全一致的，会对我之前的认知形成冲击。因为我是文科生，学过历史，影响不大，但对一些不了解历史的人，这肯定会使他们形成固定思维的。（C08 - W - 25）
>
> 现在很多男生包括我自己都很喜欢买鞋，总觉得一定要买很贵的鞋子才能象征身份和时尚，甚至为了在学校里展现自己的风格和其他同学比着买，社交媒介中流行的一些购物观念深深地影响了我们每一个人。（C14 - M - 23）

随着时间线的发展，青年群体娱乐实践的社交媒介依赖程度逐渐加深，他们将大量时间投入娱乐交往，不断经受着娱乐交往的浸润。一方面，他们受到社会多维度认知的积极科普；另一方面，他们原本已形成的社会认知话语受到冲击，这两方面"润物细无声"地影响着青年群体社会认知体系的塑造方向。

（三）实践重塑：青年群体的现实性反映

尼克·库尔德利曾表示，社交媒介有助于日常生活和研究的信息输入，这样的信息输入能在整体上拓展人类的日常生活实践[①]。青年群体长期沉浸于社交媒介空间并进行娱乐实践，这种行为会向现实生活延展，对他们的现实性社交产生影响。

第一，虚拟空间中的交互行为与现实社会的人际关系相互建构。社交媒介所建构的虚拟空间有一套特有的媒介制度，青年群体依照媒介制度进行娱乐实践，与其他客体产生交互关系。然而，随着媒介制度影响范围的不断拓展，其逐渐深入现实社会关系，并对青年个体的社交网络进行重

---

① 尼克·库尔德利：《媒介、社会与世界：社会理论与数字媒介实践》，何道宽译，复旦大学出版社，2014。

置。参照媒介制度所延伸的娱乐实践将青年群体的虚拟娱乐关系与现实世界进行互嵌与串联，娱乐交互也成为真实空间和仿真场域的中枢纽带，实现了线上与线下人际关系的双向互动。在"饭圈"的情感实践中，具有相同偶像与共同行为的"粉丝"在虚拟空间中更加容易成为好友，他们通过社交媒介进行深层次的情感交流，进而达成现实关系的连接。同时，游戏交互中所展现的技术配合与使用偏好直接影响到现实生活中的人际交互评价，游戏表现越好、配合度越高，受到的游戏评价就越高，与现实社会中人际交互评价的重合度就越高，反之亦然。

> 我上中学的时候成绩不是很好，感觉没受到重视。上大学后和室友、朋友经常一起玩《英雄联盟》，他们都觉得我打得很不错，我还在游戏中认识了很多朋友，不管是在游戏里还是现实里，都收获了很多人气。（C10－M－22）

由此，娱乐情境中的行为准则与现实世界发生了意义上的连接，二者产生了深层次的化学重合反应，使青年群体的人际关系实现了双向塑造。

第二，虚拟空间中的语言作用于现实社交网格。从传统社会开始，语言传递就是人际交互的重要方式。如今，无论是社交媒介建构的虚拟空间还是现实世界，语言依旧是人们进行社交的关键媒介。青年群体在虚拟的娱乐空间中创建着一套特有的语言，他们依靠专属的语言进行表达与连接，赋予语言以全新且深刻的含义。而这种充满新意的语言形式被广泛应用于青年群体的现实关系，使青年群体进一步依赖社交媒介进行娱乐实践。例如，虚拟空间中所产生的通用交互性语言，包括"家人们"（与传统意义上的含义有所区别，专指媒介社群产生交互的青年个体）、"uu"（朋友）、"集美"（姐妹）、"yyds"（"永远的神"首字母缩写，用于形容某物或某人很厉害）等。这些通用交互性语言被青年群体广泛应用于现实人际关系，帮助他们进一步维持现实人际关系的黏合度与亲密度。除此之外，"饭圈"中的"反黑"（反对污蔑偶像的人）、"控评"（控制对偶像的不良评论）等语言，使青年"粉丝"利用简单的话语规则凝聚共同体。

> 我这个人很喜欢"网上冲浪"，很多流行语我都教给身边的朋友，他们都用得很开心，也很乐意跟我学。后来，我追星的时候也会使用

这些流行语，再加上"饭圈"里面那些特有的话术，就更能凝聚我们这个"团体"了。（C02 - W - 25）

由此可见，青年群体在娱乐实践的过程中充分对语言进行能动性创造，不断扩展着语言的范畴，使语言跨越媒介间隔，拉近着青年个体现实之间的娱乐实践距离。

第三，青年群体更倾向在虚拟场域进行自我呈现。欧文·戈夫曼曾提出"自我呈现"这一概念，他认为社会生活就是一个舞台，每个单独的个体都在社会交往情境中充当着"演员"的角色，竭尽全力地展示自身的完美形象，通过带有目的性的"表演"向其他社会成员进行自我展示并获取自我与社会认同[①]。社交媒介的娱乐实践与现实社会有所区别，它不需要过多的规章制度与烦琐礼节，也不需要耗费过多的时间与精力维持社会关系。因此，青年群体更倾向选择社交媒介进行娱乐实践，并在其中进行自我呈现，以此寻求自我与社会认同，维持社会关系。例如，青年玩家在社交媒介中演绎着自己的游戏人生，青年"粉丝"通过"追星"演绎着情感人生，青年消费者通过虚拟消费演绎着自身的符号人生，其他青年也会通过微信朋友圈、微博、抖音等社交媒介进行日常生活的形象呈现。

我有两个孩子，每天都会在家给他们研制食谱，每研制成功一道菜我都很开心，会通过微信朋友圈进行展示，以满足我自己的成就感，形成了"大厨"人设，其他的妈妈还会跟我交流做菜经验。另外，每到周末，我还会带孩子出去玩，会把他们玩的过程拍成照片，当作成长经历发微信朋友圈记录，我觉得这是既方便又简单的方式。（C03 - W - 32）

青年群体利用社交媒介进行娱乐实践维系着不同个体之间、个体与群体之间、个体与社会之间的关系，不仅使人际关系进一步巩固，还达成了自我呈现的目标。

由此可见，青年群体依赖社交媒介进行娱乐实践驱动着自身社交实践的再塑造，打破了虚拟空间与现实世界的社交壁垒，实现了二者的融合贯

---

① 欧文·戈夫曼：《日常生活中的自我呈现》，冯钢译，北京大学出版社，2008。

通。但这在一定程度上使青年群体的社交媒介依赖程度不断加深，易带来依赖转化为习惯的风险，消耗着青年群体的时间与精力。

小　结

在移动互联与社交媒介交织的现代社会，游戏狂欢、"饭圈"共同体、虚拟消费、"碎片化"的社交媒介使用等多样的娱乐形态产生了娱乐化与社交化的交互体验，快速占据着青年群体现实生活的重要版图。尼尔·波兹曼曾在《技术垄断：文化向技术投降》中表示，技术与人类是亦敌亦友的关系。通过社交媒介进行娱乐实践已不再是一种单纯的休闲方式，而是具有"可传播性""可交互性"的中介方式。青年群体借由娱乐这种特殊的媒介交互方式，在行动与实践的相互交织中促使社会交往意义产生。

在这种全新的媒介交互方式中，青年群体依托渠道多样的社交媒介绘制着有丰富内涵的社交图谱，逐渐取代了传统意义上的社交方式。本部分所研究的青年群体娱乐实践的社交媒介依赖，以青年群体在社交媒介中的娱乐实践为基础，虚拟的情境建构以及临场感知程度使青年群体不断涉入其中，并经过时间的浸润日渐转化为依赖习惯。不可否认的是，青年群体的社交媒介娱乐实践在现代社会不仅是一种社会现象，而且是一种全新的生活方式，更呈现多种新型的社会关系。无论是游戏狂欢、"饭圈"共同体、虚拟消费，还是"碎片化"的社交媒介使用，都带动着青年群体参与社交媒介的娱乐实践，不断在其中进行人际互动，扩展着自己的社交空间，但依赖性也逐渐增强①。

从某种角度来说，社交媒介技术满足着我们的内心需求与使用动机，在为我们带来便利的同时，充斥着娱乐实践与现实意义的矛盾。青年群体依赖社交媒介进行娱乐实践的方式虽然填补着因物理距离产生的情感空缺，但现实社会中的交流通道逐渐呈现被割裂的趋势。一方面，青年群体娱乐实践的社交媒介依赖减少了他们在现实生活中的交流互动次数，不能达成深层次情感的流动，青年群体也日渐习惯用社交媒介进行行为交互与

---

① 赵红勋：《新媒介依赖视域下青年群体的"信仰风险"论析》，《中国青年研究》2020年第1期。

情感交流，一旦脱离社交媒介的范畴，其话语表达将无法呈现，这扩大了青年群体与现实世界之间的裂缝。他们把过多的注意力投入社交媒介的娱乐实践，而现实空间缺位易造成青年个体之间的情感淡漠，消解着社会正向情感的形塑体系。另一方面，青年群体依赖社交媒介进行交互使其在现实社会中的实践能力逐渐被削弱。虚拟空间缺乏现实社会对于社会个体的规则性与束缚性，使青年群体的思想地域被娱乐化思维所填充，易造成现实社会经验的空缺，社会实践易掺杂娱乐性表征，弱化了真正意义上的社会交互行为与实践体验，也会使社会原有的运行逻辑失去秩序。

总的来看，在青年群体的娱乐实践与社交媒介嵌合的过程中，社交媒介为青年群体的娱乐实践提供了全新的交互方式，但也使多数青年依赖并沉浸于仿真世界的娱乐交往过程，逃避着现实问题与价值选择，对社会及青年群体造成了信仰风险问题。因此，化解青年群体娱乐实践的社交媒介依赖成为现代社会的重要课题，需要国家、社会、家庭及青年个体等多方力量的共同作用，在发展中做到反思，在反思中做到正向前进。青年群体需要树立正确的世界观、人生观与价值观，解构自身与社交媒介之间的依赖关系，依托社交媒介技术丰富自己的日常生活实践。

第四章　青年群体游戏实践的社交媒介依赖

随着移动互联技术的发展与普及，智能终端大众化成为媒介化社会的显要表征。新技术带来的媒介变革对传统的媒介生产方式与运作机制进行重塑，逐步使媒介化渗透社会生活的各个方面，改变人类的思维方式、语言模式以及行为习惯等。媒介化并非将媒介视为单纯的、被选择的技术工具或者中介，而是将媒介视为一种影响因子，正如施蒂格·夏瓦（Stig Hjarvard）在《文化与社会的媒介化》中所谈到的："媒介的影响不仅仅局限在发送者—信息—接收者这个传播序列，其影响扩及媒介和其他文化领域间不断变化的关系之中。"[①] 媒介化的过程正是文化和社会与媒介逻辑不断融合、适应与匹配的过程。社会的媒介化正逐步改变我们的认知模式，在我们日常的学习、工作与娱乐等实践话语中嵌入媒介逻辑，潜移默化地干预人们的生活，影响社会变革。根据中国互联网络信息中心发布的第49次《中国互联网络发展状况统计报告》，截至2021年12月，我国的网民用户规模高达10.32亿人，较2020年12月增长4296万人，互联网普及率达73%，网民规模稳步增长，10～49岁中青年群体占总人数的68.9%[②]。由此可见，媒介已经渗透我国居民的日常生活，媒介化成为社会现实，而青年一代成长于媒介化时代背景下，是移动互联时代媒介的核心用户群体。同时，青年群体也凭借其较强的学习与适应能力，成为与媒介互动程度最高的群体。因此，"媒介化生存"成为青年一代日常生活的真实写照[③]，逐步渗透青年群体的学习、工作与生活。

[①] 施蒂格·夏瓦：《文化与社会的媒介化》，刘君、李鑫、漆俊邑译，复旦大学出版社，2018。

[②] 《CNNIC：第49次〈中国互联网络发展状况统计报告〉（全文）》，网经社网站，2022年3月11日，http://www.100ec.cn/detail-6608634.html。

[③] 段俊吉：《打造"人设"：媒介化时代的青年交往方式变革》，《中国青年研究》2022年第4期。

　　作为当代青年群体娱乐活动中显著的媒介实践，游戏是一种非生产性的活动，也是人类进行文化实践与情感交流的重要方式，我们通过游戏获取愉悦的精神体验。随着社会的发展与传播技术的进步，游戏这一古老的社交活动在不同社会阶段呈现不同的实践表征，逐渐从现实空间走向虚拟场域，而作为增强游戏社交属性的重要因子，社交媒介技术的更迭成为推动游戏产业变革的关键。口语传播时代，游戏主要以身体、语言等为媒介，这一时期的游戏主要为脑力类游戏、语言类游戏和运动类游戏。印刷媒介时代，文字的创造与传承和印刷术的发明与普及为游戏带来了新的传播媒介，由此产生了文字类游戏。但由于文字的复杂性、印刷技术的依赖性以及文化传播范围的小众性，此类游戏并没有得到推广，因而这一时期仍以运动类游戏和语言类游戏为主。20世纪中期，随着数字技术的发展，具备虚拟性与强社交性的电子游戏作为新事物进入人类视野，并逐步成为一种全新的信息载体与大众传播媒介。移动互联时代的到来引发了游戏产业"改头换面"式的整体革新，信息技术的发展完善了网络空间的社交体验，建构于信息社会虚拟空间的游戏以其强大的交互性、融合性迅速发展并普及，成为当前网络用户休闲娱乐与社交互动的重要媒介。在媒介化时代背景下，媒介化的游戏成为现实，游戏不再只是一种休闲娱乐的社会活动，而成为具备信息传播和交流功能的新兴媒介。

　　根据中国音数协游戏工委发布的《2021年中国游戏产业报告》，2021年，中国游戏市场实际销售收入2965.13亿元，较上年增收178.26亿元；国内游戏用户规模6.66亿人，同比增长0.22%[①]。其中18～39岁的青年用户占比达69.9%[②]。由于当代青年群体成长于数字技术、信息技术以及人工智能等新兴技术渗透下的智能媒介时代，他们自身拥有较强的新事物接收能力，因而当游戏成为社交媒介时，他们也能迅速接受并开启这一社交方式。他们在游戏中释放压力、休闲娱乐，寻找志同道合的朋友，在一定程度上对游戏产生了媒介依赖。媒介依赖理论最早由梅尔文·德弗勒和鲍尔－洛基奇于 1976 年在《大众传播媒介效果的依赖模式》中提出，该理论指出，媒介系统连接个人与社会，是"受众—媒介—社会"系统中的重要组成部分，而"受众—媒介—社会"系统是一个有机整体，一种媒介在社会中"站稳脚跟"后，人与媒介就会形成一种双向的依赖关系，但二者中较强的一方是媒介，它们主要通过传播内容控制人。这一理论的核心是受众依赖媒介提供的信息去满足需求并实现目标[①]。因而在"青年—游戏—社会"这一系统中，作为媒介的游戏在潜移默化地控制着青年，而青年则依赖游戏这一媒介来满足自我娱乐的诉求与社交欲望。

随着手机游戏产业的膨胀发展，青年群体游戏实践的社交媒介依赖已经成为一个普遍的社会现象，引发了社会各界的关注。当前，学界对青年群体游戏实践社交媒介依赖问题的研究主要集中于两个方面。一是探究青年群体游戏实践社交媒介依赖的特征及动机，认为青年群体的游戏社交具有人际传播与群体传播混合、以游戏体验为导向及"碎片化"等特征，并具有向其他社交方式延展的趋势[②]。当前，学界研究青年群体游戏实践社交媒介依赖动机所得出的结论为：社交娱乐、逃避归属、自我肯定和社会规范是其主要动机，其中社交娱乐是最重要的动机[③]。二是分析其产生的影响以及对缓解青年群体游戏实践社交媒介依赖提出应对策略。长期沉浸游戏社交满足了青年群体的社交需求，使他们在与他人的互动中重新建构自我，寻求群体认同，但是也容易在其中沦为现代社会中的"数字劳工"[④]。因此，研究者认为，面对青年群体游戏实践的社交媒介依赖，需要加强社交网络虚拟共同体的法治建设，优化传播路径，净化网络空间，提升虚拟共同体社群的媒介素养，以文化建设引领青年社群，促进社会主义核心价值观的形成[⑤]。本部分则立足媒介化的社会语境下，以当代具有社交媒介依赖的青年群体为研究对象，运用深度访谈的质性研究方法就"青年群体游戏实践的社交媒介依赖是如何体现的？""生成动机有哪些？""对青年群体造成了什么样的影响？"等问题对青年群体游戏实践

---

① 谢新洲：《"媒介依赖"理论在互联网环境下的实证研究》，《石家庄经济学院学报》2004年第 2 期。

② 张雅璇：《当代大学生手机游戏社交的特征及影响》，《新闻知识》2019 年第 8 期。

③ 王重重、张瑞静：《大学生社交媒体使用动机与媒介依赖》，《新闻世界》2015 年第 11 期。

④ 袁潇、张晓：《手机社交游戏的传播价值与规制方式研究》，《当代传播》2018 年第 4 期。

⑤ 夏文锴：《智媒时代青年社交虚拟共同体的形成特征及优化路径——基于对移动端游戏社群的调查》，《福建商学院学报》2021 年第 5 期。

以及在实践中所产生的社交媒介依赖进行思考与学术辨析，考察青年群体游戏实践的社交媒介依赖表征，分析青年群体游戏实践社交媒介依赖的生成动机，并从异化的角度批判性地审视青年群体游戏实践社交媒介依赖所造成的影响，从而为理解青年群体游戏实践社交媒介依赖提供一种学术思考。

由于当前的研究对象为 18～35 岁、具有较强主观能动性的青年群体，为深入了解青年群体游戏实践社交媒介依赖的表征、生成动机及影响，笔者采用半开放式的访谈方法，与青年群体进行深入的对话与交流。笔者根据年龄、职业以及性别等因素选取了 15 名具有不同程度游戏实践社交媒介依赖的青年进行访谈，其中有 7 名女性和 8 名男性，职业涉及公务员、记者、教师、学生以及销售等，相对较为广泛。访谈主要以线上访谈与线下访谈两种形式展开。在访谈开始前，笔者会先列好半开放式的采访提纲，根据受访者的反应与回答进行适当的追问与展开，每场访谈持续时间一般为 25～40 分钟。在征得受访者同意的情况下，笔者对访谈内容进行音频与文字的记录，为后续研究的开展提供支撑材料。

一 表征结构：青年群体游戏实践的社交媒介沉浸

智能互联时代，游戏的搭建依托数字网络与社交媒介所搭建的技术基座，其终端设备逐渐从固定单机走向移动互联，终端设备的移动化与智能化为游戏的媒介属性提供设备支撑，游戏逐渐成为依附终端设备的媒介化产品。作为当前功能较为完备的媒介化产品，游戏同时吸收了微信、QQ等社交媒介的在线聊天、添加好友以及创建社群等功能并依托 3D 建模、动画设计以及尖端技术等在内部建构虚拟社交场域，从单纯的休闲娱乐情境走向社交与娱乐共存的多元虚拟世界。媒介化的游戏以完善的社交功能进一步强化其社交媒介的属性，使之与娱乐属性同等重要并逐步上升为吸引玩家的重要特质。正如传播学者马歇尔·麦克卢汉所提到的，任何游戏正像任何信息媒介一样，是个人或群体的延伸[①]。在媒介属性逐步强化的进程中，游戏逐渐成为青年群体现实社交空间的延伸。

---

① 马歇尔·麦克卢汉：《理解媒介：论人的延伸》，何道宽译，商务印书馆，2000。

从现实社交空间角度来看，青年群体长期身处高度结构化的现实社会，缺乏非正式、沉浸式的社交体验，易产生空洞化的社交感，形成狭隘的社交圈。而游戏空间化的发展为青年群体提供了虚拟社交场域，弥补了青年群体的社交缺憾，拓宽了其生活空间。游戏以其自身场景化、"碎片化"与故事化的特征迎合了青年群体的游戏天性，使青年群体逐渐产生社交媒介依赖并迷失于虚拟空间。青年群体游戏实践的社交媒介依赖主要表现为以下两个方面：一是以游戏为媒对现实生活中的社交实践进行变革与重构，重新激活与建构其社交活动的方式与习惯；二是以游戏为链建构趣缘社群，实现虚拟空间中的集体狂欢。

（一）重构社交：以游戏为媒的互动仪式

英国社会学家安东尼·吉登斯（Anthony Giddens）曾在《现代性的后果》中以"脱域"阐释了现代社会中的生产关系变革，他认为现代社会的生产关系已经从彼此互动的地域性关系，以及通过对不确定的时间的无限穿越而被重构的关系中脱离出来[①]。青年群体以游戏为媒所建构的社交实践脱离于现实社会，打破了现实社会"物理的"时空界限与"有形的"社交桎梏，获得了"自由的""身体离场的"社交体验，同时又在一定程度上进入了一个流动的异质世界——虚拟空间中的游戏场域参与互动仪式，重新激活社交，建立新形式的意义生产与社交实践。

> 我特别喜欢在游戏里交朋友，因为现在已经工作好多年了，日常生活中接触的朋友无非就是同事、亲戚和以前上学时候的室友、同学。和同事之间的交流有时会牵扯利益，因此没有跟同事有深度的灵魂交流，和亲戚之间的相处又有代沟，我们的共同语言比较有限，所以交流也不太顺畅。以前的好朋友呢，大家都分散到天南海北，有各自的工作和生活了，也不好意思经常打扰人家。但是游戏把我们拉回一个领域中，还让我找到了很多志同道合的网友，可以说是游戏把我的社交快乐又还给我了，所以我也比较依赖游戏。（D13 - M - 26）

作为一种较为显著的媒介实践表征，青年群体在游戏中的互动仪式主

---

① 安东尼·吉登斯：《现代性的后果》，田禾译，译林出版社，2000。

要以游戏符号为媒介运行。互动仪式理论由兰德尔·柯林斯提出，他认为互动就是一种仪式，仪式是一种相互专注的情感和关注机制，互动仪式的产生需要 2 个及以上的人聚集于同一场所、对局外人设置屏障、有共同的关注焦点以及共享的情感体验 4 个因素，它会形成一种瞬间共有的现实，是社会发展的动能①。不同于日常生活中仪式的规范化与正式化，游戏中的互动仪式更具娱乐化，因此青年用户也更青睐游戏中娱乐化的互动仪式。

> 其实我更喜欢在游戏里社交，因为游戏里的社交可以满足我的仪式感，如在游戏中谈恋爱可以购买情侣皮肤，起名字用情侣 ID，和好友甚至网友组成小队一起玩游戏，大家都有共同的目标，也有共同的话题，没有现实社会中的一些生活、工作之类的压力，可以让我更开心地社交。（D01 - M - 25）

在游戏中，青年群体需要学习并掌握游戏符号的使用规则与方式，当产生良好的互动效果时，青年群体会获得心理层面的满足并产生情感变化，通过游戏媒介传播给互动场域的共同参与者，以此产生群体化的情感满足，最终使以游戏为媒的互动仪式得以实现。以腾讯光子工作室群打造的反恐军事竞赛体验类游戏《和平精英》为例，该游戏聚集的青年群体以游戏为趣缘架构社交关系。青年群体进入游戏后通过一个可自定义名称与外观的虚拟角色来打造游戏中的虚拟自我，以此借助互联网实现与其他用户的"身体"共在。进入游戏后，青年群体会主动学习并运用"油条""伏地魔""伞兵"等游戏黑话、设置并遵守其游戏社交网络的准入规则，排斥局外人参与其互动仪式。在这一社交网络中，组队游戏和游戏片段分享等媒介实践会引发群体化的情感变化，进而建构完整的互动仪式。

青年群体以游戏为媒的互动仪式依赖于流动社交空间的建立。尼尔·波兹曼（Neil Postman）曾指出，童年是一种环境的结果②，成长环境的变革引发了青年群体社交空间的重塑。Z 世代的青年群体在成长过程中逐步

---

① 兰德尔·柯林斯：《互动仪式链》，林聚任、王鹏、宋丽君译，商务印书馆，2012。
② 尼尔·波兹曼：《童年的消逝》，吴燕莛译，中信出版社，2015。

脱离幼时以亲缘为基础的熟人社会，进入以业缘为基础的陌生人社会，且随着数字技术对传统空间的侵蚀以及社会媒介化的渗透，青年群体在现实空间中的社交空间被挤压，其社交模式也被重构。而《王者荣耀》《英雄联盟》《和平精英》等游戏以技术手段打造沉浸式的虚拟空间，满足了青年群体空间互动的需求，逐渐成为青年群体的聚集场所，青年群体在这一场所中建构流动的社交空间，进行跨越时空的社交互动，视觉可供性与交往"碎片化"成为这一社交空间的主要特质。以游戏《王者荣耀》为例，该游戏架构了一个虚拟游戏世界"王者大陆"，为青年群体提供了动态的、虚拟的视觉场景，使游戏的社交空间可视化，增强了游戏场景中社交的视觉可见性与具身体验感。而作为网络社交游戏，该游戏具备"碎片化"的特质，只要能联网，随时随地都可以开局。所以，其社交场景也是"碎片化"的、流动的，青年群体可以在任何时间、任何场所进行游戏社交。在这种流动的社交空间中，青年群体实现了个人空间与公共空间的重叠，在重叠化的空间中建构社交网络，参与仪式化的社交互动。

青年群体在以游戏为媒的互动仪式中重构了社交关系。根据 Talking-Data 发布的《2017 年移动游戏行业王者荣耀热点报告》，青年群体占总玩家人数的 74.4%，日均使用次数为 2.33 次，日均使用时长均值为 47.2 分钟①。由此可见，游戏已成为青年群体休闲娱乐的一种方式，也逐渐成为青年群体社交的重要工具，游戏在潜移默化中重构了青年群体的社交关系。美国社会学家马克·格兰诺维特（Mark Granovetter）将人际关系划分为强关系连接、弱关系连接和无关系连接。处于强关系连接的成员间的情感联系较为紧密；而处于弱关系连接的成员人际关系不紧密、情感维系较弱。作为一款团队竞技游戏，在《王者荣耀》中，青年群体既可以与亲友共玩，在游戏中维系感情、增进友谊，实现强关系连接的强化；又可以匹配陌生网友，以游戏为媒与陌生网友建立社交关系，满足自身的社交需求，在游戏社交中实现以游戏为媒的强关系连接的强化与弱关系连接的建立。

　　我们朋友之间的"开黑"成了交流的方式，跟面对面社交或者只

①　《TalkingData：2017 年移动游戏行业王者荣耀热点报告（附下载）》，199IT 网站，2017 年 6 月 30 日，http://www.199it.com/archives/601282.html。

用微信对话方式进行交流的社交不同，游戏给我们提供源源不断的话题，也成为我们的共同兴趣，能让我们之间增加很多乐趣。《王者荣耀》"55开黑节"与《欢乐斗地主》在过年期间的"好友房"都体现了游戏社交对我的一种关照吧，我会经常通过"王者"或者"斗地主"这种能和朋友并肩作战的游戏交流感情，这会让我们有很大的快乐和满足感。同时，在游戏中遇到不同的人也会让我感到高兴，因为能多交几个志同道合的朋友。(D10－W－23)

而在游戏空间中，强弱关系连接并不是稳固的，二者共存于青年群体的社交空间，甚至可以发生转变。当青年群体与陌生网友在游戏匹配后能够获得良好的游戏体验且相处融洽时，双方会主动建立社交关系并持续展开社交活动，由此实现弱关系连接向强关系连接的转变；相反，当青年玩家长期未能与"熟人"游戏或沟通交流时，他们之间的强关系连接也会逐渐走向弱关系连接。总之，在这个移动互联时代，游戏是青年群体维系情感、建立社交的重要方式。

（二）建构社群：以游戏为链的群体狂欢

人类个体在工作、学习以及生活中，都不是孤立地存在于社会上的，个体是群体中的个体，个体依赖群体而存在。在青年群体的游戏实践中，游戏社群的建构、运行与发展是其社交媒介依赖的另一个重要表征。游戏社群就是以游戏为趣缘所建构的社群，主要由建构场所、作为趣缘的游戏、社群成员以及社群运行机制构成。游戏是社群成员的共同话题，也是社群运行的核心要素。社交媒介技术的发展推动了游戏社群建构场所的变革。互联网诞生前，游戏社群的建构依托地缘、亲缘以及业缘等，具有附属性的特质，而移动互联技术的发展打破了游戏社群建构框架的空间限制，使网络空间成为游戏社群的建构场所。网络空间的游戏社群成员通常呈现圈层化结构，主要包括核心成员、活跃成员以及普通成员3种。核心成员是社群运营的关键，一般为群主、管理员等人；活跃成员是社群中游戏水平较高或新入群迫切希望得到关注的人，是维持社群活跃度的重要群体；普通成员则是社群的边缘性人物，在社群中的地位和话语权较低。此外，游戏社群运行的稳定性依赖内部互动规范的建立与成员的维护。

　　作为一个资深的游戏"发烧友"，我已经创建了好几个游戏社群，所以我还是挺热爱游戏社群的。我认为游戏社群为我们这些游戏爱好者提供了一个对话交流的基地，大家可以在这里面释放自我。当然，一个好的游戏社群也离不开制度上的维护和群主、管理员的管理，我一般都在群公告里贴上群内公约，在发现群成员有失范行为时会给予劝告、警告甚至移除群聊的处罚。（D04－M－28）

　　对于青年群体而言，他们成长于社交媒介时代，游戏社群既是现实空间中"玩伴群体"社交的延伸，又是网络空间中与陌生玩家狂欢式社交的建构。本尼迪克特·安德森在《想象的共同体：民族主义的起源与散布》一书中将"民族"解释为"特殊的文化的人造物"，是一种"想象的政治共同体"①，这一解释对于游戏社群的社交媒介实践主体同样适用。社交媒介为青年群体搭建了一种以游戏为链的想象共同体，弥补了他们在现实生活中因学习、工作等产生的社交缺口，有助于青年群体缓解自我焦虑、实现自我认同。

　　在《绝地求生》游戏组队的时候认识了我现在比较活跃的一个游戏社群的管理员，我们两个在游戏里配合得很默契，第一次配合就得了第一名。后来我俩就加了好友，然后他带我加入了现在这个游戏社群，我在这里面认识了更多的朋友。在这个游戏社群的社交缓解了我平时的孤单落寞，也增强了我的社交自信心。（D14－W－18）

　　我玩《英雄联盟》已经七八年了，当初创建这个游戏社群就是为了给喜欢《英雄联盟》这个游戏的年轻人一个沟通交流的平台，让大家有一个表达自我的机会。（D04－M－28）

　　手机媒介的进步推动了手机游戏的发展与普及，作为互联网"原住民"的青年群体则大量聚合于《王者荣耀》《和平精英》《光遇》等具有高社交属性与高知名度的复合型手机游戏场域中，以《王者荣耀》中的青

---

① 本尼迪克特·安德森：《想象的共同体：民族主义的起源与散布》，吴叡人译，上海人民出版社，2005。

年群体为例，他们以游戏为链建立互联，在游戏内外都实现了"群体的聚集"。在游戏内部，他们通过加入战队、使用公共喇叭以及聊天室等《王者荣耀》所提供的社交工具来共享资源、实现互动。该游戏内部的社交系统建构依赖 QQ、微信这两个社交媒介平台，可以帮助青年群体在游戏内部实现好友互联，且青年群体可以在游戏内部展开语音交流、礼物互赠以及资源共享等社交实践。游戏的虚拟形象为青年群体提供身体在场的可视社交，而语音交流功能则使青年群体之间建立听觉亲密关系，给予青年群体在场感。游戏中的礼物互赠以及战队间的资源共享功能是青年群体开展深层次社交活动的基础，正如马塞尔·莫斯（Marcel Mauss）在《礼物：古式社会中交换的形式与理由》一书提及的，"原始居民最初的交换行为是以'礼物'，即赠礼和回礼的形式存在的"[①]。其设置的礼物互赠功能为青年群体提供了打破社交壁垒以及维系社群成员稳定关系的方式，青年群体在赠礼与回礼的互动中增进感情、维护游戏社群稳定。此外，该游戏每年会组织春季和夏季两个赛季的比赛，包括职业玩家比赛和明星玩家邀请赛，这些重大比赛的直播引发了青年群体的集体狂欢，他们在直播中与社群成员互动，增进了游戏社群内部的团结与认同。由此，游戏在不断完善其社交功能中逐渐成为青年群体产生社交依赖的媒介。

游戏的内部组队并不是青年群体形成群体认同的唯一方式，在游戏之外的社交媒介平台建立的游戏社群也成为青年群体形成社交媒介依赖的基础之一，青年群体的社交依赖流动于游戏内外。在游戏外依托《王者荣耀》所建立的游戏社群也异常活跃。作为网络的"原住民"，青年群体的社交依赖媒介，"网络赋予人们一种虚拟角色，这种虚拟角色不会像社会中的真实角色那样受到来自社会环境的影响，角色的获得完全是出于个体的意愿"[②]。青年群体在微博、微信、QQ 等社交媒介平台中建构、寻找并加入游戏社群，以游戏为话题，以语音、文字、图片或红包等形式开展虚拟社交，在游戏社群中寻求归属感，建立群体性的情感交流，并延伸到游戏内部，从而进一步强化社交关系，增进社群亲密度。

游戏社群内部的群体狂欢是青年群体在社交媒介平台中宣泄情感的表

---

① 马塞尔·莫斯：《礼物：古式社会中交换的形式与理由》，汲喆译，上海人民出版社，2005。

② 彭兰：《网络传播概论》，中国人民大学出版社，2009。

现。一方面，在重大赛事活动到来或者游戏出现新英雄、新皮肤之时容易引发群体的正向狂欢，使青年群体争先恐后地传递内心情感。

> 我热衷《王者荣耀》这款游戏，平时我们的游戏社群里都是一些日常沟通和交流，比较平淡。但是当这个游戏更新赛季、推出新皮肤的时候，尤其是那种热门的英雄、一些节日或者纪念日推出来的皮肤，会让我们的游戏社群迅速"沸腾"，甚至有一些很久没玩的玩家也会专门打开游戏购买，然后大家一起在群里激烈讨论。(D03 - W - 29)

另一方面，当游戏内部出现某些不合理的机制或一些相对常见的游戏现象形成"吐槽"文化并引发负向狂欢时，青年玩家会在游戏社群中以戏谑、调侃或者吐槽的方式表达不满。群体狂欢的发生并非偶然，而是一个过程，青年群体在游戏社群互动中形成认同，实现情感方面的群体团结，最终产生群体狂欢。

游戏社群内部群体狂欢在获得活跃度的同时易发生争议与冲突，导致游戏社群的稳定与和谐遭到破坏。以《王者荣耀》游戏在微博的"超话社区"为例，该游戏"超话社区"中有一套完善的内部互动规则，规则的存在、主持人对"超话社区"的维护以及"超话社区"成员对规则的遵守可以减少成员之间的冲突，维护"超话社区"稳定。

二　心理归因：游戏实践何以构成社交媒介依赖

"青年是体现时代最灵敏的晴雨表，中国社会的急剧发展变迁正在改变青年群体的传统生存样态，他们的某些利益需求或精神诉求正通过青年亚文化呈现出来。"[1] 青年亚文化是青年群体基于共同的情感追求与价值导向，在新社交媒介技术的赋权下以独特的话语建构的文化形态，他们游离于主流文化并与其保持互动，与主流文化共同构成了社会文化。在青年亚文化场域中，游戏凭借其低成本、低门槛与高度社交性吸引青年群体，成为青年群体社交的重要场所，并以其"碎片化"的特征逐渐渗透日常生

---

[1]　董扣艳：《"丧文化"现象与青年社会心态透视》，《中国青年研究》2017 年第 11 期。

活，使青年群体产生社交媒介依赖。

（一）认知层面：身份认同的实现

随着经济的发展，社会生活节奏越来越快，青年群体的生活压力也在增大。学生身份的青年面临学业、就业以及父母带来的压力，而职场上的青年面临工作、家庭以及经济上的压力。同时，相较于中年群体，青年群体在经济、文化以及社会阅历等方面所掌握的资源较为匮乏，因而在现实社会中也缺乏话语权。种种原因容易使青年群体在社会生活中产生"长得丑导致找不到对象"、"学习不好以至于没有未来"以及"工作能力差而容易失业"等内心的焦虑，进而产生自我认同危机。作为社会中的个体，青年需要在互动中完成社会化，逐渐认清自我，找到自身的价值。社会环境以及心理层面带来的焦虑与压力无法在现实社会中排解，导致青年群体开始通过游戏寻求安慰，期望在虚拟的社交过程中获得认同，以弥补真实世界的缺憾。

> 我觉得在游戏中可以活得和现实生活不一样，在游戏中我会非常享受，一天的疲惫在游戏中会得到缓解，而且我是真的会把游戏中的玩家当作密友，一天中碰到的麻烦事和长期困扰自己的心事会和游戏中的朋友说。在游戏空间里可以把我一天都没有说的话说出来，相比现实环境中的压力，我其实更喜欢这种虚拟社交带给我的快乐。(D08 - M - 25)
>
> 现实生活中的社交就不能给我这种很放松的感觉，面对面社交我要考虑和在乎很多，对方的表情、对方的情绪都要敏感察觉，而且要及时做出对方比较能接受的反应。如果一天工作很累的话，再额外进行这样的社交，我会很疲惫。所以我觉得在游戏中可以随意表达我的想法，而且可以释放我内心的压力。(D12 - W - 30)

移动媒介的发展为青年群体提供话语表达的空间，作为一个发现自我甚至重塑自我的"实验室"，游戏为青年群体提供实现自我认同的机会，在游戏中，青年群体对游戏所提供的各种可能性空间的认同会潜移默化地在其反思性思维中运用到其自身，从而改变其身份认知，达成自我认同。这对疏解青年群体的情绪、增加自我认同感、发现并发挥自身潜力、形成想象化自我未来的工作概念与理念化的自我都有重要意义①。青年群体在游戏中建构虚拟形象，缓解现实生活中个人的容貌焦虑与身材焦虑；以想象中的自我进行游戏实践，在游戏中"打怪"升级，以游戏能力与社交体验获取成就感；在游戏中表达自我并进行虚拟的人际互动，以此来获得归属感，重塑自我认同。

> 我们班就有一个同学，他性格比较内向，在班级里基本上都不跟我们说话。但是一次偶然的机会，我们喊他一起玩游戏，才发现他不仅游戏玩得超级厉害，还有一批厉害的游戏好友，直接"带飞"我们几个。后来我们每次都想喊着他一起玩，他成了我们游戏团里的"顶流"，我们都喊他"大佬"。和他一起玩游戏的时间长了，就慢慢发现他越来越自信了，话也越来越多。(D11 - M - 23)

同时，多重的自我形象会导致青年群体在虚拟自我与真实自我之间徘徊，最终逐渐沉迷于游戏所建构的虚拟自我之中，产生社交媒介依赖。青年群体游戏实践社交媒介依赖的产生不仅依赖个人形象的重构与话语的表达，还包括了他人的看法与评价。群体化的社交媒介依赖为青年群体提供了一个自由和谐的话语表达环境，青年群体在这一环境中共享自我认知，并期望获得他人的肯定。从本质上来说，青年群体的游戏社交媒介依赖是基于其内心获得深层次认同的渴望。

个人层面的自我身份认同是青年群体社交依赖的内在诱因，"想象共同体"的身份认同则进一步深化了社交媒介依赖。青年群体在游戏中的社交媒介实践不只是一种个体活动，更多的是玩家与玩家之间构架亲密关系的社群化行为，不同于现实社会中关系构筑的复杂性，游戏所搭建的亲密关系是自由且随意的。青年群体凭游戏趣缘、人际关系或彼此共同价值观加入"想象共同体"并进行社群化交流，这一共同体实际上是以游戏为趣缘的虚拟社群。青年群体在其中以游戏共玩、信息互动以及自我表达等方式共享游戏经历，表达真实情感，满足社交需求，实现自我价值，从而在"想象"中形成群体认同，提升个体的归属感。至此，游戏完全消除了青

---

① 黄少华：《网络游戏意识对网络游戏行为的影响——以青少年网民为例》，《新闻与传播研究》2009 年第 2 期。

年群体在现实环境中对自我的限制，给予青年群体释放压力、展现个性的路径，使处于焦虑、压力与烦躁中的他们进入游戏亚文化世界，最终沉溺于游戏带来的社交媒介依赖。由此可见，个人的自我认同诱发社交媒介依赖的产生，而社交媒介依赖的发展则推动了青年群体之间建立亲密关系并融入"想象共同体"，以形成深层次的归属感与认同感，最终实现虚拟自我与现实自我的完全分离。同时，在虚拟自我形成和发展的过程中，其也对现实生活中的自我认同产生影响，现实自我在被其平衡与丰富中重构，从而逐步消解了现实生活给青年群体带来的压力与痛苦。

（二）情感维度：情感能量的守护

约书亚·梅罗维茨在《消失的地域：电子媒介对社会行为的影响》中提出了媒介情境论，即媒介的变化导致社会环境的变化，而后者决定人们的行为。因此，电子媒介带来的新信息系统将导致人们的社会行为与角色发生变化[①]。作为媒介的游戏为青年群体架构了一个"碎片化"、匿名化以及娱乐化的社交情境，他们主要通过社交情境的转移以及参与社交情境互动获取情感能量，满足个人的社交以及放松消遣等诉求。同时，游戏情境中充足的情感能量供给与现实场域中情感能量的匮乏所形成的强烈反差容易诱使青年群体沉浸于游戏所搭建的社交情境，因而社交情境中情感能量的维护成为青年群体游戏实践社交媒介依赖产生的充分条件。

> 几乎每一名玩游戏的男生都玩《英雄联盟》，这个游戏对我同样意义非凡，高段位无疑是游戏里最荣耀的勋章。在大学时我成功打到了"钻石"段位，组过队伍而且参加过学校内的电竞比赛，这是我最高兴的事情。在游戏社交中我获得了充足的情感能量，享受了别人对自己的称赞，也在游戏中收获了许多好朋友。（D09-M-32）

现实社会中社交场域的情感能量是流动的，与亲朋好友的娱乐消遣型社交活动如周末聚餐、家庭聚会以及逛街购物等都可以使青年群体获得情绪上的放松与心情上的愉悦，有助于情感能量流向青年群体。而科层制的

---

① 王贵斌、斯蒂芬·麦克道威尔：《媒介情境、社会传统与社交媒体集合行为》，《现代传播——中国传媒大学学报》2013年第12期。

社会结构导致青年群体需要进行一部分非主动但必要的社交活动，如工作需要、琐碎无意义以及消耗自身能量等的社交活动。正是这些枯燥乏味的社交活动导致青年在现实空间中产生烦躁、消极、沮丧、颓废等情绪，消耗了青年群体在现实社交活动中的情感能量，甚至使其逐步流失，最终走向虚空。现实空间中情感能量的减少使青年群体转向虚拟空间寻求情感能量，而游戏空间成为其聚集的主要场所。青年群体寻求情感能量的空间转向，其本质是一种逃离，是对失败、压抑的社交活动的躲避，这一社交媒介实践帮助情感能量恢复。

在青年群体进入游戏情境后，他们之间的社交媒介实践是其恢复情感能量的另一重要途径。首先，基于游戏的互动在给青年群体带来成就感的同时，提升了其情感能量。以上海淘米网络科技有限公司开发的集养成、怀旧、社交于一体社区养成类游戏《摩尔庄园》为例，2021 年 6 月该游戏的手游版上线后吸引了大批青年下载。在该游戏内，青年群体以摩尔的形象投入虚拟场景充实游戏体验，获得情感层面的放松与发泄；通过在游戏内外的社交场中分享游戏经验以及游戏攻略，如家园装修分享帖、餐厅运营经验帖以及高级鱼类获取途径等获得他人认同；通过在游戏内外的社交场中结交好友来获得精神层面的愉悦。青年群体在游戏中以游戏共玩、经验共享以及好友互动等方式获得成就感。

从社群互动的层面来说，游戏社群中的团结互助能够为青年群体带来集体荣誉感。青年群体以喜爱的同一个游戏人物、同一款游戏、同一类型游戏为趣缘而聚集成为社群，社群的外部准入规定与内部运行规则给予青年群体归属感，依靠社群内部的仪式化集群实践，他们自发地团结在一起。当游戏社群外部发生冲突时，社群内部的成员迅速聚集并一致对外以维护社群稳定。集体荣誉感的产生激发了青年群体的正向情感，满足了其进入虚拟空间的内在需求。

> 我大部分的社交都是在网上进行的，我喜欢在《英雄联盟》游戏社群里跟大家谈天说地，从游戏谈到人生，可能就是因为这种依赖心越来越重，我对游戏社群的重视程度也越来越高了。所以当其他游戏社群成员在侮辱、破坏我们游戏社群的时候，我会迅速团结"友军"保护社群。（D15 - M - 25）

青年群体在游戏中的情感能量获得与维护弥补了其在现实社会中的情感能量空缺，因而情感能量的满足与平衡成为其社交媒介依赖的心理动机之一。正如简·麦戈尼格尔（Jane McGonigal）在《游戏改变世界：游戏化如何让现实变得更美好》中说的："我们真正需要的是游戏提供的一种更为持久的情感奖励，只有这样，才能实现游戏与生活的恰当的平衡。"①

（三）关系延展：社交诉求的满足

作为网络"原住民"的青年群体成长于信息技术革命之中，他们天然具备对社交媒介技术的掌握、适应与运用的能力，能够在自我与媒介之间建立联系。因此，青年群体在社交媒介实践的习惯中容易对其产生依赖。基于这一成长背景，青年群体所形成的社交属性与社交需求是其社交媒介依赖的重要心理归因。

一方面，从青年群体的社交属性来说，高度媒介化的社交模式、迫切的媒介需求以及社交恐惧等都是其产生社交媒介依赖的内在动因。青年群体在现实生活中的身份大多为学生、企事业单位职员以及自由工作者等，他们在传统与现代的碰撞中成长。成长于网络亚文化渗透下的青年群体社交空间缩小、易产生社交恐惧，高度结构化的生活环境压制了青年群体的社交诉求，挤压了他们的话语表达空间，使其缺乏深入社交的机会，思维与情绪难以得到理解与回应②。而长期处于家庭、学校以及社会的规训，又致使他们话语表达空间的狭隘化与话语表达权的削弱，越来越多的青年在现实中的表达走向内化，他们趋于沉默甚至产生社交恐惧。但同时，他们是思维活跃的一代，能够适应快节奏的生活，并迅速地融入媒介化社会。他们依然对世界保持好奇，具有创新精神与上进心，对新事物接受速度快、程度高，在网络与现实的偏差与迫切的网络社交诉求中走向虚拟空间，形成高度媒介化的社交属性。青年群体在逃离科层制社会结构的过程中将表达诉求投注于虚拟场域，释放高压下的社交欲望，在网络空间中发泄情绪、放松自我与调节情绪，他们在网络空间中的社交狂欢是一种将社交恐惧转化为依赖的媒介实践。

---

① 简·麦戈尼格尔：《游戏改变世界：游戏化如何让现实变得更美好》，闾佳译，浙江人民出版社，2012。

② 刘蒙之、张锐君：《青年玩家在网络游戏中的文化实践——基于现象级手游〈和平精英〉的观察》，《新闻与传播评论》2022年第2期。

另一方面，1974 年，伊莱休·卡茨（Elihu Katz）在《个人对大众传播的使用》中，将媒介接触行为概括为一个"'社会因素＋心理因素'—媒介期待—媒介接触—需求满足"的因果连锁过程，提出了使用与满足过程的基本模式①。从使用与满足理论的角度出发，青年群体被视为有特定需求的个人，青年群体通过游戏进行社交是为了满足其社交诉求，其游戏实践社交媒介依赖的形成过程也是心理诉求得到满足的过程。

青年群体通过表达自我、寻找志同道合的好友实现自我满足。一部分青年群体出生并成长于计划生育基本国策落地实施的时期，20 世纪 80 年代开始实行的独生子女政策改变了我国社会的生育观念，三口之家成为社会的主要家庭结构，孩童时代的青年群体在家庭中缺少同龄人的交流与陪伴。同时，这一时期我国的城镇化进程加快，一家一户开始住进单元楼，青年群体与玩伴之间的社交距离越来越远，朋友的"身体"缺席最终导致青年群体"孤独地长大"。而游戏空间则为他们提供了一个释放社交欲望的场域，他们在游戏空间肆意狂欢，消除了孤独感。

> 我其实在学校里不怎么社交，可能是因为越来越"社恐"了吧。但是我在网上就特别活跃、特别想交朋友，经常在课余时间和朋友约着玩《英雄联盟》，在游戏内开语音聊天，可以聊一聊现在各自的生活，然后回忆一下以前在一起生活的时光。而且跟好朋友一起玩不会有压力，互相比较了解熟悉，不会因为技术而不愉快，能够真正做到为了放松、社交和满足自我而玩游戏。（D11－M－23）

从众心理是青年群体游戏实践社交媒介依赖的另一心理诉求。当游戏成为青年群体的主流社交场时，那些尚未进入游戏的青年群体则会基于从众心理产生的压力，为了避免自身陷入孤立的状态而选择进入游戏，逐渐沉浸其中并产生社交媒介依赖。

> 我一开始是不玩游戏的，但是慢慢地就发现周围的朋友都在玩游戏，日常聊天也是游戏，还在网络中进行游戏社交。为了和大家有共同话题，让自己融入周围群体，我也开始玩游戏了。（D02－W－22）

① 周雅如：《北京大学生时尚杂志阅读研究》，硕士学位论文，中国青年政治学院，2017。

三 异化连接：游戏实践的社交媒介依赖影响

随着游戏社交系统的完善与发展，游戏已经渗入青年群体的日常生活，成为其不可或缺的社交媒介之一。他们以游戏为媒沉浸于社交狂欢，并逐步加深了对游戏实践的社交媒介依赖程度，在沉浸与依赖中形成了异化的自我、游戏与社交，最终导致了青年自我的玩工化、游戏实践的劳动化与社会交往的异化。异化理论由马克思首次做出完整定义，即工人在劳动中所耗费的力量越多，他亲手创造出来的反对自身的、"异己化"的力量就越大，他的内心世界就越匮乏，属于他的事物就越少。在马克思看来，资本主义私有制的诞生是人类产生异化的根本，他导致了人类自我、劳动以及社交的异化①。进入数字化时代，异化理论依然适用，当前青年群体的游戏实践可被视为一种数字劳动，过度的社交媒介依赖会对青年自身、青年群体的社交以及媒介实践产生异化影响。当青年群体沉溺于游戏场域时，他们的思想与行为依赖游戏，作为社交媒介的游戏开始成为一种"异己化"的力量，最终导致游戏实践的劳动化与社交的异化。

（一）游戏实践劳动化

青年群体看似在游戏空间中享受放松休闲与社交带来的快感与愉悦，实际上则是逐步沉溺于游戏世界，沦为"数字玩工"，进而使青年群体的游戏实践劳动化。青年群体的游戏实践本质上是一种数字劳动，数字劳动是移动互联时代的一种新的劳动形式，将网络空间中的用户视为生产者与消费者的合体，他们既是媒介与平台的消费者、信息接收者与服务对象，又在一定程度上承担着信息生产工作，充当"数字劳工"的角色。数字劳动就是将用户的媒介实践转化为资本增值的劳动，通常情况下这一劳动是低报酬甚至免费的，"数字劳工"在无意识的媒介实践中主动为资本创造价值。青年群体在游戏场域中基于社交媒介依赖所形成的数字劳动主要以

---

① 中共中央马克思恩格斯列宁斯大林著作编译局编译《马克思恩格斯全集》（第1卷），人民出版社，2009。

"玩"和"互动"参与资本转化，具有低成本甚至无成本性、主动性以及产消合一等特征。

　　青年群体以游戏为媒的社交实践对于平台方来说是一种低成本的数字劳动，平台方提供游戏产品与社交空间，青年群体为了获取情感能量，在其中主动为平台方输送源源不断的用户资料、游戏流量以及社交数据等，在无意识中展开数字劳动，帮助平台方完成资本积累。

　　　　我觉得在游戏里交朋友对用户和平台方来说是各取所需吧。首先我和我的游戏好友收获了友情和快乐，然后不得不承认这对平台方也是有好处的，平台方在后台收集了我们的聊天数据和爱好偏向，然后用这些数据来获取利益、得到金钱。（D03 - W - 29）

　　青年群体的数字劳动还具有产销合一的特征。在大众的认知范畴中，青年群体在游戏中的身份一般为被动性的接受者、参与者与消费者。但事实上，青年群体参与了游戏的架构，即青年群体不只以游戏为媒建构自我的社交空间，更在互动中参与了游戏的搭建与运行，在享受游戏提供的欢愉的同时成为生产者进行数字劳动，主动创造信息与数据，在无形中实现了产销合一。以游戏《王者荣耀》所设置的反馈机制为例，青年玩家在参与游戏的过程中所提供的反馈为平台方提供改善服务与提升体验的信息数据，为游戏的发展做出了贡献。同时，青年群体的游戏、社交以及消费等实践也为游戏提供了经济价值。

　　青年群体游戏实践劳动化的主要表现形式为情感劳动。情感劳动即青年群体在游戏中表达自己的情绪，如愉悦、开心、轻松、愤怒、生气、无奈、疲惫等。亨利·詹金斯（Henry Jenkins）曾经提出"情感经济"的概念，即情感是一种商品，网络空间中用户所表达的情感呈现商品化的趋势，而用户表达情感的实践可以成为一种劳动。在游戏中，青年群体在社交中的情绪表达可以作为一种劳动转化为资本，帮助平台方实现资本扩张。而长期将情感能量释放在虚拟空间则导致青年群体现实场域中的情感生活被忽略，会使其在抽离游戏后产生情绪低落、内心空洞等消极感受。

　　　　大四的时候面临升学和工作的压力，自己也没有那么充裕的时间来玩游戏。但是随之而来的也有巨大的落差感，以往游戏里面的威风不在，情绪在现实世界和虚拟世界中来回波动，也影响了正常的生活，时不时会觉得现实生活平淡无奇，提不起兴趣去做其他事情，有空余时间就投身游戏寻找乐趣。(D10 - W - 23)

游戏实践劳动化导致了青年群体休闲时间与社交数据的商品化。互联网的迅猛发展使青年群体卷入平台方的资本剥削，当游戏社交成为一种劳动时，青年群体的娱乐时间异化成劳动时间，社交数据成为平台方的商业化思维产品。资本的剥削是无限的，劳动也必然会转化为产品，青年群体在日常生活中利用"碎片化"的休闲时间进行劳动生产，为资本创造剩余价值，青年群体的休闲时间也成为一种商品。

我感觉现在的游戏有一种魔力，他的功能强大到像是给我又创造了一个世界。《摩尔庄园》刚出来那段时间，我经常一天里一有时间就要登进去看看是不是有人去我家把我的菜偷了、有没有好友去我家钓鱼、我的餐厅经营状况怎么样了或者有没有好友给我发局内文字留言等，我感觉我的注意力和时间都像是被这个游戏给控制了。(D14 - W - 18)

而社交媒介依赖使青年群体逐步沉迷于游戏，原本可掌握的休闲时间被平台方控制，成为平台方资本积累与增值的商品。青年群体在劳动生产中创造的社交数据也成为平台方的商业化思维产品，平台方通过对数据的收集、整理与交易将其转化为资本利益与价值。

在休闲时间与社交实践被异化的进程中，青年群体也被游戏控制，沦为"数字玩工"，"数字玩工"是"数字劳工"的一种，"数字玩工"的玩乐劳动是数字劳动的新形式，青年群体在玩乐中参与资本生产。"数字玩工"的诞生打破了劳动与休闲的界限，影响了青年群体的自我建构机制，使其在社交媒介依赖中主动为平台方打工。"数字玩工"具有非雇用、无意识的性质，在数字经济中，非雇用性质的"无酬劳动"为资本创造了价值，在降低生产成本的同时转嫁了一系列劳动风险，"数字劳工"在其中被剥削得更彻底[①]。同时，这一剥削被娱乐与满足所掩盖，青年群体很难

---

① 姚建华、徐偲骕：《全球数字劳工研究与中国语境：批判性的述评》，《湖南师范大学社会科学学报》2019 年第 5 期。

意识到自己在免费为平台方"打工"这一现实，长期无意识地为平台方"打工"则加深了青年群体对游戏实践的社交媒介依赖，使其在建构自我中的主体意识的消解，从而导致"我"的异化。

> 我认为我和平台方的关系是互利共赢的吧，平台方从我这边得到利益，我从游戏中得到满足。有时候也算是依赖游戏吧，不打游戏还挺不适应的，没有其他消磨时间的好办法。（D05 - W - 26）
>
> 其实我有反思过这个问题，我知道我在打游戏时，也在为游戏"打工"。这很正常，因为使用任何媒介的同时，我们都在为该媒介"打工"，但这并不会减少我对游戏的依赖，因为让渡这向利益已经司空见惯了。（D11 - M - 23）

不可否认，作为社交媒介的游戏为青年群体提供了缓解自我焦虑、形成自我认同的机会，是青年群体弥补现实社交缺口、满足社交诉求的场域。在一定程度上，游戏实践社交媒介依赖有助于青年群体了解自己，以虚拟自我和现实自我共同建构真实的自我，增强自我认同与群体认同。但是长期过度沉溺于其中则容易诱发病态的想象，导致青年群体无法分清哪个才是真实的自我。他们会倾向认为游戏中的自我才是真实的自我，虚拟自我"吞噬"现实自我，将游戏中的"我"带入现实生活，最终产生异化的"我"，在社交媒介依赖中与现实世界脱节。此外，无意识的数字劳动使青年群体习惯于游戏社交的便利性与满足感，过度沉溺于其中，引发青年群体主体意识的消解，进而使其逐步丧失独立思考的能力，无法正确认识真实自我并沉溺于享受游戏社交所带来的愉悦，由此形成恶性循环，进一步加深其对游戏的依赖。

（二）社会交往异化

马克思在异化理论中指出，劳动的异化必然会导致人与人之间社交关系的异化，人只有突破这种限制才能实现全面发展[①]。青年群体在深度的社交媒介依赖下易产生认知错乱，将现实空间与虚拟游戏混为一谈，甚至

---

① 中共中央马克思恩格斯列宁斯大林著作编译局编译《马克思恩格斯全集》（第 1 卷），人民出版社，2009。

以游戏代替现实空间，轻视甚至忽略现实空间中的社交，将游戏社交引入现实空间，导致人际交往的异化。

> 我有过一段恋爱，各种原因下我们异地恋了，很长一段时间我们的交流就是晚上一起打一会儿游戏，这种交流是非常表层的、短暂的、浅薄的，他一直拒绝深度交流，而我又是一个很渴望精神层面交流的人，最后我就跟他提了分手。（D07 - W - 26）

> 之前在现实生活中认识了几个朋友，因为游戏产生了社交隔阂。他们玩 FPS 游戏，而我玩 MOBA 游戏，我们最后也没有一起玩，但我也因为 MOBA 游戏认识了其他的好朋友。（D06 - M - 24）

正如前文所提到的，游戏媒介重构了青年群体的社交，在社交边界处理方面，它打破了人际交往的时间制约与空间限制，是对现实空间中社交的延续与进一步发展；在社交可供性方面，游戏媒介延伸了社交关系，提供了虚拟社交的可能性，弥补了现实环境中的社交缺憾；在社交体验方面，游戏为青年群体提供社交空间，打造沉浸式的社交环境，给予青年群体舒适的社交环境体验感，便于他们以游戏为媒的仪式化社交模式的构建与狂欢式社群互动的实现。但是过度的社交媒介依赖会导致青年群体社会交往的异化，主要表现为青年群体在人际交往方面的媒介化与片面化。

游戏的媒介化使青年群体的社交依赖手机、电脑等智能移动终端，形成了"人—机器—人"的交往模式。青年群体在处理人际关系中依赖社交媒介，正如沉溺于游戏中的"宅男宅女"一样，他们的社交紧紧依赖游戏与网络，交朋友、谈恋爱甚至工作社交都围绕游戏，长期的媒介化社交使他们依赖游戏，不再愿意进行现实社会的社交，当面对真实场景中的社交时，他们往往会产生心理不适，甚至出现长期的现实社交实践空白，引发社交退化现象。

> 就因为长时间在《王者荣耀》里交流，我都习惯了用"开黑"的方式进行社交了。有时候我的室友或者同学喊我出去玩我都会不适应，甚至会感觉很麻烦，我讨厌现实生活里的社交。（D02 - W - 22）

游戏的"碎片化"、匿名化与虚拟化特征则导致了青年群体的社会交往对象与模式从丰富多元走向单一局限，形成片面化的社交趋向。一方面，游戏实践的社交媒介依赖导致青年群体交往对象的片面化。随着游戏系统的完善、发展与成熟，每一款游戏都可以成为一个独立的社交媒介与社交场域，且互不相通、互不干扰。例如，以《王者荣耀》为社交媒介产生依赖的青年群体与以《光遇》为社交媒介产生依赖的青年群体处于两个完全不同的场域，他们的社交往往停留并局限于某一游戏场域。社交场域的跨越是一个复杂的过程，需要青年群体对其他游戏产生兴趣、深入了解并建立新的依赖，跨场域的复杂性导致其交往对象的片面化。

另一方面，青年群体的游戏实践社交媒介依赖致使其交往模式片面化。青年群体的游戏社交是一种虚拟的社交，基本局限于游戏场域内的社交与以游戏为主题的其他社交媒介中的交流互动这两种模式，主要以图像、声音与文字为交流语言，且对社交媒介的依附性较强，因而其交往模式具有片面化特征。

> 我感觉我们这一代年轻人的社交面越来越窄了，大家都沉浸在自己喜欢的社交圈子里。就拿我自己举例子吧，我小时候既能在学校、小区里跟大家一起玩，又可以和在游戏、贴吧或者微博认识的网友一起玩。但是现在就不行了，我现在对游戏的依赖心很强，可以和游戏里的陌生人"开黑"，但是不能和小区里的陌生人交流。（D10 - W - 23）

青年群体过度的游戏实践社交媒介依赖所产生的社会交往异化会导致其自我交往的变质以及在现实生活中的社交异化。自我交往即人内传播，是主我与客我的对话，主我是真实的自我，客我是他人评价或社会期待的自我，自我交往是在主我与客我的互动中形成的。青年群体长期处于虚拟与现实的双重社交场域中，而游戏中虚拟自我的创建给予青年群体较大的自主性，其创建的自我形象符合心理期待，是青年群体想象中的自我形象。过度依赖游戏则导致其在虚拟世界中形成了一个成熟的虚拟自我，进而产生双重的主我与客我的对话，即青年群体的对内自我交往是虚拟场域的主我与客我和真实空间中的主我与客我之间的交往。变质的自我交往易使青年群体产生认知混乱，无法分清哪个才是真实的自我。游戏中的虚拟自我是青年群体眼中"完美的自我",因而青年群体会在二者之中更加倾向认同游戏中的自我。过分沉浸于游戏导致青年群体产生认知错位,将虚拟自我当作真实自我投入真实的社会交往,产生一些负面影响。

> 我玩了很多年的《王者荣耀》,并且专注于蔡文姬这个英雄,经常会把我自己代入游戏中的蔡文姬形象。有时候会觉得我和她很像,她的口头禅"左三圈,右三圈""心有多大,舞台就有多刺激"等也慢慢变成了我的口头禅,甚至会产生我就是现实生活中的她的感觉。(D05 - W - 26)
>
> 我之前就干了一件很蠢的事情,因为刚和朋友打完游戏我妈就喊我去买东西,我到了超市拿了东西询问价格的时候,竟然问了售货员一句"这个装备几级能买?"(D08 - M - 25)

青年群体过度的游戏实践社交媒介依赖使游戏成为控制和主宰其社交的一种异己力量,将游戏化的社交模式代入现实空间,影响、改变与束缚现实社交模式,使其人际交往能力弱化、社会交往欲望降低,最终导致其更加孤僻化与自我化,沉浸于虚拟世界。首先,过分依赖手机、电脑等媒介的社交弱化了青年群体的人际沟通能力。以游戏为媒的虚拟社交的增加导致现实生活中的社交减少,现实生活中社交的长期匮乏则引发了青年群体人际沟通能力的退化。缺少社交沟通技巧的青年群体在现实空间中产生社交焦虑,丧失交往自信,现实空间社交的挫败感使青年群体重新回到游戏中寻求社交安全感,这种恶性循环进一步加深了其现实社交障碍。其次,游戏中仪式化的互动模式导致青年群体在现实生活中的沟通欲望降低。青年群体在游戏中以符号化的方式进行仪式化的互动,用"Emoji 表情"等来表达自身的情感与情绪,这种表情包式的互动导致青年群体的表达欲望降低,且游戏的匿名化与虚拟化互动模式使青年群体不愿在其中进行深度情感交流,而现实空间互动的不易使其深度交流更加无法实现,加深了青年群体的孤独感。最后,游戏趣缘化的互动群体与现实互动多元化、复杂的对象形成反差,依赖游戏的青年群体会对现实社交产生恐惧,缺乏进行现实社交的兴趣与动机,逃避社会现实,远离人际交往,进而更加孤僻化与自我化。

小　结

立足媒介化社会,作为亚文化代表的青年群体在现实空间中长期处于科层制社会结构的交往桎梏之中,狭小的话语表达空间、匮乏的话语表达权力以及较高的社交壁垒等社交制约导致越来越多的青年在现实空间中的表达走向内化,青年群体变得沉默甚至产生社交恐惧。而移动互联技术的发展以及游戏的社交化为其创建了虚拟社交空间,作为"原住民"的青年群体迅速适应了虚拟社交模式,在虚拟社交空间充足的社交能量与现实社会中匮乏的社交能量所形成的强烈反差中涌入游戏世界,表达社交需求,并寻求心理安慰。

青年群体的游戏实践社交媒介依赖是一个过程,其本质是主体意识在觉醒的过程中逐步沉浸于虚拟场域的过程。我们需要辩证地看待青年群体的游戏实践社交媒介依赖。一方面,青年群体在以游戏为媒的社交依赖中满足了自我的交往欲望与社交需求,有助于其在虚拟社交空间中建构自我,实现自我认同,获得群体归属感,实现游戏中的青年群体社会化。另一方面,过度的游戏实践社交媒介依赖会导致媒介化的游戏成为一种"异己化"的力量,这种"异己化"的力量引发了青年自我的玩工化、游戏的劳动化以及社交的异化,使青年群体沦为游戏的"数字玩工",而其媒介实践则成为在虚拟空间中进行的数字劳动。青年群体的沉沦导致自身的认知错位与社交退化,进而使自身更加依赖游戏建构社交,由此形成恶性循环。

因此,面对青年群体的游戏实践社交媒介依赖,需要多方面的把控,我们应该在青年群体游戏实践社交媒介依赖中寻找平衡,实现青年群体与游戏之间的良性对话。首先,从平台方角度出发,建立、升级防沉迷机制,限定游戏时长以及精准监控青年群体,有助于从根本上避免青年群体游戏实践社交媒介依赖;其次,面对青年群体游戏实践社交媒介依赖,学校、家庭、社会良好社交环境的提供,以及对学生心理健康的关注与优秀社交习惯的培育与引导同样关键;最后,从青年群体自身角度出发,应该建立正确的自我认知,改变社交行为构建方式,提高面对面的沟通能力,实现主体意识的觉醒,青年群体的自我把控是实现其与游戏良性对话的根本。

第五章　青年群体健身实践的社交媒介依赖

　　人是社群动物，社会交往是人们日常生活的重要组成部分，在现代社会，人们的交互实践映射着媒介化的话语体系，交互空间也被形形色色的社交媒介所覆盖，并被赋予新的媒介意义。当媒介化越来越普及，进而成为一种习惯和当然的存在，人们将身陷社交媒介依赖"症候"。作为媒介化社会的亲历者，我们应该敏锐地察觉到社交媒介的"侵蚀力"。早在21世纪初，互联网的发展就引起了学者们对人的主体性的思考，学者祁林认为媒介在人媒关系中占据主导地位，就连人类为数不多的主体性也只是体现在学习媒介逻辑来指导人们的生活上[①]。越来越多的学者意识到人的主体性正逐渐被媒介所替代，"社交媒介依赖"的问题得到了足够的重视。主体性的替代在陪伴社交媒介成长的青年群体中体现得甚为明显，相比少年群体，具有独立消费能力并且现代化程度较高的青年群体是"社交媒介依赖"的典型症候群。从使用与满足理论出发，青年群体对社交媒介形成依赖，在很大程度上是因为他们借助社交媒介来达到社会化的目的。为了跟上时代的步伐，或是被社交媒介裹挟着前进，青年群体对社交媒介的依赖程度相较于其他年龄层是较为特殊的。随着社交媒介的不断进化和升级，其将会越来越深地影响一代又一代的青年群体，人与媒介之间也早已呈现不可分割的纽带关系。媒介化社会的传播强调交互的意义，人类社会的自然实践在媒介化社会中同样被赋予交互的意义，如健身成为青年群体社交媒介实践的重要内容。

　　健身作为身体管理和形体控制的活动，在其形成与发展的过程中一直被视为专项的体育运动。随着健康意识和审美意识的提升，健身成为人们在日常生活中追求健康的重要活动，其内涵也被不断地泛化，不单指在专业健身房的身体实践，也涵盖人们在家庭以及户外进行的运动。在社交媒

---

①　祁林：《关于网络聊天的主体性分析》，《现代传播—中国传媒大学学报》2001年第5期。

介对生活的渗透下，健身也从仅依靠身体的纯粹运动转换到以技术为媒的交互式活动，社交媒介在进入健身的过程中，对现代社会青年群体的健身实践产生了底层逻辑上的影响。近年来，社交媒介的持续蓬勃发展使信息以一种前所未有的速度和广度传播，社交媒介逐渐改变了人们的生活方式。青年群体经常在社交媒介上分享和交流自身的健身方式和健身成果，直接推动了全民健身时代的到来。健身作为大众体育运动受到国家的支持和重视，早在 2014 年，国务院就在《关于加快发展体育产业促进体育消费的若干意见》中明确提出，将全民健身升级为国家战略，激发群众参与体育运动的热情，积极倡导健康生活。2021 年，国务院印发《全民健身计划（2021—2025 年）》，指出要推动全民健身融合发展，营造全民健身的社会氛围。上层建筑作用于经济基础，在国家政策的指引下，健身行业的发展更具活力，催生了各类健身 App，这些健身 App 不仅提供健身知识，而且以社交活动为吸引用户的重要卖点，为用户提供了健身交互的媒介场所。不论是健身 App、社群还是直播，这些带有社交性质的媒介在不同程度上重新建立着身体与环境的关系，人们在健身过程中对身体的关注也不再仅限于纯粹的生理客体，而是更多地强调健身中身体的媒介化意义。当社交媒介成为人们获取健身信息、分享健身成果以及开展其他健身相关活动的必要途径，依赖便开始产生，尤其是在青年群体高度媒介化的生活里，依赖社交媒介学习、工作、健身等似乎已经成为默认的生活逻辑。

　　在移动互联技术的高度嵌入下，我们习以为常的生活图景被能够维系和协调社会交往的技术话语体系所裹挟，青年群体的社交空间正在由"现实社会"转换为"虚拟社群"[①]。以"80 后"和"90 后"为主体的青年群体，因学业或工作游走于城市之中，他们对移动互联技术有着很强的习得能力，其各种实践行为借由媒介化的形式体现。在高度媒介化的日常生活中，习惯驱使青年群体更倾向使用社交媒介来进行社会交往、维持亲密关系。现实生活中人际关系的冷漠疏离以及青年群体在城市中的分散式存在，为网络中趣缘社群的聚集提供了条件。由此看来，青年群体惯常的信息获取方式和社交途径使得作为日常活动的健身与社交媒介紧密相连。社交媒介的蓬勃发展是青年群体社交媒介化的现实基础，在网络环境的包围

---

① 赵红勋、张梦园：《移动互联时代青年媒介化交往的制度逻辑探析》，《河北青年管理干部学院学报》2022 年第 2 期。

之下，人类的媒介依存感愈加强烈，为在线健身开辟了市场。健身 App 集健身、健美与社交互动于一体，是线上运动 App 的典型代表。除了健身 App，青年群体还通过微信、微博等主流社交媒介平台的内在功能组建社群，通过网络直播进行"虚拟在场"的健身社交。在互联网社交思维下，青年群体开展健身活动首先考虑的并不是身体的在场，而是社群的聚集，无意识地将社交媒介选择纳入健身的必要环节。除此之外，2020 年发生的新冠肺炎疫情因传染性强、传播范围广引起社会关注，公众居家防疫，更加压缩了健身的空间。同时，疫情的不可预测性激发了公众对健康的关注。疫情防控期间，由于活动空间受限，人们的工作、学习等都受到了影响，社交媒介在此时发挥了巨大的社会调节作用，人们开始利用社交媒介满足日常生活所需，可以说这次的公共卫生事件在一定程度上加深了人们的社交媒介依赖。在疫情防控期间，身体健康的需求和社交媒介的承接，催生了如帕梅拉和刘畊宏的健身直播，甚至在青年群体中掀起热潮，线上健身也开始从延时互动转换为即时互动。在"运动社交"盛行的时代，人们热爱健身、追求健康、崇尚社交已经成为潮流和常态，社交媒介已经成为青年群体健身的依赖性工具。

在社交媒介成为人们"习以为常"的生活工具时，健身领域被媒介逻辑所渗透，对于高度适应和依赖社交媒介的青年群体，社交媒介成为其健身过程中不可缺少的存在。基于此，笔者以 15 名 14～35 岁的青年健身爱好者为对象，采用深度访谈的质性研究方法考察青年群体健身实践的社交媒介依赖现象。

一　从自然态到媒介态：社交媒介逻辑下的青年健身

莫里斯·梅洛—庞蒂在（Maurice Merleau-Ponty）《知觉现象学》中指出，"我们要拥有一个世界，身体就是我们总的媒介"[1]。当作为生理客体的身体开始走进社会生活，与之相关的身体实践也开始融入标志着现代性及其后果的工作、消费、生死等方面的工业秩序之中[2]。当我们在不同时

[1] 莫里斯·梅洛-庞蒂：《知觉现象学》，姜志辉译，商务印书馆，2001。
[2] 约翰·奥尼尔：《身体五态：重塑关系形貌》，李康译，北京大学出版社，2010。

代的媒介语境中审视作为身体实践的健身时会发现，其在每一阶段都渗透着社交媒介技术逻辑，也在塑造着相应阶段中人们的具象健身实践。在万物互联时代，技术媒介更加强调交互的概念，社交媒介覆盖了人们日常生活的各个方面，健身也由最初的自然状态过渡到网络社交逻辑植入的媒介状态。在社交媒介的网罗下，健身从线下的自然身体实践转换为线上的身体经验交流，健身场所由单一的线下自然社会扩大到线上的虚拟健身社群。在社交媒介的逻辑浸润下，作为交往实践媒介化卷入程度较深的青年群体，在健身中对社交媒介产生了明显的依赖。健身 App 中的社群、微信朋友圈、直播间甚至音乐 App 中的"运动健身歌单"等都是青年群体健身过程中经常使用的社交媒介。

> 我经常在健身的时候使用社交媒介，如跑步的时候使用 Keep（健身 App）来记录跑步的步数和消耗的能量等，跳操的时候会跟着抖音上刘畊宏、周六野的直播，不然自己一个人跳怪没意思的，而且不跟着他们跳我也记不住动作啊，他们经常更新健身方法，跳完我还会在 Keep 上记录每天的健身变化，能在我加的健身圈子里炫耀一把，所以我现在不能离开社交媒介，不然真的不知道该怎么运动了。（E03 - M - 25）

青年群体在健身过程中的观察、模仿、记录都已经离不开社交媒介，社交媒介已经成为青年群体健身过程中不可缺少的存在，甚至健身这一运动本身已成为青年群体的社交媒介。而健身之所以能够成为社交的媒介或物质形式，与技术基础、经济体系、社交的功能可见性等媒介逻辑的持续渗透紧密相关，这也进一步体现了健身的媒介化表征。正是有了健身的媒介化，人们才能够在健身实践中实现社会交往。青年群体的健身从自然态的具身实践转换到媒介逻辑嵌入下的社交实践，其健身也并非单纯为了追求健康和审美，更为重要的是借助健身与他人发生意义连接。青年群体在现有的健身实践中所产生的社交媒介依赖是值得我们关注的问题。关于青年群体健身实践的社交媒介依赖，我们首先要明晰其如何演化、演化过程中嵌入了什么样的制度话语，只有了解了青年群体健身实践的社交媒介依赖是什么、有何具体表征，我们才能进一步探析其内在的逻辑归因。

（一）身体实践：天人合一到网络互动

在媒介介入前，健身更多地关乎身体健康、审美与安全，并不与社交发生直接的关联，即使有微乎其微的关联，也只存在于人们的口头交流与分享中。在社交媒介技术还没有拥有成熟的逻辑时，青年群体的健身实践并没有实现今日的高度媒介化，更谈不上健身实践的社交媒介依赖。自然态下健身的身体健康和审美考量体现着中国古代修养生息的健身思想，安全考量则从古希腊和古罗马军事训练的身体实践出发。古代中国"一体二用"的身心观，突出强调了精神对身体的调节与控制，从"顺应自然，天人合一"的规律出发处理人与自然的关系；而古希腊则更重视健身的理性需求，强调肉体对自然的改造和征服[①]。中国传统健身更注重由表及里的身体表达，由身体变化引发精神升华；古希腊健身关注身体的健美形态和人格的传递[②]。换言之，中国传统健身更贴近人内传播，古希腊健身则体现出人际传播的特点，"健美形态"的传递发生在人际之中，人格的传递又与现代的健身社交有着若隐若现的关联。不管是注重身心融合的中国传统健身还是注重形体塑造的古希腊健身，都体现了健身中身体与自然环境的关系，健身更多地作为调节个体与环境关系的一种手段，此时健身中的身体直接接触和自然形成了相互影响的互动关系[③]。媒介介入后，身体与自然的互动转换为健身群体之间的社会与文化交流，更少地强调身体与自然的关系，而更关注健身群体对虚拟社交网络的依赖关系。社交理念在社交媒介技术中的植入催生了大量的社交媒介，在使健康传播渠道多样化的同时丰富了健身在现代社会的内涵。

社交媒介技术介入健身后，身体与自然的距离被拉近，拥有相同兴趣和目标的健身人群的在线虚拟社交成为可能，当社交媒介逻辑嵌入青年群体的思维模式，其健身实践受思维模式的影响，或许会存在社交媒介依赖。社交媒介技术介入下，青年群体的健身实践中存在的显著变化，更多归因于技术对身体的凸显与遮蔽。社交媒介技术的介入使健身这一活动抽象呈现，自然态下的健身大多依靠人体外观的变化和主观的交流。在社交

[①] 夏思永、肖正：《"顺其自然"与"征服自然"——中希古代健身理念的比较》，《北京体育大学学报》2006 年第 6 期。

[②] 惠蜀：《中西体育价值散论》，《成都体育学院学报》1991 年第 1 期。

[③] 詹玉姣：《具身媒介嵌入下的健身研究》，硕士学位论文，兰州大学，2021。

媒介中，健身呈现抽象化表征，心率、体脂、体重、时长等健身的具象数值构成了健身在社交媒介中的展现元素。

> 我喜欢把健身过程记录下来，因为我很想减肥，所以体重、腰围、腿围这些有一点变化我都很开心，而且现在有一些健身软件如Keep都非常方便，在"我"那一栏能直接添加"健康数据"，还有很流行的那种运动手环，这个更厉害，能随时监测卡路里消耗、心率等，可以非常直观地用数字来看自己的身材状态。但是如果闷头练的话，根本不知道效果怎么样，所以用数字记录还是有必要的。（E07 - M - 26）

在追求效率和展示的青年群体中，社交媒介中的健身更符合其使用习惯，社交媒介所呈现的"数字身体"能够帮助青年群体时刻监测自己的健身成果和身体状态，从而来带一种掌控身体的安全感。线上的身体展示不仅构建着人的生理意义，还构建着人的社会意义。健身中人们通过身体与现实空间或虚拟空间中的他人产生联系，并且通过身体社交来巩固和强化这种联系。在人际关系冷漠疏离的现代城市，处于学习和工作状态的青年群体更乐于把社交活动转移到线上，现实空间兴趣圈子的缺失和倾诉欲的限制，促使其利用身体符号的展演在网络空间获得关注和满足。社交媒介已经成为现代人类社会化的重要工具，亟须适应社会的青年群体的健身实践产生了对社交媒介的依赖，不单纯是因技术的驱使，也是其为了实现社会化而表现的对社交媒介技术的一种屈从。从此意义出发，不论是微信朋友圈的健身"晒图"还是微信步数的竞争排行，都是青年群体为了更社会化所做的努力。

（二）资源网络化：多元的健身场景

随着科学技术的发展，人们获取信息的途径发生了根本转变，社会文化的各个领域也都实现了资源的网络化生存与发展。传统的健身房模式下，教练是健身信息的权威来源，如果想要得到健身方面的指导和教学，客户需要花钱购买。然而，社交媒介的出现为健身人群提供了更加低成本的健身资源获取方式，并且社交媒介中的健身资源种类丰富、内容翔实，为工作、学习、生活繁忙的青年群体带来了健身激情。

> 以前在健身房运动还要买课，一年下来花费不少，我却不经常去，充到卡里的钱都浪费了，在网上找一些免费的资源自己练其实也是一样的，而且现在网上的健身视频和健身贴子对各种运动分析得挺透彻的，不过有些人是喜欢健身房的氛围，反正我现在是觉得网上找资源既方便又节省时间。（E01 - M - 23）

"免费"的健身资源降低了健身的门槛，提供了多元的健身方案，互联网求助相比健身房的课程买入成为青年群体的更优选择。当人们的健身移动到线上，UGC（用户生成内容）模式的健身内容生产、商业催动下的健身 App 以及健身"红人"等提供了多元化的健身场景。人们通过在社交媒介之间的切换实现健身场景的转变，瘦腿、瘦肚子、瘦肩颈等不同的健身频道为人们提供了丰富多元的健身选择。

> 健身的时候我喜欢看直播，有时候这个练累了，就去其他直播间看看，练会儿腿，练会儿腰，全面发展嘛。（E15 - W - 27）
> 我加入了跑步和健身操的微博"超话"，因为我最常做的就是这两种运动，经常会去"超话"里看看大家最近都在练什么，我还会经常"打卡"，跑完步就在跑步"超话"里"打卡"，跳完操就在健身操"超话"里分享一下。（E08 - M - 24）

社交媒介中丰富的健身资源将青年健身活动吸引到线上，建构了多样的健身场景，为青年群体的健身提供选择。青年群体根据自己的兴趣爱好和健身需求，畅游在不同的健身场景中，通过手指间的滑动，就能轻松实现健身场景的转变。网络化的资源为人们搭建了各种健身空间，在社交媒介中形成了多样的健身场景，人们根据当下的心情和喜好进入不同的健身空间，进行贴合其具体场景的身体展演，健身直播的切换成为最生动直观的写照。在健身资源网络化的情况下，人们逐渐依赖社交媒介来寻找健身信息，不同的健身信息建构了不同的健身场景，线上健身既成为潮流，又成为健身房的有效替代，还成为社交媒介中一道亮眼的景观。

（三）运动社交化：活跃的健身氛围

人的本质是一切社会关系的总和。人具有社交需求，会为了满足生理的、社交的、认同的和实际的需求进行面对面交流和媒介交流。社交媒介时代，虽然人们表面上朋友变多、联系变强了，但人与人之间的深层交流缺少了，人们之间的亲密关系变得疏离，很多人希望在虚拟社交圈中获得存在感，或者通过运动社交形式寻找新的认同①。社交媒介的出现使健身活动移动到线上，并且将健身人群联系在一起，形成各种主题的网络社群，健身在社交媒介的沟通下形成了其社交性，人们于屏幕之中寻求情感的慰藉和社交共鸣。

以微博、微信为代表的社交媒介平台中有众多健身社群，人们就"健身"这一话题自愿聚集，在社群中分享自己的健身日常、寻求高效的健身策略、吐槽健身中的琐事，打造热闹的健身交流公共区域。这种"一起来，更快乐"的氛围吸引了孤独的青年群体，加入或组建健身社群成为其健身过程中的必要环节。疫情防控期间，人们不再满足于安静、沉寂的健身以及单一的身体交流方式，而是更倾向在社交媒介上寻找群体的归属和社交的温暖。刘畊宏的直播健身很好地诠释了青年健身的媒介化社交需求。直播间中刘畊宏和"粉丝"在"腰间的赘肉咔咔掉，人鱼线马甲线我想要"的口号中使彼此的情感同频共振，建立了情感联系。同时，他不断强调"刘畊宏女孩"这一"粉丝"标签，让这种直播间的沟通延续到其他社交媒介平台，这种狂欢的氛围消除了青年群体的孤独与隔阂。

> 每天晚上 7 点半我都会在微信上叫减肥的姐妹一起去直播间，等着直播开始很像小时候等着看电视，看到视频里有很多人一起运动，大家喊着相同的口号，像朋友一样奔着共同的目标，这种氛围其实还挺鼓舞人的，刘畊宏老师的口号也让我感觉特别亲切、有趣，所以健身的时候会更有活力。（E11 - W - 20）

直播健身引领下的火热的全民运动氛围逐渐使更多的人加入，轻松有趣的氛围、群体归属感的营造以及各种话题，让青年群体拼命追赶着网络"大 V"、健身达人，迷失在这场健身的狂欢之中。

---

① 王茜：《社交化、认同与在场感：运动健身类 App 用户的使用动机与行为研究》，《现代传播—中国传媒大学学报》2018 年第 12 期。

　　我开始健身是因为在微博上一直看到相关的"热搜"，身边的人也都在说"谁能拒绝一首完整的《本草纲目》呢?""周杰伦没想到《本草纲目》是首健身操的歌"，这些"梗"我一开始听不懂，然后就去刘畊宏抖音直播间看了一眼，发现还挺有意思的，没事也会跟着跳。(E02-M-24)

　　轻松幽默的话题互动成为青年群体线上健身的又一吸引力，网络"热梗"的强传播力吸引了更多青年加入线上健身。相比健身房刻苦专心的健身体验，线上健身有着不可忽视的游戏色彩，削弱了传统健身的强制性，使青年群体获得了自由且有趣的健身体验。在众人聚集的直播间，青年群体通过"你一言、我一语"的互动获得从未有过的新奇体验，这也成为青年群体健身实践依赖社交媒介的生动写照。

二　表征形态：健身实践如何依赖社交媒介

　　身处"培养皿"般的媒介化环境中，青年群体的社交实践无不带有媒介化色彩。健身作为青年社会生活的重要部分，是探究其社交媒介依赖的必要研究部分，知悉青年群体健身实践的社交媒介依赖中隐匿的端由，是反思这一现象从而提出建设性意见的关键一步。因此，本部分从习惯、仪式和情感3个方面来对青年群体健身实践的社交媒介依赖做出原因分析。

（一）习惯嵌入：技术驱动、社会规范与制度色彩

　　皮埃尔·布尔迪厄（Pierre Bourdieu）曾经提到"习性"的概念，提醒人们行为者有其成长的历史，是个体经历和环境教育的产物，也是集体历史的产物[①]。行为者的思想类别、知性类别、价值体系等皆被社会结构影响。习惯是深刻存在于行为者的性情倾向系统中的，是完全从实践操持的意义来说的。当一种事物或者思想成为制度化的存在，融进生活中的每一个场景，人们日常生活的相关实践都是由此出发，或可以使用习惯这一

---

　　① 皮埃尔·布尔迪厄、罗杰·夏蒂埃:《社会学家与历史学家:布尔迪厄与夏蒂埃对话录》，马胜利译，北京大学出版社，2012。

概念。习惯是一种无形的"积淀状态",它寄存在身体内部,当遇到合适的场景时就会被激发,当行动者的习惯适应了他所踏入的场域时,习惯会指引他游刃有余地应对这个世界,就像"理所应当""适得其所"的感觉①。具体到所谈内容,青年群体由于时代的特殊性,在社会化的过程中潜移默化地接受社交媒介技术,工作时自然地想到办公软件;学习时自然地想起腾讯会议和钉钉;健身时自然地想起Keep。青年群体对生活媒介化的接受和依赖源于其早期的社会化经历,这既是一种历史产物,也是行动者历史经验的积淀。青年群体在历史经验的积淀中,形成群体的思维模式和实践特征,利用对社交媒介技术的高接受度在互联网络世界建立了常态化"数字身体",并通过虚拟的"数字身体"进行社会交往。

首先,社交媒介技术是当代青年群体媒介化交往习惯形成的先导。互联网络的架构、各类App的开发、虚拟社群的形成等都以社交媒介技术为基础,社交媒介技术为我们架构了一个虚拟的活动交往空间,使人们的日常生活延伸到虚拟世界,久而久之,人们对网络世界的接受程度就像进食饮水,网络已经成为现实世界的基础设施,对媒介化接受程度较高的青年群体在日常生活中产生对社交媒介的依赖也变得理所应当。

现在大家都在用社交媒介啊,不是说技术改变生活嘛,就像那个微信运动,以前哪有这么高级,还能看到自己的步数排名这些东西,既然有这么方便的东西,为啥不用。说健身依赖社交媒介,那如果没有这些技术,我们也没法依赖啊。(E10-W-23)

受访者提到的微信运动通过感知技术发布用户每日的行走步数,并且以步数的多少进行排名。跑步是健身运动的重要组成部分,传统的跑步并不与社交、媒介紧密相关,但在社交媒介技术和社交理念的支持下,这一健身运动得以通过社交媒介以量化的形式呈现,并且发展出了社交平台和社群,用户会借助这些社交平台和社群的社交功能对自己的步数进行展示。由此可见,技术在青年群体社交媒介使用习惯的形成中成为基本的助推力,而较易形成社交媒介使用习惯的也正是青年群体。他们的社会角色

---

① 张健涛:《"场域——惯习"视域下福州市夜跑运动参与群体的社会学研究》,硕士学位论文,福建师范大学,2018。

决定了其与技术社会的高度融合，把移动手机时刻带在身边几乎是青年群体的独有特征，青年群体身体的数字化程度是技术对其历史生活经历形塑的结果。青年群体与社会的高度融合使得技术完成对其实践习惯的塑造，而习惯是增强社交媒介黏性的重要因素。健身作为青年群体日常生活的重要组成部分，成为其社交媒介依赖的重要表现领域。同时，在技术的再现下，健身成为一种时尚，成为一种与阶级身份相关的活动，成为一种精神商品。这些都促使青年群体依赖社交媒介进行健身活动，标榜自身的时尚风格、身份以及精神富余状态。

其次，社交媒介具有的社会规范功能是习惯形成的另一重要原因。在媒介化的社会背景下，人们对生活方式的选择越来越受到社交媒介的影响。社交媒介并非仅通过提供专业的健身知识来吸引人们依赖其进行健身，也通过营造一种身边人都在线上健身的社会氛围来激发人们对社交媒介的依赖。这种氛围形成了影响受众健身方式的机制——社会行为规范。社会行为规范理论指出，社会行为规范是影响人们行为的重要因素，特别是在"集体主义"盛行的中国，社会行为规范对人们生活方式的影响和习惯的培养是非常重要的[①]。当越来越多的好友在微信朋友圈"晒"出自己的健身成果和运动状态时，人们就会产生比较心理，促使其在健身时使用社交媒介，此时社交媒介就影响或规范了人们的健身方式。

> 我微信朋友圈里的人健完身都喜欢"晒"，我平时用 Keep 的时候也会在它那个社区里面"晒"，感觉都成为习惯了，就像"打卡"一样，健完身如果不"晒"一下，总觉得少了点啥，而且如果不发微信朋友圈，不发帖子总感觉很不合群，好像自己偷偷"内卷"一样，大家一起玩才有意思。（E08 - M - 24）
>
> 我就是喜欢"晒"啊，练得这么累，"晒"出来多有成就感，独乐乐不如众乐乐。好不容易练出的肌肉，不分享可惜了，再说现在大家都在微信朋友圈发，还能一起交流健身经验。（E13 - W - 29）

在微信朋友圈和其他社交媒介平台展示自己的健身成果成为青年群体

---

① 刘双庆、芮牮：《社交媒体接触对用户运动规范感知与健身意向影响机制研究》，《新闻记者》2021 年第 6 期。

交流的重要途径和实践习惯，这种"晒"健身成果的行为是社交媒介所规范的"线上互动、展示自我"的"规则"。在被社交媒介所规范的健身场域中，遵守"规则"是青年群体在健身活动中与他人进行互动、获得集体感和融入感的前提。社交媒介本身所具有的社会规范性为健身活动植入了社交媒介的概念，通过其在生活中的必要性在青年群体的健身活动中产生潜移默化的依赖性。通过微博、微信、健身 App 等社交媒介寻求健身信息、制定健身计划、检验健身成效、分享健身成果等几乎成为青年群体约定俗成的健身方式，这是社交媒介通过社会规范功能在健身中植入其逻辑的结果。

最后，媒介存在的制度色彩促成习惯存在。施蒂格·夏瓦认为："媒介融入其他社会制度与文化领域的运作中，同时其自身也成为相应的制度。"① 媒介在社会和文化领域以制度形式存在，形塑着媒介化时代人们的社交实践，使得依赖社交媒介进行交往成为制度话语下的应然。制度本身融合了强制性、规范性、约束性的话语方式，加之在媒介成为制度的语境下所形成的社交媒介对社会各个领域的渗透，使得作为社会实践的健身活动与社交媒介的紧密结合成为常态。因此，青年群体健身实践顺理成章地对社交媒介产生依赖。在健身领域积极适应这种制度化变革的背景下，青年群体在健身过程中不可避免地与社交媒介进行接触，离开社交媒介似乎会与健身的最新信息"绝缘"，无法在健身领域进行社会化交往。

> 现在健身都在网上找一些教程，要不然怎么知道什么方案最适合自己，这个东西也没法自己摸索，网上多方便，大家都从网上找经验，有时候也会跟着网上很火的一些健身视频来练，如很流行的跳绳，抖音、微博上很多人都说跳绳是最快的减肥方法，还有一些健身的博主，像刘畊宏、周六野、帕梅拉，我有时候就随机选择，这个练累了就跟另一个，反正这些健身博主都还挺多"粉丝"的，还是挺靠谱的，他们说的方法跟完之后也觉得挺"暴汗"的。(E11－W－20)

当媒介以制度形式融入人们的生活领域时，从社交媒介中寻找健身信

① 彭秀祝：《"雕刻身体"：青年健身群体的身体实践与情感体验》，《中国青年研究》2020年第 3 期。

息便成为青年群体的习惯。社交媒介成为人们生活中必不可少的生存工具，人们借由社交媒介适应时代的步伐、完成自身的社会化。对于青年群体来说，嵌入制度色彩的社交媒介是其获取健身信息、跟随健身潮流的必要手段，也是通过健身进行社会交往的必然途径。在社交媒介没有出现前，趣缘社群通过人际传播聚集，而在人口分散的城市，社交媒介成为人们寻求互动的途径，如"健身打卡交流群"的出现，其同样以媒介通过制度形式融入人们的日常生活为前提。因此，任何社会实践都离不开社会制度的框架且深受制度环境的影响。对于青年群体来说，他们的健身活动受到以制度形式存在的媒介的影响，在"无社交，不健身"的时代中对社交媒介产生依赖。

（二）仪式嵌入：健身"打卡"与象征消费

健身是一种"身体实践"，身体既不是一种物质的存在，也不是心灵的存在，而是身心统一体，就其本质而言，它是一种表达空间①。行为主体的情感、记忆在健身过程中借由身体传达。社交媒介的出现为虚拟身体的展演提供了空间，投射到网络空间中的健身举行着价值和情感传递的仪式。青年群体通过社交媒介健身，可以被理解为一种媒介仪式，是具有表征意义的社会实践活动。美国传播学者詹姆斯·W. 凯瑞（James W. Carey）提出了 2 种传播研究观念：一是传播的传递观，二是传播的仪式观。他认为传播的"仪式观"并不指信息的传递分享行为，而是共享信仰的表征②。青年群体在用社交媒介进行健身实践，并不单纯是对身体健康信息的传递，而是隐喻着自律、阳光等超越身体本身意义的思想，这契合了詹姆斯·凯瑞强调的传播活动中存在的隐喻。寻求健康的身体并不单独成为青年群体健身时依赖社交媒介的原因，媒介仪式所伴随的思想、价值和情感的传递是更为根本的因由。下面探讨青年群体健身过程中的两种具有代表性的仪式行为：健身"打卡"和象征消费。"打卡"行为把健身内容转换成一种互动仪式，青年群体在该仪式中获得他人的肯定，并形成后续"打卡"行为的内驱力。对健身课程、健身菜单和健身装备等社交媒介宣扬的健

---

① 施蒂格·夏瓦：《文化与社会的媒介化》，刘君、李鑫、漆俊邑译，复旦大学出版社，2018。

② 詹姆斯·W. 凯瑞：《作为文化的传播》，丁未译，华夏出版社，2005。

身"必需品"的消费，是需要完成的健身前的准备仪式。媒介仪式具有强大的整合能力，通过精神的传递创造仪式景观，增强青年群体对社交媒介的使用黏性，同时这种流连于仪式的行为遮蔽了健身本来的目的。

一方面，"打卡"行为是青年健身过程中具有仪式感的举动。社交媒介在缩小人与人之间距离的同时，也产生了很多新的社会行为，其中就包括健身"打卡"。健身"打卡"是人们利用社交媒体发布"打卡"消息、展示自己运动成果的行为。青年群体借助网络将个体行为置于群体视野下，通过分享自己的运动步数、坚持时长、健身成绩来完成"打卡"仪式。青年群体的健身"打卡"行为作为其身体的实践展演能够起到激励和监督的作用，实现生活仪式感的满足，同时将个体与群体进行社交连接。社交媒介基于兴趣将健身人群聚集在微信健身"打卡"群、微博健身"打卡"社区、健身 App 社区等趣缘社群中，青年群体在其中的分享"打卡"能够把自己的健身成果展示在群体之中，既有自我监督之意，也有得到他人注视后形成约束力的效果。

　　　　我在健身的时候经常"打卡"，有时候自己在微博上打，有时候在我加入的微信"打卡"群里打，"打卡"这种事情其实还挺有仪式感的，就像一个记录本，记录你每天的努力。（E05 - M - 18）
　　　　"打卡"像是一种潜在的约束，保证我能够完成制定好的计划，获得大家的认可，看到有人说"哇！你坚持了好久，你好牛！"这些话，还是很骄傲和开心的，而且健完身"打卡"也不费事，就有一种一步一步完成计划的成就感。（E02 - M - 24）

健身"打卡"的仪式感体验既体现在通过分享日常健身成果中，又体现在分享内容的数字呈现中。例如，利用微信的"接龙"功能发起的具有强烈仪式感的群体"打卡"活动，包括"'撸铁练背'37 分钟""跑步'打卡'9.25 公里""燃脂运动 13 分钟"等。参与这些通常由数字展示的"打卡"仪式本意为身体自律，但无形中存在比较与竞争，从而产生外部力量的约束。比起老一代，青年群体更乐于享受生活，喜爱标榜身份，对生活质量有一定的追求。健身作为一种具有精致生活气息的活动，受到青年群体的欢迎，健身"打卡"成为其实现生活仪式感、追求健康精致生活的手段。微博运动"打卡超话"中类似"2022.6.17 健身打卡，40 分钟搏击，运动后补充蛋白质，迎接美好周末""小基数跳绳，98 斤减到 91 斤，看到太阳升起就是很开心的一件事""Day35 不间断运动打卡"的发言体现了健康精致、积极向上的生活气息。青年群体通过具有仪式感的打卡行为提升生活满足感、寻找生活的乐趣。青年群体同样通过"打卡"行为来连接个体与群体，借助这一仪式产生共同体。正如爱弥尔·涂尔干（Emile Durkheim）对仪式的解释——"仪式首先是社会群体定期重新巩固自身的手段"①。社交媒介将喜爱健身的群体聚集在一起，共同见证运动的仪式，青年群体在健身"打卡"的仪式中获得群体的归属感、精致生活的满足感以及健康自律的上进心。但是我们也要意识到，健身"打卡"过程中必然存在形式主义，有人会为了获得虚假的满足而进行例行"打卡"，这同时是青年群体依赖社交媒介进行健身实践的异化原因之一。

另一方面，青年群体在健身过程中陷入消费带来的仪式感。社交媒介的发展为消费理念的宣扬提供了广阔的平台，商业逻辑也早已嵌入社交媒介，加快了健身等各个领域的物化进程。不同于传统的自然态健身，在消费主义流行的当下，人们为健身买单已经屡见不鲜，这种行为甚至成为健身的必要准备。消费在健身发展历程中的从无到有不仅是消费社会所带来的观念变革，对仪式感的追求也是其中不可缺少的原因。青年群体通过消费来满足健身过程中的仪式感需求，"先买健身设备再健身"的逻辑被植入头脑。仪式作为体现社会互动特征的符号表达，对个体行为具有重要的驱动作用，而青年健身群体在社交媒介中的交往和社交媒介对消费欲的激发，构成健身、消费仪式之间的内在联系。

> 我健身时会去 B 站找能够练出马甲线、消除斜方肌的教程视频，看到博主那么好的身材，就会被博主用的健身器材吸引，然后留言区也会有很多人要链接，就算有时候有点贵，想想能变美也忍了，跳绳、瑜伽垫、形体棍、瘦腿"神器"这些流行过的健身器材我都买过，买回来其实也没用多久，图个心理安慰罢了。（E09 – W – 24）

青年群体通过这些健身设备的消费，为后续的健身准备了一个盛大的仪式，获得了健身过程中的初步满足。健身消费理念的催生地——社交媒

---

① 爱弥尔·涂尔干：《宗教生活的基本形式》，渠东、汲喆译，商务印书馆，2011。

介，也成为仪式展演的重要场地，增强了青年群体健身时对社交媒介的依赖。随着健身成为产业，消费在其中越来越占据重要地位，以健身 App Keep 为例，其作为一个社交场域，在植入商业理念后，引导用户为健身买单成为其主要目标，"大体重减脂课程""即食鸡胸肉""露趾瑜伽袜""智能计数跳绳"等商品的售卖无疑拉动了健身消费增长。青年群体在消费的过程中完成了对"健康""积极""自律"等符号意义的展演，这些具有符号意义的产品为健身消费者在社交媒介中的仪式展演提供基础。在Keep 的商品评论区可见青年群体对仪式的追求，"跳绳颜值满分，希望你能让我好好瘦下去""鸡胸肉买回来了，希望能瘦"等无不体现着社交媒介宣扬的消费理念对青年群体的渗透，购买健身相关产品成为"瘦下去"的准备仪式。媒介仪式和符号消费使青年群体的自我呈现走向异化，导致人的主体性消解，对于这种畸形的表达，我们要予以警惕，这是规避被技术控制的风险的必要手段。

（三）情感嵌入：自我表达、社群归属和偶像崇拜

情感作为行为的内在导向，影响着青年群体的实践行为，青年群体在社交媒介中获得的情感体验在很大程度上作用于其所从事的社会活动之中。当媒介逻辑渗透至人们的健身活动之中，社交媒介便成为人们健身过程中的重要实践工具。社交媒介对健身从自然态到媒介态的改造，构建了新的健身实践模式，即社交媒介依赖的健身习惯。健身实践模式的转变基于情感导向，青年群体健身实践的社交媒介依赖既是一种行为习惯，也是一种情感偏向。社交媒介在青年群体健身实践中提供的情感价值是其产生社交媒介依赖的重要原因。一方面，社交媒介为青年群体提供的自我展示的满足感成为青年群体健身实践的精神依托。社交媒介对人际关系的扩展使青年群体的健身成果分享由传统的人际传播发展到人际传播与大众传播相结合，使青年群体在社交媒介中获得更多的注视，满足其分享欲与成就感。另一方面，社交媒介本身具备强互动性，青年群体从传统健身房的"点头之交"到社交媒介中的"畅所欲言"，释放出比现实生活中更多的交往热情，社交媒介的社群属性使具有相同兴趣和目标的人聚集在一起，青年群体加入与自己健身目标相契合的健身社群，容易与之产生情感的联系。除此之外，偶像崇拜是青年群体社交媒介依赖的另一情感因素。依托社交媒介而存在的健身偶像为青年群体提供了理想的健身目标以及充满激情的健身氛围，青年群体对健身偶像的崇拜增强了其与社交媒介之间的黏性。在"饭圈"的媒介化时代，社交媒介为青年群体提供了寄托情感的健身偶像，加剧了青年群体对社交媒介的依赖。因此，在社交媒介介入现代青年群体的健身领域之后，青年群体健身模式的转变映射着三个方面的情感取向：一是社交媒介为青年群体带来了呈现自我的满足感；二是社交媒介加强了青年群体的社群归属感；三是社交媒介中的健身偶像强化了青年群体的情感依赖。

首先，社交媒介为青年群体提供分享自我的平台，因此带来的成就感和满足感是青年群体产生情感依赖的原因之一。在孤独情绪普遍蔓延以及现实中人际关系弱化的现代社会，青年群体的分享欲被社交媒介所提供的空间所满足，他们通过文字、图片、视频的展示来获得关注。当社交媒介的使用蔓延到健身领域并与之产生紧密关联时，"晒"这一行为已经成为青年群体在健身实践中取得成就感的社交媒介手段。

> 我喜欢在微博、微信朋友圈这些平台上"晒"我的健身照，因为想要展示更好的自我，塑造一个健康、阳光的男孩形象，会令我感到开心、有成就感。（E01 - M - 23）
>
> 最近健身非常有成果，瘦了好几斤，当然要发发美照，记录一下我努力健身的成效，而且我社交媒介平台的"粉丝"还挺多的，他们会使劲夸我，让我感觉非常开心。（E11 - W - 20）

青年群体通过社交媒介展示自己的健身成果，分享这些健身成果不仅是为了记录生活，而且隐含一定程度的炫耀性质。青年群体通过"晒"这一行为在熟人社交圈或者大众社交圈构建"自律""阳光""健康"的形象，在"晒"的过程中，青年群体会对自身的健身成果有着数字化的直观感受，"跳绳2000个""慢跑5公里""跳操30分钟"这些明确的数字把健身成果精准量化，使青年群体首先在自我传播中获得成就感。随后的点赞、评论和转发是青年群体获得满足感的最广来源。社交媒介使个人的健身成果面向大众进行传播，在社交的过程中得到他人的肯定，圆满完成在社交媒介中的"表演"，青年群体由此得到建构自我的满足感。乔治·赫伯特·米德（George Herbert Mead）的"主我与客我理论"为"晒"这一行为做出了解释，"主我"是由行为反应表现出来的形式，"客我"则是他人的社会评价和社会期待，在互动中两者不断形成新的自我。而青年群体在社交媒介中的"晒"图、"晒"运动轨迹、"晒"坚持时长的行为正是"主我"与"客我"互动的典型表现。又如欧文·戈夫曼提出的拟剧理论，他认为人们为了符合他人的期望，需要进行"印象管理"①。当身体已经成为身份、地位的象征，在社交媒介上"晒"出自己的健身成果，以自我身体的展示为载体进行形象管理，成为青年群体获得赞赏、得到满足的重要途径。因此，通过自我表达和自我正面形象的建构所获得的成就感和满足感是青年群体健身实践社交媒介依赖的情感因素之一。

其次，青年群体在网络社群中体会的归属感是其健身实践社交媒介依赖的情感依归。美国学者霍华德·莱茵戈德（Howard Rheingold）提出"虚拟社群"（virtual community）的概念，即指借由互联网连接突破地域限制的人们彼此交流沟通、分享信息与知识、形成相近爱好与情感共鸣的特殊关系网络。社交媒介的出现为热爱健身的青年群体提供了一个健身社群，健身信息的传播、健身文化的交流以及健身兴趣的分享在其中得以实现。健身社群中的成员能够围绕健身重新建构自己的虚拟形象，找到志同道合的健身友人，体会"一起健身，共同进步"的快乐。

> 我有微信的健身群，名字叫"健身打卡交流群"，有两三百个成员，主要是因为我自己自律性不够，需要有人监督我，群里每天都有人在发言，有时候互相吹捧一下，有时候大家讨论健身的一些问题，我们群里的氛围挺好的。（E04 - M - 30）
>
> 我喜欢在微博的健身"超话"里分享一些我的健身日常，"超话"里还规定不能发有误导性的减肥健身内容，挺积极向上的，看到大家都这么有活力，自己健身也有劲。（E06 - M - 27）

此外，健身社群一般依据运动类别划分。以 Keep 中的"社区"板块为例，社区中存在不同类型的"圈子"，包括"我要马甲线""跑步爱好者""瘦腿联盟"以及各个城市的"同城圈"，人们根据不同的健身目标或所属地进入不同的"圈子"，讨论相关的话题。

---

① 欧文·戈夫曼：《日常生活中的自我呈现》，冯钢译，北京大学出版社，2008。

　　跑步是我最喜欢的健身方式，我又喜欢用 Keep 记录自己，所以我就加了里面的"跑步爱好者"群，大家一起讨论跑步心得，分享自己的跑步生活。（E05 - M - 18）

　　腿粗真的是我的"致命点"，感觉平时见到的女孩的腿都又直又细。但是在我们"瘦腿联盟"里，大家都有这个问题，这让我感觉终于找到"家人"了。（E12 - W - 24）

　　青年群体在社交媒介中找到与自己"同病相怜"或有共同目标的群体，属性相同使青年群体在健身社群中产生亲切感，从而增进归属感。并且，健身社群中聚集了健身经验丰富的成员，为青年群体寻找正确高效的健身信息、制定合理健康的健身计划提供了帮助。在健身社群中简单地发问或搜索就会有不同的建议和方案可以选择，这是青年群体在繁忙的学习和工作中节省信息整理时间的便捷途径。"救救孩子！怎么在短时间内瘦腿？""有在海淀万柳附近一起锻炼的吗？""求助，有氧和跑步哪个效果好？"这些健身求助和健身邀约促进了健身社群中信息的流通和社群成员的互动。青年群体由于健身社群中便利的信息获取以及互动交流产生更深层次的社交媒介依赖。健身社群中聚集了一群有相同目标的健身爱好者，健康向上的群体氛围加强了成员之间的情感连接。健身需要坚持，健身社群成员相互打气鼓励成为青年群体健身的助推剂。"加油""再接再厉""坚持下去""练得可以啊"成为健身社群中的常见话语，成员之间的相互鼓励和帮助增强了青年群体对健身社群的情感黏性，健身社群的温暖氛围缓解了现实生活中的孤独情绪，强化了青年群体的社群归属感。具有相同目标和共同爱好的健身群体、便利的信息获取途径、积极健康的氛围共同增强了青年群体对社群的归属感。

　　最后，青年实践对健身偶像的崇拜是产生社交媒介依赖的又一情感因素。社交媒介的发展催生了各个领域的偶像，也推动了"粉丝"文化在青年群体中的盛行。随着全民健身时代的到来，健身成为一种引领潮流的时尚活动，一部分具备科学高效健身方式以及显著健身成果的人成为健身领域的偶像，他们拥有庞大的"粉丝"群体。"粉丝"与偶像之间存在情感的连接，"粉丝"把偶像看作理想自我的映射，通过对偶像的追随来幻想渴望中的形象。健身偶像的媒介化存在强化了青年"粉丝"与社交媒介之间的联系。在短视频技术的支撑下，出现了直播健身的风潮，涌现了一批如刘畊宏、帕梅拉、周六野等健身偶像，引领了全民健身的热潮，"竖屏健身"成为新的时尚潮流。

> 我平时很爱跟着健身博主一起跳操，如周六野、刘畊宏，我还加了他们的微博"粉丝"群，周六野是很积极独立的女性健身博主，跟着她会变得越来越接纳自己，我也很愿意尝试刘畊宏这种新颖的直播健身形式，他很专业，人也很随和，而且还会不断鼓励你，有个喜欢的健身博主真的会让整个健身过程变得很享受。（E14－W－32）

受访者谈到的健身博主刘畊宏，在抖音拥有几千万名"粉丝"，出现了"刘畊宏女孩"这一代表性"粉丝"群体。直播间中刘畊宏自创的"本草纲目""龙拳""牛仔很忙"等健身操在青年群体中广为传播。打开直播跟随刘畊宏健身似乎已经成为"刘畊宏女孩"的每日必备课程，直播间中偶像的热情呼吁、完美身体形象的展示、具有趣味性的调侃、弹幕之间的互动、健身知识的耐心讲解等强化了"粉丝"对偶像的情感依赖，并吸引更多的"粉丝"加入健身偶像的"粉丝"群。"粉丝"同样属于网络中的趣缘社群，青年群体对偶像的喜爱和崇拜成为其每天坚持健身的情感动力。反过来，也正是由于青年群体拥有健身目标，才对健身偶像产生喜爱和崇拜，从而选择在社交媒介中跟随偶像完成健身。除此之外，疫情防控期间人们的活动范围受到限制，居家成为常态，在疫情带来的健康焦虑和社交空缺中，直播健身为青年群体带来了活力与希望，从而使他们逐渐对健身偶像产生情感依赖。总之，直播健身和健身偶像促进了青年群体健身实践的媒介化，"粉丝"与偶像之间的情感连接是增强青年群体健身实践社交媒介依赖的重要因素。

三　效果透视：健身实践的社交媒介依赖影响

社交媒介依赖是青年群体的普遍症状，健身作为其中的典型实践，在为青年群体带来信息获取的方便、分享欲的满足、情感的寄托等正面影响的同时，也存在不可忽视的负面作用。社交媒介对身体审美的塑造约束着青年群体的健身实践，作为"身体焦虑"的产生地，社交媒介同时在加剧着身体竞争，从而促进了健身的异化。

（一）被建构的身体观：社交媒介约束身体实践

社交媒介的发展构建着不同时代背景下的身体观念。人类社会早期，由于打猎捕食、生存战斗的需要，强健的体魄是人们追求的目标，高大威猛成为当时的健身审美理念。农业社会时期，这种身体观被延续下来，劳动成为建构身体价值的基础。在工业社会中，劳动分工划分社会阶层，人们更多地用身体表达对高层生活的向往。当社交媒介不断发展，医学健康观念逐渐深入身体建构的过程，人们开始追求以科学为指标的健康身体。然而，人们在健身过程中对社交媒介的工具性使用在某种程度上约束着身体实践，这种约束来源于社交媒介对身体审美的限制以及商业逻辑对健身主体的规训。

社交媒介的使用重塑着身体审美观念，使得现代社会中身体审美的内涵转变为"实用功能淡出之后对于身体的外观、视觉效果、观赏价值以及消费价值的突出强调"[1]。社交媒介对于身体审美进行着类似"打标签"的活动，"瘦"成为当下社交媒介为身体审美植入的最重要标签。

> 我健身就是了减肥，如果很胖，夏天怎么穿裙子？苗条的身材谁都想拥有，而且我还有腿粗、肩宽的问题，要跟着一些健身博主学习塑性。（E15 - W - 27）
>
> 网上一刷全都是美女，让我感觉"自卑"，所以得好好健身，早点瘦下来。每天健身完，我都要上称称一下，体重下降就是我健身的最大动力。（E09 - W - 24）

社交媒介中流行的"漫画腿""A4腰""直角肩"等逐渐成为青年群体的健身追求。这些理念在青年群体的网络互动中被不断植入，从而使青年群体根据社交媒介宣扬的身体审美来修正自身，以获得他人的关注和认同。同时，新闻媒体经常出现关于减肥过度导致营养不良、节食过度被送往医院的报道，这些按照社交媒介的身体审美苛刻要求自己、迫切想要达到"完美"身材的健身者成为社交媒介所制定的审美标准下的"牺牲品"。

---

[1] 陶东风：《消费文化中的身体》，《贵州社会科学》2007年第11期。

这种畸形的审美标准被网络大肆宣传，更进一步诱导以社交媒介为健身工具的青年群体。

> 跟着直播跳操的时候，主播会不停地喊口号激励我们，像刘畊宏经常说的"腰间赘肉咔咔掉，人鱼线马甲线我想要"，听到这些感觉练起来都有劲了。不过有时候听到这些自己也会焦虑，毕竟拥有好身材哪有喊喊口号这么容易。（E10－W－23）

这些健身口号在社交媒介中贩卖着焦虑，在某种角度成为建构不良审美标准的助推手。在社交媒介的包容性推动社会文化多元发展的同时，各类错误信息也因此泛滥，违背身体结构与运动科学的信息比比皆是，致使依靠社交媒介寻找健身信息的青年群体受到误导。青年群体健身实践的社交媒介依赖使其受到网络信息的全方位包围，社交媒介塑造的身体审美潜移默化地进入青年群体的健身实践，使其健身实践流连于审美层面，却忽略了对力量美的追寻。总之，我们不否认社交媒介为健身领域带来的活力以及对全民健身运动的助推作用，青年群体在利用社交媒介进行健身实践的过程中，得到了自我表达的满足和群体互动的归属，社交媒介为构建健康社会和活力青年助力。但社交媒介依旧存在塑造畸形审美标准以及传播错误健身信息的嫌疑，使得青年群体在依赖社交媒介进行健身实践的情况下有错误健身取向的风险。

商业逻辑对社交媒介的入侵，带来了消费主义的身体观，各类健身平台遵循消费主义构建身体审美标准，是身体审美异化的内在经济归因。让·波德里亚认为"消费社会中，身体实践是商业化逻辑运作下的可见符号的开发，身体受到社会编码规则及与其标准相联系的工具约束，作为交换符号的载体，是'心理所拥有的、操纵的消费的那些物品中最美丽的一个"①。在青年群体健身实践社交媒介依赖的现状下，消费主义必然不会放过这样一个物化健身实践并使其转换成为交换符号的机会。在此种情况下出现的异化身体观形塑着青年群体的健身理念以及健身方式，同时约束着他们的健身实践。换言之，青年群体长期沉浸在充满商业气息的社交媒介中，他们的健身实践在消费主义塑造的身体审美中得到规训，从而顺从消

① 让·波德里亚：《消费社会》，刘成富、全志钢译，南京大学出版社，2001。

费主义所制定的健身要求,无形之中改变了健身形式,并且形成习惯。跑步加入智能穿戴设备的辅助,体操加入健身直播的辅助等情况融合了消费、娱乐、社交等正在改变健身应有之义的元素。因此,青年群体易陷入消费主义提前准备的"圈套",审美层次的单一化、健身过程的物质化都是商业逻辑借由社交媒介为健身植入的内涵。故而,社交媒介以及嵌入社交媒介的消费主义所建构的身体观限制着青年群体的审美层次,使其囿于对身体观赏价值的追寻,从而约束着青年群体的身体实践。

(二) 比较与异化:社交媒介引发身体竞争

随着消费主义的盛行,身体对于职业、社会地位越来越重要,人们越来越焦虑于自己的身材管理。健身作为一种独特的消费实践,促使实践者在追求地位区分的同时实践着新的自我规训,迫使越来越多的人陷入形体维护的身体焦虑之中①。身体焦虑成为这个时代典型的社会景观,这种身体焦虑的景观在社交媒介的助推下进一步显现。社交媒介中呈现的"数字化身体"是青年群体身体焦虑的来源,精确的数值对身体的打量促使青年群体产生身体的比较心理。诚然,健身能够通过对身体的调节使青年群体达到更好的自我,是青年群体抱着追求大众审美的目标进行的运动,可以培养出自律、坚持等优秀品格,但是社交媒介通过放大身体焦虑,带来了健身领域的"晒文化","晒"不仅是一种自我表达、自我编码,也让青年群体存在比较心理。有学者指出,"'晒文化'下的自我认同建构方式呈现了'浅表化'趋势"②。在社交媒介过度宣传身体观赏价值的时代,出现了关于身体的畸形审美标准,青年群体不可避免地产生身体焦虑。在通过"晒"这一行为来缓解身体焦虑的同时,青年群体内在的比较性又反过来进一步加强青年群体的身体焦虑,催生了青年群体健身过程中的"竞争"行为,导致了青年群体健身以及社交行为的异化。

健身是一种长期化的运动,健身者需要花费时间和精力去感受健身带给自己的身体上的改变以及心理上的满足。社交媒介的出现打破了这一完整的过程,它通过社交功能大大缩短了健身带来的快乐周期,提前预支了

---

① 唐军、谢子龙:《移动互联时代的规训与区分——对健身实践的社会学考察》,《社会学研究》2019 年第 1 期。

② 闫方洁:《自媒体语境下的"晒文化"与当代青年自我认同的新范式》,《中国青年研究》2015 年第 6 期。

健身成果带来的满足。社交媒介中，青年群体能够通过他人的关注获得更加直观的心理体验。相比健身所需要的时间安排、身体状况以及付出的实际行动，"晒"这一单纯的社交行为具有明显的成本优势。由于社交媒介带来了低成本的满足感并引发了"晒文化"的潮流，青年群体在身体焦虑下开始被迫进行身体竞争，然后又形成更深程度的身体焦虑。

> 作为女生，减肥是一生的事业，虽然我平时偶尔也会自信，但是看到小红书、微博或者微信朋友圈美女照片的时候，还是会很焦虑，但是也很难动起来，最多一星期运动一两次，所以运动完之后我也会"P"图、发个美照。虽然"P"了图，但是看见别人点赞还是会很开心。（E12 – W –24）

青年群体陷入由社交媒介导致的身体焦虑中，为了更快地获得心理上的慰藉和满足，"晒"成为其便捷的快乐获取途径，当"晒"成为常态，人们就会陷入表层化的身体竞争之中。各式各样的修图软件调整着身材比例，也调整着健身的应有之义。健身被社交媒介转化为一场宏大的表演，符号代替了实践，图片代替了辛苦的健身过程，强壮的肌肉代表着力量和坚持不懈，社交媒介中的表演者甚至来不及感受健身原本的愉悦，更无暇顾及身体与心理的感受，表演和展示成为健身的最终目的。社交媒介使青年群体的健身产生一定程度的表象化，在图像与数字勾勒的健身图景中催生了青年群体的表层化竞争，造成更为严重的身体焦虑。如果说青年群体健身实践中的"晒文化"只是对社会审美标准的一种追求，是为了适应社会生存做出的选择，那么社交媒介中的数据排名等量化参考标准则让青年群体陷入功利化竞争的陷阱。

健身在社交媒介中展现了数字化身体交往的表征。运动步数排名、卡路里消耗量排名、运动时长排名等各种数据激发了青年群体的竞争意识。个体成绩在人际关系中进行比较，会凸显自身某些方面的不足，为了弥补这些不足，青年群体会开展以追求完美数字为目标的健身实践。高排名是对青年群体运动能力的一种肯定，在令人称赞的数字中，青年群体获得被瞩目的快感，这种快感在激发其运动积极性方面发挥作用。

> 我经常用 Keep 记录跑步数据，也会在晚上的时候看看微信运动

步数的排名，如果当天占领第 1 名的话，我还是有点小骄傲的。有的时候我健身完会频繁进入软件中去看排名的变化，关注一下是不是我的朋友们今天又"卷"起来了，所以我觉得排名这个东西还是会让人有依赖心理的。（E08 - M - 24）

与此同时，对成绩和数据的追求也会迫使健身者者采取过激的健身模式。在这场"数字身体"的竞赛中，无人在意这样的身体审美标准是否真正适合自己，完成"数字身体"在社交媒介上的完美建构、获得他人的点赞和认同，才是其最重要的目标。美国学者道格拉斯·凯尔纳（Douglas Kellner）有言，"如果说现代的认同性是围绕个人的职业、个人在公共领域里的功能这一中心转动的，那么，后现代的认同性的中心则是闲暇，注重的是外表、形象和消费的"①。当青年群体在社交媒介中追逐外表和形象的认同，竞争就必不可少。但是，究其根本，加强身体素质、养成自律的良好习惯是青年群体健身的题中之义。青年群体在依赖社交媒介健身时应该收获的是自我表达的满足感和社群聚集的归属感，通过社交媒介感受全民健身的氛围，营造积极向上的生活心态，而不是在浅表化的"晒"和"数字化"的竞争中对内施加压力，形成空洞的、无意义的身体竞争。

小　结

在媒介化渗透实践的当代社会，媒介对社会文化的影响改变着青年群体社会实践的广度和深度。社交媒介作为青年群体社会实践的主要路径，成为研究其健身运动的参照物。青年群体对社交媒介的使用和依赖改变着健身这一社会实践的存在形态，习惯、仪式和情感的嵌入诠释着青年群体健身实践社交媒介依赖的逻辑归因，比较、异化和约束成为社交媒介依赖产生的重要因素。

在媒介化的健身图景中，技术发展、社交媒介的社会规范以及社交媒介对社会文化领域的制度性嵌入形成了青年群体健身过程中依赖社交媒介

---

① 道格拉斯·凯尔纳：《媒体文化：介于现代与后现代之间的文化研究、认同性与政治》，丁宁译，商务印书馆，2004。

的习惯。习惯的形成使得数字化的身体交往成为常态，在依赖社交媒介进行的数字化身体交往中，形成了具有媒介仪式感的青年群体健身行为，如"健身打卡"和象征消费。青年群体在这种仪式行为中获得自我形象建构的满足感以及物质消费的安全感。除此之外，青年群体在使用社交媒介进行健身实践的过程中所产生的情感连接是依赖形成的又一原因。自我表达的满足感、健身群体的归属感以及对健身偶像产生的情感连接，为青年群体健身实践的社交媒介依赖增强情感黏性。

社交媒介依赖作为一种"症状"，造成青年群体健身实践的异化，一方面约束了身体实践，另一方面引发了表象化的身体竞争。社交媒介的使用重塑着现代社会的身体审美观念，对身体的观赏价值进行突出强调，在导致青年群体普遍的身体焦虑的同时，限制着健身的多元化审美，约束着身体实践的开展。同时，社交媒介所具备的社交功能打破了健身的原始程序，大大缩短了青年群体通过健身获得满足感的周期，提供了低成本的情感满足，使健身领域出现空洞、无意义的身体竞争，诱发了健身实践的异化。随着社交媒介持续创新发展，健身领域必将出现更深层次的媒介化格局。因此，必须加强人们的问题意识，使社交媒介中健身实践的异化得到重视和缓解。在此过程中，提升青年群体的媒介素养、明确人与媒介协同发展的理念是缓解社交媒介依赖中健身实践异化的途径。

第六章 青年群体社交媒介依赖的生成动因

　　从报纸到广播，再从广播到电视、手机、电脑等，电子媒介总是偷偷地存在于我们的日常生活之中，与我们的工作、消费以及学习相互联系，迸发强大的生命力，让我们在日常生活中不断对其产生依赖。置身于科技瞬息万变的21世纪，通信技术从2G升级至5G，在媒介信息传输能力被强化的同时，其独特的吸引力也在与日俱增，"沙发上的土豆"就此成为"移动的土豆"。电子媒介在肆意侵占青年生活的各个角落的同时，让青年群体变得"没有电子媒介就不能存活"。但是，"赛博格"的"魅力"绝不仅是让青年群体沦为电子媒介的奴隶，而是让"手机控""微博控""游戏控"等"症状"侵入青年群体的身体中，让电子媒介成为身体和精神的延伸，使青年群体安逸地躺在温床之中，继而模糊现实与虚拟世界的界限。心智尚未完全成熟的青年群体在闭塞的物理空间使用手机、电脑等电子媒介来体验现实生活未曾经历过的感官刺激，在无休止的信息中误以为电子媒介已经成为日常生活中不可替代的部分。

　　CNNIC于2022年发布的第49次《中国互联网络发展状况统计报告》显示，20～39岁的青年网民占网民总数的37.2%，其中手机和互联网的即时通信功能使用率均高达99.0%以上，而其他社交方式如网络游戏、网络视频、网络直播的使用率也分别达52.4%、93.7%、62.4%[①]，均超过总使用率的50.0%。由此观之，网民群体在年龄结构上不仅呈现青年化的态势，而且社交功能占据着网民群体媒介使用动因的"半壁江山"。该报告预测，未来的中国网民群体中，青年群体的比重不仅会居高不下，而且以社交功能为主的媒介使用仍会占据青年群体的主要时间。青年群体作为使用网络的主体，他们对社交媒介的使用一方面展现了中国互联网的快速发

---

① 《CNNIC：第49次〈中国互联网络发展状况统计报告〉（全文）》，网经社网站，2022年3月11日，http://www.100ec.cn/detail-6608634.html。

展趋势，另一方面侧面体现了青年群体、社交媒介技术及社会生态三者之间多重元素的互动。就此，本部分将探讨如下问题：青年群体产生社交媒介依赖的原因是什么？社交媒介技术在青年群体社交媒介依赖中扮演什么角色？社会对于青年群体社交媒介依赖有什么助推作用？

一　从数字儿童到数字青年

20 世纪 90 年代初，中国教育科研网率先与互联网接轨，这吹响了中国互联网发展的号角，中国互联网公司也如雨后春笋一般迅速壮大起来，而在此期间率先接触互联网的儿童群体也成为中国互联网的第一批"原住民"。他们既是最早的"数字儿童"，也是 20 年后的"数字青年"，他们既见证了互联网的迅猛发展，也从新闻报道批判的"网瘾儿童"成长为"网瘾青年"。他们一方面得益于社交媒介，成为最早的"弄潮儿"；另一方面也被社交媒介"挟持"。无论是工作还是学习，青年群体永远被社交媒介裹挟，仿佛就像推巨石的西西弗斯一般，在即将摆脱"巨石"之时又退回原点，永无止境地围绕社交媒介而生活。心理学家霍尔·亚历克斯（Hall Alex S.）和杰弗里·佩特伦斯（Jeffyey Patrons）就此现象提出"网络行为依赖"（internet behavior dependence）的概念[1]。金伯利·扬（Kimberly Young）将其定义为"病理性网络使用"（pathological internet use，PIU），认为该行为是"无成瘾物质作用下的上网行为冲动失控"。加拿大心理学家戴维斯（Davis）据此将"病理性网络使用"划分为"一般性"和"特殊性"两种，以分辨个体对社交媒介的依赖程度[2]。

在医学的研究范畴中，病理性网络使用被具化为某一神经元或大脑的病因，并从科学实验中获取对抗社交媒介依赖的方式。玛丽·K.斯温格尔（Mari K. Swingle）指出，在社交媒介的刺激下，原本刺激人体创造性、创新力及艺术性的阿尔法脑波会逐渐被社交媒介"挟持"，以至于

---

① 顾海根主编《青少年网络成瘾预防与治疗》，华东师范大学出版社，2007。
② 刘振声：《社交媒体依赖与媒介需求研究——以大学生微博依赖为例》，《新闻大学》2013年第 1 期。

让个体不断沉沦于其带来的快感而逃避现实的责任和义务，并产生病理性网络使用①。此外，社交媒介依赖还会引起神经质的变化，社交媒介依赖所导致的高神经质会更容易让人情绪化，导致自我调节功能的失控，并引发认知失败、幸福感降低等一系列问题②。然而，当人的身体被媒介化时，媒介不仅会将其放大，而且还会改变其性质③，在青年群体的身体构造被社交媒介重塑的同时，其也会建构基于社交媒介的"工具理性"并不断对现实生活进行"统治"。因此，尤尔根·哈贝马斯（Jürgen Habermas）提出"交往理性"，来对抗"工具理性"的侵袭，以解决现代性交往中所面对的"关系异化"④。但是，社交媒介依赖作为一种社会现象，在让青年群体感受身体快感的同时，又让其在日常生活实践中逐渐步入情感迷失的境况，其突出的特点表现为主体性的缺失、虚拟人格的产生、网络交友关系的依赖等，最终会扩大为社会化的社交媒介依赖，影响青年群体乃至社会的正常运行⑤。那么青年群体的社交媒介依赖的诱因究竟是如何产生于青年群体内部的？它们又是缘何而成？本部分就此进行梳理与辨析。

（一）行为的"媒介化"

在行为主义的研究范畴中，行为既是个体获得经验的主要来源，也是个体浸入诸多情境的外显表征——"生物体"与"环境"之间的"互动"⑥。在青年群体的社交媒介实践中，原本处于现实时空语境的社交行为逐渐进入虚拟空间，而社交媒体作为现实与虚拟空间的连接点，必然以独特的媒介逻辑替换青年群体的行为逻辑，以至于让·鲍德里亚道出："媒

① 玛丽·K.斯温格尔：《劫持》，邓思渊译，中信出版社，2018。
② 张亚梅等：《大学生神经质人格与手机依赖的关系：主观幸福感和认知失败的中介作用》，《中国临床心理学杂志》2020年第2期。
③ 约翰·杜翰姆·彼得斯：《对空言说：传播的观念史》，邓建国译，上海译文出版社，2017。
④ 杨小微：《现代性反思与中国教育的可持续发展》，《华东师范大学学报》（教育科学版）2021年第11期。
⑤ 赵红勋：《新媒介依赖视域下青年群体的"信仰风险"论析》，《中国青年研究》2020年第1期。
⑥ 雷蒙·威廉斯：《关键词：文化与社会的词汇》，刘建基译，生活·读书·新知三联书店，2016。

介带来了'超现实'，即用媒体符号取代真实的世界。"① 作为社交媒介的"原住民"，青年群体遵循着社交媒介的规则，他们用丰富的表情包替代现实中的面部表情以及情绪，甚至通过"自创"的网络符号来表达他们的见解，并把社交媒介的观念带入现实生活。青年群体在匿名与实名、真实与虚假、"前台"与"后台"之间的不断切换中满足着他们的情感表达需求，悄无声息地改变自身行为逻辑，如"微博控""低头族"等。这些行为不仅折射出社交媒体对青年群体的"诱惑"，而且表征着现实关系与虚拟关系的互嵌、青年主体性的重塑以及文本互动的快感等，让青年群体在享受"虚无缥缈"的社交的同时，逐渐产生社交媒介依赖。苏格拉底（Socrates）所言及的灵魂交流被一串串数字代码所替换，身体也自然失去了表达的意象，沦为敲下字符的器械，青年的社交行为逐步在社交媒介的引导下走向原子化、匿名化甚至是异化。

首先，匿名行为形塑着社交媒介的快感表征。在彼得·斯坦纳（Peter Steiner）的漫画《没人知道你是一条狗》中，一条狗正在敲击键盘，并回头与另一条狗交流，它不仅生动诠释了社交网络的匿名性，而且暗示了社交媒介在给个体带来自由便利的同时，埋藏了隐患，即消匿了个体的身份、角色、社会关系以及隐私等诸多内容②。个体拥有了脱离现实规则的途径，内心的压力便也寻得发泄口，不断追求精神上的快感导致个体逐步沉溺于"匿名—互动—社会"的虚拟框架中，享受社交媒体中"匿名制服"所带来的自由，并由此产生社交媒介依赖行为。值得注意的是，该依赖行为以匿名情境下的非理性表达为内核，充斥着谎言、欺骗、表演等诸多行为表征。而社交媒体的匿名性为此提供了情境基石，每个人都能通过社交媒体的隐匿性来表达自己，在与他人乐此不疲的交流过程中逐渐对社交媒体产生行为层面的依赖。

第一，匿名性重塑青年群体的媒介社交行为。在社交媒体出现之前，人与人之间的交流大多是以面对面、书信的形式，这些形式都具备着明确的"对象感""身份感"，交流行为也都是在现实语境的基础下进行的，其特点是真实、可感、身份性强。但是，这种交流行为在计算机技术普及之

---

① 施蒂格·夏瓦：《文化与社会的媒介化》，刘君、李鑫、漆俊邑译，复旦大学出版社，2018。
② 张再云、魏刚：《网络匿名性问题初探》，《中国青年研究》2003 年第 12 期。

后发生偏移，人与人之间的社交行为逐渐向"赛博格"空间嵌入：手机、电脑等电子媒介成为人们社交的主要手段，而面对面的交谈也自然地向敲代码行为转移。对于"好奇心""学习能力强"的青年群体而言，社交媒介所独有的新奇性、娱乐性、刺激性等不仅获得了他们的青睐，而且还成为他们展现自己个性风格的主要场所，这一方面预示着青年群体的媒介社交行为必然夹杂着其个人的情感及行为逻辑，另一方面预示着匿名的外衣必然会形塑青年群体的媒介社交行为。

无论是基于全民范围的《中国互联网络发展状况统计报告》的调研，还是针对大学生的现象分析，都反映了社交媒介对于青年群体生活的影响。尤为典型的是，拍摄日常生活并上传社交圈进行展演成为青年群体在学习、工作、旅游、饮食等诸多场景活动中的核心任务。日常生活诸多场景向社交圈的转移不仅是为了获得观众的点赞、关注、转发、评论等媒介互动行为，也是为了获得匿名下的心理慰藉。媒介社交行为替代了现实生活中的夸赞，被约翰·杜翰姆·彼得斯（John Durham Peters）称为"私信"，即不被回复的"信息"在社交圈中比比皆是，但是这丝毫不妨碍青年群体对于虚拟社交的热衷，甚至这些"私信"也是青年群体判断自己是否被关注的依据。

第二，在社交媒介的匿名逻辑主导下，青年群体的社交媒介依赖不仅包括其对海量社交信息的依赖，而且有习惯层面的依赖。在日常生活中，"低头族""微博控"等现象层出不穷，社交媒介已经建构了一种习惯场域，每个人都会下意识地查看手机、电子邮箱、微博等是否有最新的信息，习惯赋予了感觉和价值，值得人们去全身心地投入①。在理查德·塞勒·林（Richard Seyler Ling）看来，社交媒介会历经临界规模的扩散和感知的过程——社会化，而且社交媒介的历程也是习惯产生的核心及社交媒介依赖的焦点。在社交媒介的发展阶段，媒介公司并不会关注用户的媒介行为是否"实名""合法"，他们更关心用户体量是否足够大、用户黏性是否强，而青年群体也借机在社交媒介中进行身份"过滤"，展示自己最有优势的内容，掩盖自身的缺陷，其社交行为不断被匿名的社交媒介"涵化"，导致社会中"拼团名媛"等类似现象层出不穷。尽管微信、QQ、微博等社交媒介采取实名制，但是其匿名性一直存

---

① 皮埃尔·布迪厄、华康德：《实践与反思》，李猛、李康译，中央编译出版社，2004。

在，而"拼团名媛"等类似现象也源于匿名社交下自我呈现的极端化，以及匿名社交中产生的心理快感。

第三，非理性建构了匿名社交快感的内核。社交媒介的匿名逻辑在形塑青年群体行为的同时，让青年群体尚未完全成熟的非理性心智蔓延至社交媒介平台的各个角落，它导致混淆，让青年群体对社交媒介中栩栩如生、真实可感的"虚幻"产生信赖，并聚合青年群体的集体幻象"泡沫"。2008 年，新浪网报道了一个让世人震惊的凶杀案件：20 岁的胡某为满足自己在网络游戏中的欲望，对父母谎称做水产生意并骗取 5 万元，在挥霍完之后竟丧心病狂地想毒杀父母[①]。令人痛心的是，这样的事件在如今依旧上演：2021 年 3 月，大学生小张在网吧连续上网 40 余小时后猝死[②]。一件件触目惊心的事件背后，是青年群体对社交媒介的极端依赖在作祟，他们的理性被社交媒介冲淡，对于虚拟的留恋、现实的排斥都让他们做出了非理性的行为，而当非理性占据整个大脑时，便会引发一味追寻快感所产生的一系列悲剧。青年群体在社交媒介中可以尽情地扮演"英雄""主宰"，这也让社交媒介中的非理性逐渐侵入青年群体的现实生活。当青年群体断绝社交网络时，非理性快感瞬间被消除，"滤镜"被摘掉，虚拟的"头衔"成为符号，这种现实与虚拟难以被填平的沟壑迫使他们逃避现实，继续追寻非理性的、匿名的、虚假的心理快感。非理性一次次地刺激多巴胺的分泌，让社交媒介成为青年群体情感异化的宣泄处，他们在匿名社交下肆意地进行"P 图"、伪装、谩骂，他们认为匿名的社交媒介才是展现身手的场所。于是现实生活成为"第二世界"，青年群体被社交媒介"涵化"，成为数字青年并以非理性的社交媒介依赖满足他们追求刺激和快感的需求。

其次，文本行为构筑了社交媒介的"基元"。文学理论家斯坦利·费什（Stanley Fish）认为，文本是一种有意义的话语，它不会局限在具体的形式中，会以虚拟形式存在读者的脑海，以及读者彼此交往而形成的诠释社群中[③]。社交媒介作为人际交往的方式，同样存在一个文本。社交媒介

---

① 《青年染网瘾花光 5 万后毒杀父母获死刑》，新浪网，2008 年 11 月 11 日，http://news.sina.com.cn/s/2008－11－11/033816626726.shtml。

② 《大学生网吧上网 40 小时后猝死，家属索赔 24 万余元，法院这样判》，腾讯网，2021 年 10 月 27 日，https://new.qq.com/rain/a/20211027A0ET3N00。

③ 克劳斯·布鲁恩·延森：《媒介融合：网络传播、大众传播和人际传播的三重维度》，刘君译，复旦大学出版社，2012。

具有可感、可视的呈现形式，其人尽可写、人尽可读的特点既让其文本具备了极高的可塑性，也使之成为青年群体社交的主要载体，不断让青年群体对社交媒介的文本互动产生痴迷。在社交媒介中，个体用户会通过社交媒介逻辑建构一套自己的社交文本，用户之间可通过"点赞""评论""私信"等形式进行交流、沟通，在伊莱·帕里泽（Eli Pariser）看来，"点赞"既体现了社交媒介社会化，也实现了个体文本的互通——建立社交关系①，社交文本的社会化、互通不仅实现了个体的交流，同时让个体逐渐对社交媒介的文本互动产生依赖。

在克劳斯·布鲁恩·延森（Klaus Bruhn Jensen）对媒介文本的分析中，他通过文学的"互文性"将文本依次划分为初级文本、二级文本和三级文本，并针对互联网的社交特性提出"超文本"概念——使用者不仅能与文本进行交流，而且能与他人交流②。延森对文本的划分同样适用于当前的社交媒介。在社交媒介中，基于个体的社交初级文本——微信朋友圈、微博、评论区、聊天框等是携带个体观点的载体，是个体之间互通交流的基石。二级文本则代表着基于初级文本对个人形象的塑造，如"晒"照片、"晒"工作、"晒"婚礼等"晒"行为，这些社交媒介文本肩负着个体自我呈现的职责以及让他人感知自身经济、感情、工作等方面状况的社交使命。三级文本则基于对社交媒介初级文本、二级文本的"评论""转发""点赞"等行为，它们代表了文本的曝光度、重要程度以及他人的认可度，也是当前青年群体的自我评价标准。社交媒介的初级文本、二级文本、三级文本不仅架构了青年群体之间的双向交流路径，而且在互联网的网格化传播机制下使个体逐渐被"文本化""媒介化"，即自我的呈现更多依附社交媒介，而"超文本"也在现实与虚拟的双向互动中得以建构。在延森看来，"超文本"被视作"基于数字技术可操作的、明确的文本"③，但是在社交媒介中，"超文本"应是初级、二级及三级文本的结合体，它是文本"社会化""媒介化"后的产物，也是推动社交媒介发展的

---

① 伊莱·帕里泽：《过滤泡：互联网对我们的隐秘操纵》，方师师、杨媛译，中国人民大学出版社，2020。

② 克劳斯·布鲁恩·延森：《媒介融合：网络传播、大众传播和人际传播的三重维度》，刘君译，复旦大学出版社，2012。

③ 克劳斯·布鲁恩·延森：《媒介融合：网络传播、大众传播和人际传播的三重维度》，刘君译，复旦大学出版社，2012。

重要力量。以微博为例，在微博中，每个用户账号都是"超文本"的"基元"，其关键词、时间、地点都是检索、过滤的关键，任何人都可以阅读自己或他人所建构的初级文本、二级文本以及三级文本，任何地点都可以进入、任何人都可以参与、任何时间都可以浏览，也正是基于这些"超文本"的特性，微博成为青年群体聚集的最大网络社区之一。与此同时，微博中最让人痴迷的是实时更新的"热搜"榜单，它无时无刻不在牵引着众多青年群体的兴趣点，一方面它是青年群体与文本互动的结果；另一方面它诱惑着青年群体去点击并一探究竟。比如，2017 年某明星宣布恋情时，微博点击量、流量暴增导致系统瘫痪。这一方面体现了文本作为社交媒介的"基元"，建构了一套独特的社交媒介逻辑；另一方面体现了"超文本"实现了多人之间的互动。

（二）青年群体的认知因素

随着青年群体社交媒介实践的普及，工作、消费、健身、娱乐等领域都隐匿着社交媒介的身影，社交媒介不仅能以匿名性、开放性、便捷性、互动性及虚拟性等特征吸引青年群体，而且它助推了青年群体认知因素的改变，使其认识到社交媒介既是个体交往的工具，也是逃避与迁移现实责任的方式之一，这让青年群体产生了"现实人"与"数字人"的二元分化。加拿大学者戴维斯·R.A（Davis R.A.）据此提出病理性网络使用，认为网络环境是产生病理性网络使用的主要因素，其外在压力、人格特点、情景暗示等外部因素同样作用于青年群体的病理性网络使用认知模型[1]。而社交媒介作为互联网的衍生产品，一方面充当了青年个体之间交往的媒介，如探探、陌陌等软件根据个体的地理位置来识别周围的陌生人；另一方面成为日常生活的一部分，甚至改变了传统的认知结构，如微信、钉钉、QQ、抖音等社交软件已经不再局限于社交功能，更强调权力、亲情、友情等社会关系因子的黏合，成为维系工作任务分配、家庭成员联系、社会关系交往的链条，以至于青年群体会以更为客观严肃的态度来看待社交媒介，并改变对社交媒介的认知。因此，青年群体对社交媒介的认知成为集内外因素于一体的复合体，它既需要从生理结构视角剖析当前语

---

[1]　郑希付：《认知干扰还是情绪干扰：病理性网络使用大学生的内隐心理特点比较》，《心理学报》2008 年第 8 期。

境下的青年群体认知环境与教育，也需要从心理与文化视角来理解青年群体的内心。

首先是青年群体的虚拟人格。欧文·戈夫曼在《日常生活的自我呈现》一书中指出，展示理想化的冲动是普遍性的，各个阶层都存在某种程度的伪装与虚掩，且这种行为是潜意识的①。欧文·戈夫曼从艺术原理引申出人类社会交往实践中所存在的"前台"与"后台"之间的隔膜："前台"是交往中的"理想我"，它是对自我期待的"镜像"；而"后台"则是"真实我"，它表征着现实生活中的个体及其社会关系。"理想我"与"真实我"之间以"舞台设置"为中介，对"真实我"进行一种包装。这种"舞台设置"包括但不局限于空间、服饰、言行举止等内容，它不仅包装了"理想我"的幻象，而且裹挟着人类对"真""善""美""美好生活"等内容的认知，这种认知反作用于完善"理想我"形象的建构，且在欧文·戈夫曼看来，这种认知适用于任何场景。因而，反观青年群体的社交媒介实践活动，社交媒介不仅给青年群体提供跨越时间与空间的交往媒介，而且使他们的认知随社交媒介"舞台设置"而改变，并伴随依赖程度加深产生变化，如智能设备与知识鸿沟②、手机实践与幸福感知③、手机与情感代偿④等。社交媒介在连接知识、情感等人类精神维度的同时，嵌入了人格认知，如性格、自尊心、价值观、人生观等，而人格认知则进一步反作用于社交媒介认知。比如，在青年群体对社交媒介的过度依赖中，他们对外物的认知会产生一定的"虚拟悬浮"，最为明显的便是现实与数字之间的"人格分裂"现象。该现象主要表征为青年群体在日常生活中的循规蹈矩与在社交网络上"叱咤风云"的区隔，其数字形象主要依托青年群体对自身的虚拟化，并作为个体媒介交往连接的"奇点"，即用凭空想象的、不存在的人格形象来进行社交媒介交流。而虚拟人格的产生往往伴随社交媒介实践的病理性网络使用症状的加重，虚拟人格与现实人格之间的分裂越发严重，影响现实生活中的行为与认知，即使青年群体表现出性格

① 欧文·戈夫曼：《日常生活的自我呈现》，冯钢译，北京大学出版社，2008。
② 宋瑾：《移动互联网缩小知沟的可能性探析——以新生代农民工的微信应用为例》，《传媒》2018 年第 9 期。
③ 贺建平、黄肖肖：《城市老年人的智能手机使用与实现幸福感：基于代际支持理论和技术接受模型》，《国际新闻界》2020 年第 3 期。
④ 王清华、郑欣：《数字代偿：智能手机与留守儿童的情感社会化研究》，《新闻界》2022 年第 3 期。

孤僻、情感冷漠、网络狂躁症等问题。而上述的青年群体现实中的社交媒介依赖行为与认知则会进一步加深虚拟人格的具象化，导致青年群体产生沉迷社交网络、迷失真实自我、角色混乱、虚拟人格替换，甚至引发人格障碍问题，使青年群体人格形塑与认知来源加倍地依附社交媒介。

其次是逃避的快感。在心理学范畴中，逃避是青年群体依赖社交媒介的主要量化因素，其逃避因素主要包括：追求娱乐（逃避学习/工作）、逃避孤独感、逃避责任①。青年群体善于利用社交媒介满足自身的娱乐需求，以逃避现实的经济、人际、精神等层面的压力。刘红等学者进一步指出，青年群体作为初入社会的群体，一方面无法自如掌控封闭式教育所释放的自由时间，促使社交媒介实践产生的虚拟欢愉感、充实感填补了其日常生活；另一方面对可控制、可掌控的虚拟社交发生依赖，它既实现了理想与现实之间的统一，也迎合了青年群体"娱乐至死"的心态，成为其逃避现实问题的主要方式②，甚至使其在脱离社交媒介时会有无力感、心悸、头晕等生理反应。雷雳和李宏利在总结了金伯利·扬等人的互联网成瘾量表后，以"使用互联网逃避现实问题"作为诊断病理性网络使用的重要指标之一③，认为逃避因素既是判断社交媒介依赖的重要内核，也是社交媒介依赖的成因。

不难发现，在众多心理学、传播学、社会学等交叉学科的研究下，逃避性成为社交媒介依赖产生的动因。在使用社交媒介、沉溺于虚拟数字影像的同时，青年群体大脑内部不断分泌多巴胺，刺激其不断在社交网络中寻求现实生活中所未能体验的经历，甚至改变其对社交媒介的传统认知，以为社交媒介的虚拟代码才是真实。在青年群体与社交媒介缠绕、交织与嵌合时，他们避开了世俗世界的压力，开始在社交媒介这一"世外桃源"屏蔽现实生存空间的声音，甚至逐步形成亚文化群体，如"拼团名媛""游戏宅""二次元宅"等，该群体的建构在潜意识中强化了青年群体对社交媒介的依赖，使青年群体认为社交媒介展现了有趣且真实的世界。青年群体逐渐擅长用虚假的身份来交友、联络、发表意见，并在社交媒介空间中创造了能够逃离工作、精神、就业、情感等现实压力的"世外桃源"，

① 刘红、王洪礼：《大学生手机成瘾与孤独感、手机使用动机的关系》，《心理科学》2011年第6期。
② 刘红等：《大学生手机消费心理的调查分析》，《中国统计》2011年第12期。
③ 雷雳、李宏利：《病理性使用互联网的界定与测量》，《心理科学进展》2003年第1期。

而该现状在助推"Roblox""Mechaverse"等"元宇宙"衍生品火爆的同时，进一步改变了青年群体对社交媒介的认知与判断力，使其认为社交媒介空间是"人类的第二社会"，并享受逃避现实压力的快感，沉沦其中而无法自拔。

最后是责任的迁移。当青年群体进行社交媒介实践活动时，他们抱有"逃避""第二人生"的错误认知，这种认知关联着"现实责任的转移"。在韩佩凌看来，"工作压力""精神压力""社会压力"等复合因素引发青年群体的挫败感与失重感，导致青年群体寻求虚拟网络的关怀，进而产生对个人责任的漠视与迁移①，即将社交媒介依赖解构为"游戏的沉迷""工作的必需""环境的影响"等外部因素，而自制力差、逃避责任、注意力不集中等自身原因被忽略。原黎黎指出，"微依赖"是指心理暂时得到满足与压力宣泄，但是长久的逃避现实会陷入消沉和颓废；微信、微博等"微"产品是科技进步的产品；人们追求的真、善、美等价值理性更应该得到凸显而不是屏蔽②。青年群体对社交媒介的依赖不仅包含对精神压力的宣泄，而且关涉价值理性的埋没，且长期对现实责任的逃避必然导致道德、伦理、法治、认知等价值理性光晕的黯淡，以及对社会责任的忽视。

另外，从社交媒介的准入门槛来看，儿童、青年、中年、老年等社会各个年龄段群体都是其用户范畴，"书籍""声音""图像"等媒介的区隔被"微信""电子游戏""短视频"等社交媒介打破，青年群体的形象也历经诸多变革，"朝气蓬勃""祖国的未来"等积极向上的社交媒介形象在"冲动""二次元""宅男""缺乏责任"等批判性话语的攻击下逐步坍塌，由此催生了"垮掉的一代"等负面标签，与以往"正能量"的青年群体形象形成二元对立的格局。青年群体的形象与社会年龄之间的关联被弱化，青年群体依旧可以用"幼稚""不成熟"的标签出现在社交媒介荧屏与文字之中，他们不履行社会责任与个人义务的行为也随着社交媒介形象的"矮化"而被"原谅"。也正是在社交媒介的准入门槛与用户群体的复杂与全年龄阶段，青年群体为社交媒介的责任逃避找到了借口。

---

① 于馨：《大学生网络使用与人格特质、适应及社会支持的关系研究》，硕士学位论文，天津师范大学，2008。
② 原黎黎：《"微依赖"的产生动因及消解之道》，《人民论坛》2014年第35期。

二 从"控制技术"到"技术控制"

马歇尔·麦克卢汉在《理解媒介：论人的延伸》一书中，着重探讨了媒介如何延伸人类的身体，如电报被称为"社会激素"、广播被称为"部落鼓"、电视是"羞怯的巨人"。而这些媒介的延伸都是电力技术到来以后，在人的身体之外延伸一个活生生的中枢神经系统的模式①。在马歇尔·麦克卢汉看来，媒介是被人类所掌控的，它们是人类认识与改造世界的工具。但是，这种"控制技术"的状态却在社交媒介技术生态变革中逐渐走向偏颇，人类逐渐成为"技术控制"的傀儡。其中，青年群体已经成为被"技术控制"得最为严重的社会人群，他们一方面享受科技带来的智能生活，在手机的"滑动""点击"等媒介实践阈限内能轻松获得想要的一切信息内容；另一方面被社交媒介技术所控制，大数据、人工智能、地理定位、移动设备、数据等无一不渗透青年群体的日常生活场景之中，他们所接收的信息、知识甚至是认识的网友都是经过社交媒介过滤之后所呈现的。因此，回音室、过滤泡、信息茧房等"驯化理论"被国内外学者研究与探析，基于此，本部分将从社交媒介技术本身出发，从技术可供性、技术规则两个角度对社交媒介技术本身所携带的对青年群体的"魅惑"效应进行剖析。

首先是社交媒介的技术可供性。南希·K. 拜厄姆（Nancy K. Baym）在《交往在云端：数字时代的人际关系》中曾指出，媒介之间的联合能够组成人类关系情感与关系的可供性结构，某些特定的媒介会产生特殊的关系，而特殊的关系也会找到适合的媒介，复媒体就这样创造了一种新的社会和道德责任②。一方面，这种孕育在技术温床的"关系""道德""社会"，裹挟了青年群体的社会关系，使其零散、杂碎的日常时间被社交媒介结构化，如玩手机时间、打游戏时间、逛淘宝时间等；另一方面，在诸多繁杂的关系结构下，社交媒介技术也更智能与"聪慧"，它们甚至能根

---

① 马歇尔·麦克卢汉：《理解媒介：论人的延伸》，何道宽译，商务印书馆，2000。
② 南希·K. 拜厄姆：《交往在云端：数字时代的人际关系》，董晨宇、唐悦哲译，中国人民大学出版社，2020。

据空间、时间、性别等个人信息来提供媒介内容，潜在地推动了家庭、工作、社会、体制等关系的变革，实现技术与关系之间的互相维系与可供性支持。也正是意识到社交媒介的强大与可怖，罗伯特·斯考伯（Robert Scoble）等学者在《即将到来的场景时代》中写下"以移动设备、社交媒体、大数据、传感器及定位系统为表征的五种原力正在潜移默化地消费者、患者、观众等受众的体验"①。一方面，技术改变了用户场景体验；另一方面，基于社交媒介的五种原力实现了传输速度、具身交互、可及性等社交模式的改变，在为青年群体提供社交媒介技术的同时，也为青年群体的社交媒介依赖埋下伏笔。

第一，移动设备为青年群体社交媒介依赖注入文化因子。传统社交媒介如台式电脑、黑白电视机、"大哥大"手机等的沉重、功能的单一、使用空间的局限虽然并未使病理性网络使用症状加重，但是"电视人""沙发上的土豆"等社会现象已经开始扩散。尤其是当智能手机、智能电视、智能手表等便携式移动设备被发明时，"依赖症"开始凸显。移动设备压缩了社交空间，侵入青年群体的日常生活，花样繁多的移设备连接了统一虚拟账号（手机、电脑、电视、手表虚拟账号的云互通），3D 眼镜、VR 电视等基于感官模拟的移动设备间接提升了青年群体的数字社交体验感，让社交媒介越发大众化和社会化，并嵌入青年群体的文化之中，衍生了"苹果粉""华为粉""小米粉""发烧粉"等青年情感群体。可以说，对于青年群体而言，移动设备不仅具备极强的工业美感，而且在社交文化中形成"粉丝"社群，并逐渐发展为一个独立的文化与社交圈层，导致自尊心攀比等现象。

第二，大数据为青年群体社交媒介依赖更迭底色。在社交媒介实践中，大数据一方面扮演信息的收集者，将庞大的数据信息进行堆积，构筑了足以让青年群体流连忘返的数字景观；另一方面引诱青年群体走向"社交信息超载"的危险边缘，使其不断地沉溺于各个平台的社交，并造成学习和工作效率的低下。社交信息超载是指冲动地搜集、浏览无用或不需要的数据资料，而社交媒介超载则依附大数据技术的核心框架，为青年群体提供精准且丰富的社交信息，使其过度浏览而不自知。例如，在探探、最

---

① 罗伯特·斯考伯、谢尔·伊斯雷尔：《即将到来的场景时代》，赵乾坤、周宝曜译，北京联合出版公司，2014。

右、抖音等社交媒介平台中，大数据一方面能够通过"通讯录""GPS""喜好"等信息筑牢"社交茧房"，另一方面对青年群体的"审美""习惯""关系"进行了固化，即青年群体在社交媒介中渴望展示出大众所喜欢的美好形象，而悖于真实自己的表达，且形成虚拟与现实之间的对抗与平衡[①]。此外，大数据形塑了青年群体的社交群体依赖关系。在大数据的区隔下，诸如"社恐""宅男""二次元"等青年群体的社交范畴被"窄化"，青年群体对"网络关系"产生了依赖，"网恋""网络友情""网络兄弟"等青年群体社交关系借由大数据实现真实与虚拟的互通，习性相近、经历类似以及志趣相投的青年群体在网络"抱团"，这也间接致使青年群体将更多的精力与时间投注在社交媒介关系的维持上，该状况不仅会加深青年群体社交媒介的依赖程度，还会引发青年群体对现实人际关系的失望并催生社交媒介依赖的异化。

第三，传感器构筑青年群体社交媒介依赖的连接纽带。在青年群体的社交媒介实践活动中，小巧便携的传感器不仅是青年群体之间信息传输的枢纽，而且是数字社交的物质载体。在罗伯特·斯考伯看来，传感器已经嵌入人类的日常生活，汽车、智能手表、手机等硬件设备已经装置了精巧的传感器，以实现精准传递用户信息或发出警告；社交软件也嵌入了传感器，能清晰地辨别用户信息并提供所需内容，甚至为用户提供感官体验[②]。而在青年群体的社交媒介实践中，传感器不仅为人际交流搭载了具体的语境，而且具化为人的感觉中枢，延伸青年群体的感官体验。例如，在疫情防控期间，青年群体之间的娱乐、消费、工作、交通等社会活动都紧紧围绕着"健康码"，它不仅为青年群体的现实活动提供"出入"保障，而且为其赋予健康、安全的语境。"健康码"也自然充当了"传感器"职能，使"码上之城"成为现实。此外，以新鲜、有趣、科技感为产品特性的智能手表、VR设备、智能眼镜等社交媒介的硬件"传感器"也已经进入青年群体的生活，俘获青年群体的"芳心"并逐渐延伸至青年群体的社交范围。例如，智能手表在为青年群体提供健康扫描的同时，也能辅助其社交活动；智能眼镜在延伸视觉体验的同时，也通过"记录""个性化整合"

① 赵红勋、王婉馨、王文静：《表演、展示与幻想：青年群体匿名社交中的自我呈现探析——基于匿名社交软件"Soul"的学术考察》，《青年发展论坛》2022年第1期。
② 罗伯特·斯考伯、谢尔·伊斯雷尔：《即将到来的场景时代》，赵乾坤、周宝曜译，北京联合出版公司，2014。

为青年群体的社交活动进行"私人订制";VR 设备更是为青年群体提供了进入虚拟场景的载体,不断强化青年群体之间的虚拟关系连接。

其次是社交媒介的技术规则。在技术日趋成熟的过程中,移动设备、大数据、社交媒体等为青年群体社交媒介依赖提供了技术,社交媒介在发展进行中也重塑了制度结构。在施蒂格·夏瓦看来,广播的诞生标志着媒介开始普及化,并逐渐衍生了"文化机构"这一制度特征①。而随着社交媒介越发智能化、社交化与情感化,其一方面充当用户信息交互的媒介,存储着诸多用户的日常信息,日趋形塑了特定"检索习惯""社交习惯""消费习惯"的结构化行动框架,如"手机控""微博控""游戏控"等社会现象,且重构了信息的生产、传播及再生产机制;另一方面扮演商业机构或公共机构的角色,既能通过显性的法律条文与商业规则对用户的日常生活及社会关系进行规训,也能利用隐性的资源配置与群体压力实现社交媒介特定语境下的制度维护,让青年群体在社会压力与精神压力的综合因素下服从社交媒介的制度,使之深陷"依赖泥潭"而无法自拔。因而,青年群体的社交媒介依赖亟须从显性与隐性双重角度来进行分析。

第一,权力构筑合法化语境。第 49 次《中国互联网络发展状况统计报告》显示,在线办公、在线医疗、网上外卖以及网约车等消费群体激增,而人均上网时长也逐渐增长至每周 28.5 小时②。不难看出,随着社交网络不断嵌入社会的日常生活,权力结构也在为社交网络的使用赋予合理化语境。例如,在 2019 年新冠肺炎疫情防控期间,以"腾讯会议""雨课堂""CCtalk"为媒介开展的在线办公、网络教学、网络考试等网络社交活动一方面弥补了广大民众因疫情而"身体缺席"的不足,另一方面足以证明社交媒介可以从宏观、公共的范畴协调国家的经济发展与社会运行。正如让-弗朗索瓦·利奥塔尔所言,一切的合法化都关乎权力的核心,处理科学话语的"立法者"得到允许来规定条件,并且得到科学共同体的重视③。在青年群体的日常活动中,"线上办公""网络教学""网络打车"等社交活动不仅被认为是正常规范的社会行为,而且被视为获得经济利益

---

① 施蒂格·夏瓦:《文化与社会的媒介化》,刘君、李鑫、漆俊邑译,复旦大学出版社,2018。

② 《CNNIC:第 49 次〈中国互联网络发展状况统计报告〉(全文)》,网经社网站,2022 年 3 月 11 日,http://www.100ec.cn/detail-6608634.html。

③ 戴维·哈维:《后现代的状况——对文化变迁之缘起的探究》,阎嘉译,商务印书馆,2003。

与履行社会职责的重要形式。尤其是在线下社交受到阻碍时，基于社交媒介的实践进一步被社会大众认可，青年群体经济利益的获得与社会职责的履行要依附社交媒介，社交媒介与文化、经济、政治之间的耦合也使青年群体对社交媒介的依赖程度被无限制地加深。换句话说，全球疫情肆虐的大背景为青年群体的社交媒介依赖筑造了更为适宜的环境。

第二，人际关系的编码。除了"权力"的核心，"关系"也是形塑当下青年群体社交媒介依赖的重要因素。在马克思看来，人的本质是一切社会关系的总和，因为人的一切生产实践活动都牵连着关系①。在局域网、通信技术、元宇宙等社交媒介技术的迅猛发展下，青年群体的实践行为逐渐向虚拟网络游移，虚拟主播、"微商"、平台运营师等职业受到了青年群体的青睐。人际关系生产实践的虚拟化转向也必然带来社会关系的网络迁移，"网友"也自然从最初陌生的名词转为人人都拥有的社会关系，甚至衍生了"网恋""网络诈骗""网络名媛"等复杂的人际关系场域。在胡仙、吴江、刘凯宇等学者的实证研究下，社交媒体的"点赞"行为在特定的关系语境下"是自我效能感知、结果预期、环境因素三者共同作用下的结果"②，社交媒体将"参与性""认同""共同体"等社会意志融入其中，赋予社交媒体潜在关系的连接，动摇了青年群体参与公共社会生活的精神意愿，取而代之的则是"群体性孤独"的蔓延与大数据衔接的人际关系，且这种关系随着社交媒介深度嵌入青年群体的日常生活而变得越发明显。在 2018 年《中国青年报》调查发布的《靠大数据解决婚恋问题？70.9%受访单身青年看好》中，有将近 70.9% 的受访单身青年看好大数据在青年群体相亲中的实践应用，其中被调查者余鹏（化名）更是指出，基于大数据技术的社会人员筛选不仅省去个体交往的时间成本，而且让"门当户对"成为可能③。不难看出，对于青年群体而言，社交媒介已经充当了"配偶""社会关系"的"把关人"，能通过青年群体的喜好来检索他们所偏爱的内容，进而操控他们的"关系"结构。

---

① 中共中央马克思恩格斯列宁斯大林著作编译局编《马克思恩格斯文集》（第 1 卷），人民出版社，2009。

② 胡仙等：《点赞社交互动行为影响因素研究——基于微信朋友圈情境》，《情报科学》2020年第 1 期。

③ 杜园春、渠性怡：《靠大数据解决婚恋问题？70.9%受访单身青年看好》，《中国青年报》2018 年 4 月 12 日。

三 社会环境：社交依赖的"培养皿"

理查德·塞勒·林曾指出，"临界规模的扩散—合法化—社会生态学"的逻辑链条不仅是社会媒介技术重构物质世界的重要形式，而且是社会习惯、礼仪与文化的重要构筑方式。反观青年群体的社交媒介依赖生成动因，虽然青年群体、社交媒介技术充当了其社交媒介依赖的重要"基元"，但是相比群体与技术的诱因，社会环境更加潜移默化地加剧青年群体的社交媒介依赖，它是由表及里、由观念到行为、由松散到结构的一个过程，社会生态改变之剧烈，超乎社会大众的想象。第 49 次《中国互联网络发展状况统计报告》指出，截至 2021 年 12 月，我国网民规模已达 10.32 亿人，且老龄群体与乡村群体数量攀升①，这既加速了技术对社会群体媒介知识业态的迭代与更新，迫使落后于社交媒介技术的群体被社会隔绝，也间接促使家庭、学校、商超、餐饮等社会环境改变，构筑了以社交媒介为核心的"拟态环境"。而社会媒介环境的综合变革，也让青年群体由传统媒介的"容器人"向社交媒介构筑的"拟态人"转变，青年群体社交媒介依赖也自然深入"骨髓"，难以彻底消除。

首先，家庭环境为青年群体社交媒介依赖构筑基底。家庭既是青年群体社会化的摇篮，也是社会组织的"细胞"。而在青年群体的社交媒介依赖中，该群体的特殊心理历程与家庭环境有着千丝万缕的联系。在国内关于"家庭"与"社交媒介依赖"的探析中，家庭被划分为主观与客观两个要素，主观要素是指青年群体对生活满意度、家庭关系、父母教养方式、情绪的积极与消极等元素的综合分析；客观要素则指代家庭经济、人员结构、教育背景等要素，关涉个体获取资源的差异②。因此，青年群体社交媒介依赖的家庭因素需要从主观因素与客观因素两方面进行探析。

第一，家庭结构的嬗变为青年群体社交媒介依赖带来潜在风险。自计划生育基本国策实施后，中国的家庭结构发生了翻天覆地的变化，如独生

---

① 《CNNIC：第 49 次〈中国互联网络发展状况统计报告〉（全文）》，网经社网站，2022 年 3 月 11 日，http://www.100ec.cn/detail-6608634.html。

② 陈艳等：《家庭社会经济地位对手机依赖的影响：主观幸福感的中介作用》，《中国特殊教育》2018 年第 8 期。

子女增多、核心家庭成为主流、家庭养老模式弱化等[1]，家庭结构的改变也潜在地改变了青年群体的受教育程度、经济状况、社交行为、心理样态等状况，并促使青年群体在经济丰足、父母宠溺、学习能力强与人际关系缺乏等情况下逐渐对社交媒介产生依赖。其一，家庭经济水平提高为青年群体社交媒介依赖提供物质基础。由第49次《中国互联网络发展状况统计报告》中的数据可以得出，互联网的发展已经深入乡村，乡村青年群体也成为社交媒介依赖的潜在群体。其主要源于"乡村振兴"战略下乡村经济的发展以及互联网移动设备价格的降低，青年群体接触社交媒介的机会增多，而父母社交网络素养的缺乏导致其无法对青年群体的社交媒介实践进行有效的规训，以至于青年群体对社交媒介产生严重的依赖。其二，青年群体受教育水平的提高扩大了社交媒介的接触面。中国从20世纪开始实施的九年义务教育制度使"千禧一代"的受教育水平相较于父母而言整体提高。而"千禧一代"在受教育水平增长的同时，对社交媒介的学习能力与实践能力同样处于较高水准，且富足的家庭经济条件也为他们提供了更多的社交媒介接触机会，对互联网移动设备的深入使用使他们自然而然地对社交媒介产生依赖[2]。其三，独生子女家庭为社交媒介依赖提供可能。在计划生育基本国策实施与教育水平提高的双重影响下，以父母为核心的独生子女家庭成为社会组织的"基元"。当家庭结构由多子女家庭向独生子女家庭转变时，青年群体的人际关系、心理状态、精神样貌与经济压力将会产生巨大的变化。对于传统家庭而言，兄弟姐妹较多的家庭环境为青年群体提供了更多的家庭玩伴，他们可以在家庭中寻求到基础的朋辈交流。但对"千禧一代"而言，作为独生子女的他们已经难以从"家"中建立亲密的朋辈关系，学校、邻友、亲戚等社会关系则成为朋辈关系的补充。而核心家庭对独生子女的过分溺爱、青年群体交友潜在社会风险的降低以及经济水平的提高，间接或直接导致了"千禧一代"比父母更早地接触手机、电脑等社交媒介。社交媒介不仅成为青年群体的必需品，而且带来了传统家庭向核心家庭过渡的"阵痛"。被认定为独生子女的青年群体对社会关系的渴望迫使他们更加需要将社交媒介作为载体与外界进行沟通，以此扩大自身社交关系圈。当他们享受来自网络的虚拟关怀时，也逐

---

① 王跃生：《当代中国家庭结构变动分析》，《中国社会科学》2006年第1期。

② 郑琢琦：《网络游戏成瘾的影响因素研究》，硕士学位论文，厦门大学，2007。

渐形成了孤独、冷漠、自私的群体画像。随着中国老龄人口增加，家庭结构的老龄趋势越发明显，给青年群体带来"买房""养老""结婚"等社会现实压力。这一方面导致青年群体的经济压力增大，让"996""007"等不合理社会工作问题逐显常态；另一方面间接使青年群体对现实婚姻与交友无感，开始在虚拟网络中寻求情感配偶。

　　第二，家庭氛围为青年社交媒介依赖提供土壤。在青年群体的家庭客观因素面临诸多改变的同时，家庭主观因素也间接影响青年群体对社交媒介的依赖程度。《某医科大学大一新生手机成瘾现状及相关因素分析》提出，"主观幸福感""家庭氛围"的指标与青年群体的社交媒介依赖呈正相关关系，它们既关涉青年群体参与家庭活动的积极程度、生活幸福感知、自我效能感以及性格特征等多重因素[①]，也关涉青年群体的生活习惯与心理素质。而在青年群体的社交媒介依赖生成动因中，家庭氛围的积极与消极程度会深刻影响青年群体的思想与行为取向，家庭成员的和睦、关系的融洽等都会潜移默化地改变青年群体的价值取向以及人生态度，并间接影响青年群体社交媒介依赖的程度。其一，家庭关系影响青年群体的社交媒介依赖程度。在青年群体的社交媒介依赖中，青年群体对亲密关系的渴求、对安全感的需要、对归属感的寻觅等多维要素共同构成了青年群体的社交媒介依赖"基元"，它们既是青年群体寻求的一种对家庭关系的补偿，也是青年群体潜意识依赖行为的源泉。顾海根在《上海市大学生网络成瘾研究》中指出，"大学生的网络成瘾与父母教养方式、家庭关系满意度有着显著关系"[②]。而家庭关系作为折射青年群体生长环境的"棱镜"，一方面隐匿了父母与青年个体之间的和睦关系，另一方面影响青年群体的精神状态，如人格塑造、潜意识行为、心理状况等。在西格蒙德·弗洛伊德（Sigmund Freud）的精神分析理论中，青年群体的人格和潜意识行为与童年的生活事件紧密相关，"童年的经历与肉体的刺激"是成年人潜意识形成的重要源头[③]，而潜意识在关联个体对现实的缺憾追求的同时，也衍生了诸多补偿机制，如心理补偿、情感补偿、关系补偿等。反观，在青年群体社交媒介依赖范畴中，社交媒介作为情感交流、人际交互、信息交换的

----

① 田原等：《某医科大学大一新生手机成瘾现状及相关因素分析》，《中国预防医学杂志》2020年第7期。

② 顾海根：《上海市大学生网络成瘾研究》，第十届全国心理学学术大会，上海，2005。

③ 西格蒙德·弗洛伊德：《梦的解析》，石磊译，中国商业出版社，2016。

媒介，在维系青年群体社会关系的同时，也在间接维系青年群体的人际关系。父母对青年群体的冷淡、暴力、放纵等行为，不仅会让青年群体缺乏安全感与归属感，而且会催生青年群体寻求家庭关系的替代品——社交网络的潜意识，对社交媒介的依赖也自然成为满足其心理需求的一种潜意识行为，替代了健康的家庭关系。其二，父母教育程度与青年群体社交媒介依赖也有关联。在"千禧一代"家庭中，父母的受教育水平普遍处于较低的水平，这一方面是战争、政策、经济、教育等历史问题导致，另一方面是当时民众对教育的重视程度远不及当今导致。"千禧一代"一方面见证着 20 世纪末中国经济的腾飞，另一方面受益于知识与技术的"大爆炸"，从电视、广播、书籍等媒介接触了更多的知识，并与父母之间产生教育鸿沟。这种教育鸿沟的产生不仅会加剧父母与青年群体之间的紧张关系，而且会逐步催生青年群体对父母管教的排斥与抵触心理。尤其是置身于核心家庭增多、家庭经济水平提高、社交媒介技术社会化发展等社会背景下，青年群体与父母之间的教育鸿沟使青年群体能够快速适应并掌控社交媒介以寻求"知音"，父母面对复杂的社交媒介却无从下手，导致青年群体沉溺社交媒介而父母却手足无措的对立现状。因此，周林与顾海根在针对"大学生孤独感与网络自我表露关系"的研究中，指出"母亲文化程度不同的大学生朋友支持得分差异显著[①]"。由此不难看出，青年群体看似以"冒险者"的身份在社交媒介进行自我展演，殊不知这是对家长不理解与不支持的一种消解与无奈。而当孤独感、经济压力、工作压力等负面情绪汇聚时，青年群体也自然会借助社交媒介来排解负面情绪。

其次，学校是青年群体社交媒介依赖的潜在诱因。学校既是青年的教育场所，也是社会组织的细胞，它以有组织、有目的、有秩序的教育方式对青年群体进行教育和道德价值规训。但是，随着社交媒介技术日益对社会生活进行渗透，学校虽然保留了传统的教师队伍与教育理念，但是教学形式却逐渐以"多媒体"为主流，它形塑了以"电脑""PPT""WORD""EXCEL"等为主的多元化的数字课堂，随着数字媒介在教育场景的嵌入，青年群体的在校学习反倒凸显了数字媒介的实践价值，学校间接为青年群体的社交媒介依赖做了铺垫，并在师生关系、同学关系、学习设施等方面诱发了青年群体对社交媒介的依赖。

---

① 周林、顾海根：《大学生孤独感与网络自我表露关系》，《当代青年研究》2012 年第 9 期。

第一，师生的强关系促进青年群体的社交媒介依赖。在青年群体所接受的教育中，"电子邮件""微信""腾讯会议""雨课堂"等社交媒介平台已经与教学活动相耦合，且无形中巩固了教师与学生之间的关系，如布置作业、监察任务、社会活动等课内外的教学活动。而在传统的教学活动中，教师与学生的关系通常以"面对面"的线下形式开展，师生关系往往受到时空与地域的限制，教师不能对已布置的教学任务进行随时随地的改动。但随着"微信""雨课堂"等社交媒介平台的加入，师生关系突破了地域和时空的界限，青年群体需要时刻关注教师的信息，造成潜在的社交媒介依赖；教师的权力也被社交媒介影响，师生关系以及教师与家长的关系也借由社交媒介而延伸至青年群体的日常生活。

第二，同学关系为社交媒介依赖注入源泉。在青年群体所接受的教育中，同学关系是人际关系的重要一环，因为它既关涉青年群体的自尊心与归属感，也是青年群体认识自我的重要途径。社交媒介在同学关系中充当了"润滑剂"，它一方面使青年群体能通过电子游戏、微信、网络视频等形式来进行人际互动，感受来自同学的认可与归属感；另一方面打破了同学之间交流的时空与地域限制，实现了更自由灵活的交流，为学业压力较大的青年群体寻得避风港。青年群体具有好奇心强、好胜心强、追求潮流、追求科技感等群体特征，他们敢于尝试新科技，在享受社交媒介带来的便捷性、陪伴感与私人化体验的同时，也在同学交往中逐步形成社交媒介依赖——痴迷于"关注""点赞""转发"等社交媒介形式进行群组互动。此外，社交媒介为青年群体的同学关系提供了共同的纽带，基于"青年"这一共同身份逐渐衍生了不同的网络次群体。凯瑟琳·克诺普·霍尔斯（Katharina Knop-Hueless）、茱莉娅·R. 温克勒（Julia R. Winkler）等人在对"永久连接与群体动态"的研究中指出，"群体之间的即时通信不仅会增加成员之间的交流与了解，而且会提高群体凝聚力"[1]。而以同学关系为基础的社交媒介实践也自然围绕着"兴趣""利益""班级"等共同纽带建构。例如，同学使用热门表情包、网络"黑话"等网络流行符号在班级微信群、宿舍微信群中进行线上交流，社交媒介依赖在同学联络情感的进程中悄然生成，在"同学关系—群体

---

[1] 彼得·沃德勒等：《永久在线，永久连接：POPC 世界中的生存与交流》，殷乐、高慧敏译，中国社会科学出版社，2021。

归属感知—社交媒介实践—社交媒介依赖—寻求关系"的循环链条中，青年群体对社交媒介的依赖被扩散且深入日常生活，导致病理性社交媒介使用的产生。

社交媒介作为时代与技术的产物，在勾勒青年群体横向切面的人际关系图谱的同时，也潜移默化地形塑青年群体的纵向结构，且糅合了诸如行为、习惯、权力结构等复合因子，成为青年群体寻求"自由""个性""喜好"的媒介。它不仅满足着青年群体各种各样的娱乐与工作需求，而且催化了青年对社交媒介的依赖。在青年群体社交媒介依赖的生成动因中，青年群体自身的成长环境、行为实践、认知因素等影响着其对社交媒介实践的判断；社交媒介也借由"大数据""定位系统""算法""传感器"等实现对青年群体的精准操控，导致其沉沦社交媒介"茧房"而不自知；同时，在技术的扩散进程中，社会环境也在"家庭""学校"的双向诱导下，以"独生子女""核心家庭""空巢青年"等社会问题为表征，滋养了青年群体社交媒介依赖的"温床"。正如保罗·莱文森（Paul Levinson）在《新新媒介》所撰写的那般，纯粹的网友，即使在网上互动、有所了解，与离线情况下亲自接触的朋友也只有一个共同点：有一两种相同的兴趣爱好。你和离线朋友还有一点共同之处：你们熟悉彼此的声音和面貌①。换言之，在青年群体社交媒介依赖的生成动因中，现实社会的人际关系为青年群体构筑了社交媒介依赖"牢笼"，青年群体虚拟人际关系的延伸与渗透也影响了其社交范围，使其不断从社交媒介获取情感能量，其"潜意识"与社会环境都在无形地催化着青年群体对社交媒介的依赖。由此可见，青年群体的社交媒介依赖不仅是社会缩影，也是科学技术与社会环境"推波助澜"导致的困境，青年群体一方面陷入了社交媒介织就的"温柔乡"，另一方面陷入了社会强关系、权力结构、媒介制度等构筑的社交媒介"牢笼"，进而加剧社交媒介依赖，甚至导致潜在的信仰风险，产生无法弥补的后果。

---

① 保罗·莱文森：《新新媒介》，何道宽译，复旦大学出版社，2016。

第七章　青年群体社交媒介依赖的矫正机制

习近平总书记指出："青年兴则国家兴，青年强则国家强，青年一代有理想、有本领、有担当，国家就有前途，民族就有希望。"[①] 青年群体是时代重任的接棒者、民族画卷的绘制者，社交媒介的出现给予其践行中国梦的伟大契机。然而，社交媒介打造的拟态环境虽然满足了青年群体日常所需的存在感与成就感，但也致使他们形成了物质和心理的双重依赖，与国家对青年群体的期待背道而驰。基于此，本部分将针对青年群体的社交媒介依赖问题，从国家、青年、媒介、社会以及家庭等五个方面提出矫正机制，以期为青年群体社交媒介依赖提出可供参照的矫正策略。

一　国家层面：价值引导与法律监管

在青年群体的社交媒介实践中，日渐加深的社交媒介依赖不仅关乎青年个体的生存，也与国家和社会的发展相关联。由于国家战略力量能够在思想建设等方面对社会群体实现有效监察，所以若想破解青年群体的社交媒介依赖难题，还需借助国家层面的价值引导和法律监管力量进行预防和矫正。

（一）以核心价值为引领，提高青年群体思想认识

中华民族5000年的文化底蕴，积淀了深厚的物质文明与精神文明。因此，大力弘扬优秀传统文化，对于青年群体的情操陶冶与道德滋养大有帮助。如今，在国家政策的倡导下，传统文化搭载各种艺术形式强势介入青

---

① 习近平：《决胜全面建成小康社会　夺取新时代中国特色社会主义伟大胜利——在中国共产党第十九次全国代表大会上的报告》，人民出版社，2017。

年群体的日常生活，营造了浓厚的文化氛围，也进一步提高了青年群体的思维认知。

1. 弘扬传统文化，内润青年的思想教育环境

中国传统文化体系中蕴含着深厚的爱国精神、强烈的自强精神、同心同德的合作精神等，这些精神对于现代中国社会具有深刻意义[①]。中华优秀传统文化体系中蕴含着丰富的人生哲理、人生理想和道德修养内容，对于加强思想政治教育、树立正确人生态度、实现人生目标等都具有重要的引导意义和牵引作用[②]。现如今，青年群体的工作、学习、娱乐等诸多实践活动对社交媒介的依赖越发强烈，面对现实世界时，他们则表现出诸多不适与空虚，亟须通过学习传统文化实现身体与心灵的双重涵养。

第一，整合社交媒介技术资源，激荡青年群体思想。现如今，社交媒介技术的更迭促使传统文化的宣发渠道越发多样化，在青年群体通过微博、微信、QQ、抖音、游戏等社交媒介平台接收信息的同时，传统文化也会得到创新性解读。其中最明显的是"技术赋能"打造了一流的平台，实现了古今的传承对话，迎合了青年群体的审美偏好。譬如，《典籍里的中国》《国家宝藏》等文化类节目激活了传统文化的精髓，除电视外，节目内容也在微信公众号、抖音等社交媒介平台上进行小屏传播，碎片式传播样态更易与青年群体产生文化共鸣，并将进一步激发青年群体学习传统文化的动力。

第二，探索多元教育模式，优化教育环境。依靠各种形式的文化宣讲、文化知识竞赛、文化遗址场景再现，青年群体既能吸收传统文化精髓，又能践行"引进来，走出去"理念。青年群体在实践中要充分运用社交媒介手段吸收与传承传统文化，在兴趣氛围的渲染中充分挖掘地方方言、文化古迹、民俗文化、历史典故等，深入体验并感悟传统文化，让优秀传统文化内化为自身的精神品质[③]。一方面，应学习优秀传统文化，使社会焕发新机，带领青年群体逐渐摆脱社交媒介所带来的异化影响；另一方面，应大力弘扬传统文化，陶冶青年群体的情操，内润社交媒介学习的环境，并对青年群体的精神追求实现积极引导。

---

① 刘梦然：《析论新媒体对青年传统文化观的影响》，《艺术评论》2018 年第 7 期。
② 吴成钢：《论思想政治教育中的文化牵引力》，《科学社会主义》2009 年第 6 期。
③ 侯玲、柯佳敏：《中国传统文化相对缺场背景下"数字青年"中国价值内化》，《东华大学学报》（社会科学版）2018 年第 2 期。

2. 引领主流价值，涵养青年群体媒介实践的传播肌理

青年群体正处于初步建立思想观、人生观、价值观的阶段，对于世界的认知也正处于探索阶段。因此，尽管开放的社交媒介环境给予青年群体充分的社交实践，但也会暴露诸多问题，如对是非曲直缺乏理性思考、判断能力与思考方式不尽完善等。然而，青年群体的价值取向决定了整个社会的发展方向，因此践行积极有效的引导措施不仅有利于帮助青年群体树立正确的人生理想和价值信念，而且能使青年群体更加深入地认识、理解社会主义核心价值观的内涵。

第一，通过各大社交媒介平台，优化并拓宽主流价值观的传播路径。利用青年群体喜闻乐见的形式，如贴吧、短视频等社交媒介，宣传社会主义核心价值观，培养青年群体的集体意识。第二，将热点事件与主流价值观相融合。切入青年群体的关注点，不仅可以引发群体间的广泛热议，而且能推动事件的广泛传播。例如，在社交媒介平台的宣传助力下，"飞人"苏炳添、"滑雪公主"谷爱凌的励志事迹吸引了广大青年群体的注意力，也传达了永不言败、团结协作等体育精神。第三，多方视域的引领与垂范助力社交媒介与主流价值观相耦合。青年群体的价值观尚未完全建立，在开放的社交媒介环境之中尤其需要多方组织的引导。其中，社会层面应充分履行政治使命，加大对主流价值观的宣传教育力度，发挥青年力量的关键作用，促使青年群体在工作岗位上恪尽职守、脚踏实地办实事。学校与单位要充分挖掘与主流价值观相关的文化资源。譬如，《唐宫夜宴》引发的国潮热，成为青年群体热议的主题之一，学校与单位可以联合线下博物馆与红色教育基地，对青年群体进行线下沉浸式熏陶，使青年群体在实践过程中树立高尚的价值观念。

在上述社交媒介实践过程中，青年群体通过社交媒介寻找自我、认清自我、提升自我，并最终确立正确的人生观与价值观。因此，要让社会主义核心价值观成为青年群体的价值遵循，并渗透青年群体的成长教育，真正发挥引领作用。

（二）以法律监管为手段，规制社交媒介内容生产

社交媒介环境开放多元，青年群体作为社交媒介的使用者，应受到相应的监管。因此，相关部门应对信息源头进行把控，并对社交媒介使用过程、接触环境进行有效监管。

1. 加强相关部门监管，融合社交媒介平台自检

线上监管是矫正青年群体社交媒介依赖的基本保障。目前对于青年群体的监管在很大程度上只是口头的说教与对社交媒介使用时间的控制，理应加大对源头的治理与对线上平台的监管力度。近年来，国家互联网信息办公室进行的多项信息治理活动都取得了良好效果，但未来仍需多部门通力合作、共同治理。大量的交友 App、网络手游等社交媒介丰富着青年群体的日常生活，但也带来了较大的负面影响。

在国际语境中，网络游戏通过年龄划分建立分级制度，游戏场景与游戏内容也有相应的标准。譬如，德国获准发售的手机游戏有着专属的"娱乐软件自我监控"（USK）系统，对于不同年龄段的用户会进行游戏体验感的区分，如 15 岁与 20 岁用户的游戏场景的呈现效果是不同的。同时，德国相关部门会使用"网络巡警"对青年群体的游戏实践进行 24 小时监控。简言之，网络监管是对青年群体社交实践的保护措施。首先，政府部门的介入会给予青年群体正确且积极的心理暗示，并进行正确社交媒介行为的引导，使青年群体对自身行为进行相应的调整。其次，相关部门也可以从家庭、教育环境、工作单位入手，对青年群体进行正向引导。最后，监管部门应对社交媒介平台实现源头监管，同时为青年群体打造一个积极向上的社交媒介环境。如今，社交媒介平台均做出调整，如短视频平台推出青少年模式、《王者荣耀》等手游实施时长限制政策等，与青年群体由共情达到共赢。

2. 健全青年网络安全体系，强化政策保障

自 2017 年以来，国家互联网信息办公室相继发布《互联网信息内容管理行政执法程序规定》《互联网论坛社区服务管理规定》《互联网跟帖评论服务管理规定》等规定，随着这些规定的落实，"网络是法外之地"的固有观念逐渐消散，开放的社交媒介环境被打了一剂"强心针"。然而，针对青年群体的网络监管力度仍有欠缺，致使青年群体法律意识淡薄、沉迷于虚拟的社交媒介幻想。因此，建立健全网络防沉迷机制势在必行，这同时是增强青年群体法治观念的必要举措。

第一，净化青年群体的认知视域，将守法牢记心间。社交媒介是带有约束条件的场域空间，青年群体的失范行为是缺乏法治观念的重要表现。青年群体在社交媒介实践中要明确可行性与局限性。第二，建立有针对性的法律法规，将法治观念深入生活。青年群体作为积极活跃的言说者，网

络的匿名性使他们规避了一些舆论风险。因此，政府不仅要维护网络环境的稳定、把控网络舆情及公共事件的走向，还应引导青年群体正确地使用社交媒介。例如，抖音掀起的"反诈App"热潮，将反诈意识深入人心，全民叫好。网络安全的法治意识也应被线上线下宣传，运用漫画、明星宣讲、直播等形式，走进青年群体的心中。此外，政府与媒体应对社会热点事件进行及时报道与评论，引导青年群体选择理性的方式展示自我。随着法律法规的不断完善、法治意识的不断增强，青年群体的社交媒介依赖将逐渐缓解。

二 青年层面：媒介素养、自律精神与行动实践

随着社交媒介技术的演进，手机、电脑等智能设备深度融入大众生活，"媒介化"成为当今社会的基本样态。作为媒介化日常的行动者，青年群体突破了传统的社交局限，描绘了二元特征的社交新图景。一方面，社交媒介对青年群体信息获取、社会交往、自我展示与身份认同等方面有着积极影响；另一方面，社交媒介会弱化青年群体的道德感，导致其实践能力的失衡与人格化的异常。因此，应着重培养青年群体的媒介素养、自律精神与行动实践。

（一）青年群体媒介素养的提升

青年群体作为媒介融合视域下的时代新人，媒介素养的提升成为重构其主体性的重要路径①。既要从知识与主体等微观层面进行引导，也要从公共领域与媒介素养教育格局等宏观维度进行严格管控，从而在微观和宏观两个层面开展对青年群体自身媒介素养的教育实践。

1. 增加青年群体接触媒介素养知识的机会，树立终身学习理念

媒介素养知识既是指导青年社交行为的源泉，也是提高青年群体社交媒介能力的养分。面对社交媒介享乐主义、消费主义及道德虚无主义，青年群体不仅要增加接触媒介素养知识的机会，抵制社交媒介的不良影响，而且要不断补充与时俱进的媒介素养知识，巩固对社交媒介的运用能力。

① 谢晓晖：《融媒体环境下大学生媒介素养的养成》，《传媒观察》2021年第4期。

　　第一，扩大社交媒介平台的媒介素养知识接触面，实现"化整为零"的素养教育路线。在传统的媒介素养教育中，学校成为核心阵地，其媒介素养教育课程不仅会占据青年群体的时间，而且会遭受青年亚文化的抵制与反抗。因而，社交媒介平台应承担媒介素养教育的一部分，用碎片化的社交时间替换整段的教育时间。一方面，社交媒介平台应积极引进官方媒体、红色媒体，以青年群体喜闻乐见的形式来传递媒介素养知识、发布正面信息，使其在使用社交媒介平台时能对社交行为、社交习惯、社交时空做出正确的判断；另一方面，社交媒介平台应强化对"平台红人"的媒介素养教育，消除青年群体对媒介素养知识的抵触情绪，提升青年群体的情绪控制力与信息甄别能力。

　　第二，设置媒介素养议题，树立终身学习理念。作为互联网"原住民"，青年群体对社交媒介信息的依赖已经达到较为严重的程度。因此，社交媒介不仅要向青年群体灌输更多的科学知识，而且要通过自身的主题设置，帮助其树立终身学习理念。现如今，青年群体一方面专注于通过社交媒介发表一些平庸且碎片化的生活内容，另一方面乐此不疲地浏览一些信息，社交媒介成为对青年群体进行媒介素养教育的终极场所。社交媒介对媒介素养知识的宣传应体现在两个方面：一是对媒介素养知识的宣传与对网络社区的管理，营造良好的社交环境；二是运用社交媒介技术，设置媒介素养主题，如 B 站用户一方面可以通过答题来成为"合格"用户，另一方面能够通过媒介素养知识短视频、网络邮件、新闻推送等来培育媒介素养，在潜移默化中树立终身学习理念。

　　2. 重构青年群体主体作用，提高媒介把控力

　　在社交化语境下，青年群体的媒介素养既与当下的教育目标息息相关，又在多角度涉及青年群体自身的主体作用。"永久在线、永久连接"的特性让"非理性"占据青年群体的社交媒介使用过程，社交媒介的新特征也给青年群体带来新的主体价值结构，这种主体价值结构以权力掌控、独立思维能力及个性化创作为脉络，实现青年群体主体性价值的再造。

　　首先，打破青年群体主体性桎梏，促进社交媒介权力的再掌控。在传统的媒介素养中，媒介以被动、消极的形式出现在大众的视野内，它们一方面以工具的形式承载大众信息，另一方面以中介的形式传递他人的思想与内容，如书籍、绘画、雕塑等。但是，随着智能媒介的普及，在青年群体的社交媒介实践进程中，媒介开始以"行动者"的身份出现，它以定位

系统、算法技术、人工智能、移动终端设备等为载体，通过算法编程整合青年群体的消费、浏览、关注的信息内容，勾勒"用户画像"，从而在海量的信息中筛选、提供青年群体所喜欢的内容，无形中构筑了无法摆脱的社交"媒介墙"，其"主体逻辑"被"媒介逻辑"所替代，权力中心也由"人"转为"媒介"，青年群体在失去主动权的同时，其主体性价值也被"数字人格"替代。因而，青年群体的主体性价值要想摆脱主体"代码化"的困扰，不仅要扩大线下的社交范畴，加强社交媒介技术对个人的隐私、人际关系、情绪情感等层次的把控，而且要打破社交媒介"舒适区"，提升对社交媒介的时空维度管理能力。

其次，培养青年群体的独立思维，个性化创造社交内容。在社交化语境下，"推荐""热门"等媒介思维引导着青年群体的社交实践，其独立思维与个性化创造逐渐被"媒介逻辑"所侵扰。无论是社交媒介内容的生产、传输、接收环节，还是消费、娱乐、习惯，青年群体都会在潜意识中跟随"流量"潮流。青年群体的主体性价值被掩盖，盲目跟风、假消息传递、舆论极化等负面影响被扩大。这也就意味着，社交化语境以"人人都是麦克风"[1] 的去中心化生产与传播的模式，裹挟着"流量""资本""消费"等元素，影响青年群体的独立思维与个性化创造。因而，以媒介素养知识的获取提高自身独立思维能力、培育勇于创新的个性化内容生产成为彰显青年群体主体价值的基石。这一方面要求青年群体对媒介素养知识有足够的储备量，能够甄别不良信息；另一方面要求青年群体通过社交媒介生产出能表现自身个性的内容，打破同质化的桎梏，在独立思维与个性化创造的双向模式中使社交媒介的实践更具主体价值意义，进而把控对社交媒介的使用。

（二）青年群体自律精神的培养

"自律"在某种程度上是人在一定范围内根据意识认同以及社会道德行为规范进行自我行为的约束和控制。康德认为，人本质上的自律最显露的特征是道德素质。马克思亦指出："道德的基础是人类精神的自律。"[2]

---

① 汪金刚：《融合传播环境下信息空间的嬗变与生态重构》，《当代传播》2020 年第 1 期。

② 中共中央马克思恩格斯列宁斯大林著作编译局编《马克思恩格斯文集》（第 1 卷），人民出版社，2009。

青年群体缺乏自律精神，可能会出现网络道德失范、法律意识淡薄等一系列行为，并且自律精神的培养对于青年群体而言是一项意识的培养、情感的渗透以及多维途径进行的长期工程。因此，自律是一个人道德水平、良好品质的体现，更是青年群体成长与学习的一剂"良药"。

1. 内化于心：唤醒自律意识，提高青年群体的自控能力

青年群体处在拓展学习与确立认知的阶段，其自律精神的培养在于其自律意识的觉醒与道德修养的教育。尤其是在外部媒介环境下，与内心自我矛盾结合并创造性转化是青年群体对于自律意识的意义呈现。

首先，青年群体要厘清社交媒介对于自身的利弊关系，加强自身道德修养的培育。社会道德规范是大众个人道德素质的内化体现，自律意识需要道德行为的自然呈现，而不是道德"绑架"所达到的结果。这就需要青年群体既要清楚社交媒介技术带给自身工作、学习、生活的便捷性，又要时刻警惕网络社交环境的危害性。尤其是以微信、抖音、B站等为主的社交媒介平台，独特的信息呈现与传播方式越来越受到青年群体的青睐。然而，网络社交环境中传播主体的隐匿性使得大量的自媒体博主受热度等因素影响而歪曲事实，使青年群体沉浸其中进行自由式的言论与情感宣泄，这就导致道德失范行为时常发生。在社交媒介空间中，青年群体对于各种信息的来源难以区分，尤其是对网络谣言的自我甄别能力较弱。譬如，刘某寻亲事件的风波使多个微博账号与抖音账号被封禁，网络暴力带给刘某的是冷漠与善良的缺失。大量的青年博主为了流量与热度而进行个人化的情绪抨击，造成了寻亲主角的悲惨结果。再如，舟山市的青年网民陈某因无聊，随意杜撰了一条"有人携带炸药包至公共场合的信息"发布在网上，造成一定的社会恐慌，警方依法对其处以 300 元的罚款，这是已经上升到法律意义上的道德失范行为。因此，唤醒自律意识的首要目标是提高青年群体的道德修养，青年群体要能够清晰地认识到道德培育的层次性，透彻认知多视域道德行为。

其次，青年群体要将责任落于实处，自觉承担社会责任。责任是产生内生动力的源泉，责任明确，才会有自觉的行为[1]。青年群体作为国家与社会的未来建设者，在现实环境中应当承担自己应担的责任与应尽的义务。在"纷繁复杂"的社交媒介中，青年群体更应将"责任感"视为社交

---

① 冯双鹏：《略论高校学生自律精神的培养》，《社会科学辑刊》1998 年第 3 期。

媒介的有益参照。青年群体可以通过云技术形式、深入日常社会实践或公益性组织来培养自身的责任感。一方面，强化社交媒介的正向作用，到爱心捐助基地进行爱心支教服务。在贫困地区的实践中将责任意识内化于心，通过云服务与现实境况进行对比，激发青年群体强烈的社会责任感，并不断促使其通过社交媒介手段服务社会。另一方面，专注青年群体的自身专长培养，通过社交媒介手段帮助其成长，鼓励其在兴趣与专注间不断进行自我行为的规训，而不是沦为社交媒介的奴隶，沉浸于虚拟世界的快感之中，荒度青春时光。

2. 外化于行：注重实践，深化青年群体的自律认知

在媒介智能时代，对青年群体自律精神的培养，要在自律意识逐渐觉醒的基础上引导，不断进行自律实践，在内化于心的基础上实现外化于行。面对开放的社交媒介环境，青年群体要在日常社交、工作、游戏、生活中进行实践总结与反省，通过对时间与精力的合理把控，使自律精神得以落实与弘扬。其中，要着重追求自律方式的创新教育与家庭自律的有效关涉。

第一，对于自律方式的教育要创新。自律实践教育要契合社交媒介场域，并进行相应的审美交融。譬如，对于大学生群体而言，慕课、微课等在线课程的火热，使"追名师"与抢座位成为"历史"，在线学习成为大学生群体的公共权利。一些"网红名师"如徐涛、汤家凤、罗翔等，除传授学习知识外，还会传授人生经验，成为"宝藏老师"，提高了青年群体自律学习的效率。对于现实课堂而言，开展相应的"翻转课堂"与外国学生隔空交流学习，并将兴趣引申至自律学习中，这将是社交媒介实践的良好契机。第二，注重法律法规的宣传，做自律守法的先行者。青年群体的网络行为往往没有标准限度可言，在上述讨论中，散播谣言引起公众舆论的事件比比皆是，置身其中的青年群体没有认识到自身的行为已经违法。可以看出，法律法规的宣传仍有许多未涉及的领域。因此，可以创新地使用社交媒介进行宣传。例如，现在很多明星成为公益大使、消防安全大使等，强大的明星效应对青年群体有着重要的榜样作用。另外，政府相关部门对于青年群体的社交媒介实践要进行相应的干预，以净化网络环境，培养其自律精神。第三，将家庭置于首要地位，进行自律精神的深层培养。家庭是青年群体的重要生活场所，家人的言行举止对于青年群体有重要影响，而且这种影响是同步且持续时间较长的。家长以及家庭成员会成为青年群体社交媒介实践的指路人。例如，从小就可以避免在电脑前进行长时

间的游戏。此外，手机越发智能化，要严格控制使用时间。家庭成员在社交媒介实践之中要做道德素养与法律法规的实践者，从源头进行"涵化"。

（三）青年群体媒介行为的感召

媒介行为指大众使用媒介时的习惯，其决定性因素主要包括媒介使用主体的偏好等内部条件，以及所处的环境等外部条件。约书亚·梅罗维茨的媒介情境论融合了媒介理论与情境理论的精华，以媒介时空观为特征，提出电子媒介作为信息系统创造了新的环境，进而影响人们的行为[1]。青年群体的行为因社交媒介技术的越发成熟、社交场景的多样化变得复杂多变。社交媒介形式的快速变革及多元文化的冲击交融（以青年亚文化为主），改变了青年群体的心理结构以及对媒介情境的体验感。青年群体从自身习惯的改变到群体间的相互感召，其自身行为在现代语境之下需被审视与重建。

1. 青年群体社交媒介动机再审视

社交媒介参与并改变了社会的生态环境和人们的社会活动，除了内容传播之外，社交媒介已经"跨界"成为重构社会生活的基础设施[2]。由此，社交媒介成为受众关注生活、了解社会的便捷工具。随着社交媒介技术核心的更迭，青年群体使用社交媒介的动机由信息获取、学习知识、娱乐休闲等转至如今的异化沉迷。社交媒介的身份地位在主体行为动机中进行转换，由青年受众主动选择实践到如今的被动接触并形成依赖，其根本原因是社交媒介平台对于信息的过度加载，为此需从源头上给予化解，使青年群体明确社交媒介的使用动机，并实现社交媒介的最大化利用。基于此，对青年群体的社交媒介动机进行再审视是亟须且必要的。

首先，降低对于社交媒介硬件的过分追求，端正青年群体的行为动机。现如今，智能手机、智能手表等琳琅满目，促使青年群体过分注重品牌与价格，而忽略了社交媒介的本质——交流与信息的便捷化。因此，青年群体应消除社交媒介使用过程中的品牌优越感，在降低社交媒介成本、清除传播障碍的同时，注重社交媒介的最终需求——信息交换。其次，良

---

[1]　何梦祎：《媒介情境论：梅罗维茨传播思想再研究》，《现代传播—中国传媒大学学报》2015 年第 10 期。

[2]　喻国明：《元宇宙就是人类社会的深度"媒介化"》，《新闻爱好者》2022 年第 5 期。

好的网络社交环境对青年群体社交媒介行为有积极的引导作用。社交媒介技术所带来的实践环境与以往大不相同，庞杂的信息内容与线上线下一体化的交流形式，在青年群体间营造了一个新的社交情境。青年群体被思想意识引导并产生相应的社交媒介行为，中间牵扯的家庭教育环境、工作单位的氛围感等，都将影响其社交媒介实践活动。

最后，青年群体要学会灵用、巧用社交媒介。社交媒介的初心在于惠及全民，随着文化程度与人口地区等种种因素影响，在以年龄段为划分标准的人口结构中，青年群体作为媒介化最大的受益群体，要时刻运用社交媒介平台凸显自身价值。例如，在疫情防控期间，乡镇的大学生志愿者运用微信小程序与在线文档的形式为家乡疫情防控服务，既节省了人力、物力，又一改青年群体在大众面前的形象。另外，青年群体通过抖音直播"带货"家乡农产品、助力乡村振兴事业等，都是社交媒介行为的榜样式建构。青年群体要将社交媒介作为展示自身价值的舞台，通过社交媒介平台体现出自身价值，加强现实与媒介之间的融合性。

2. 青年群体实践能力的多维延伸

社交媒介技术的发展史可以被视作以人为中心的演变史，数字媒介的兴起则越发将技术与人的主体性相互连接[①]。也就是说，青年群体的实践行为都可以在社交媒介的变迁史中找到传统媒介的实践迹象，并以此对当下的社交媒介行为进行观照。社交媒介技术给予青年群体社交实践多种可能，这就需要既关注社交媒介行为视域的主体性意识、"身与心"的重建逻辑，又要关注时间与空间对青年群体实践的影响。

一方面，青年群体主体意识重建，脱离"身与心"的在场性束缚。青年群体的主体意识是对自身的正确认知，通过积极的社交媒介行为把握自己，在驾驭信息的同时进行主体意识的内化与重建。在对社交媒介有一定了解的基础上，化被动为主动，充分利用社交媒介进行自我价值的彰显与自我行为的规训。"当你正把注意力投向某些信息时，你需要做一些特别的事情，它就会为你的需求而服务。"[②] 也就是说，社交媒介平台在整合信息资源的同时，将多元媒介形态的手机、电脑等的特性进行整合，不仅符

---

① 段俊吉：《打造"人设"：媒介化时代的青年交往方式变革》，《中国青年研究》2022年第4期。

② 詹姆斯·波特：《媒介素养》，李德刚译，清华大学出版社，2012。

合青年群体心理层面的审美,同时实现了青年群体自我认知的价值重塑,社交媒介也因此成为青年群体形成依赖的魅力所在。

另一方面,青年群体行为的培养与理性审视。大众的行为被社交媒介所裹挟,生活与仪式感都被景观化呈现,青年群体沉浸其中,更需理性看待这一切。社交媒介赋权于青年群体,并在共同的场域空间内进行沟通与交流,这是虚拟世界的特殊表现。青年群体需要对自身行为有理性而明确的认知,培养对字句的斟酌与对行为的约束。例如,刘某事件在很大程度上是网民群体在进行自我感性宣泄,他们并未进行理性审视,由此造成的后果值得青年群体反思,并时刻明确社交媒介行为所造成的后果与要承担的责任。时代的更迭、社交媒介技术的发展、社交场域的变迁,使得青年群体的社交媒介行为亟须示范引导,联动社会各界对青年群体社交媒介依赖的理性审视,既是媒介素养教育的实施路径,又是媒介行为重建的时代反思。总的来说,加强青年群体的媒介素养教育,使其拥有理性而深刻的媒介习惯,对媒介行为的重建有重要影响。

三 媒介层面:结构优化与内容升级

作为青年群体社交、娱乐、工作等活动所依赖的中介客体,社交媒介不仅是其参与社会实践的一种工具或手段,更嵌入当代青年群体的身体,成为其开展生命互动不可或缺的"数字身体"。诚如马歇尔·麦克卢汉所言:"任何媒介的使用或人的延伸都改变着人际依存模式,正如它改变我们的各种感觉的比率意义。"[1] 社交媒介在与青年群体相互融合的同时,给他们带来了不小的影响,既重塑了当代青年群体的行为模式,又改变了青年群体与生俱来的认知谱系。他们用社交媒介去听、去看、去交流,并以一种"缺席的在场"的姿态来延伸空间与时间,致使自身成为技术功能的外化与显示,从而在使用与被使用的交互关系中实现身体的"延伸"[2]。以功能主义的视角来看,青年群体在拥抱社交媒介时的能动性是存疑的,他们一边适应着技术的延伸、享受着社交媒介带来的快感,一边在技术的拉

---

① 马歇尔·麦克卢汉:《理解媒介:论人的延伸》,何道宽译,商务印书馆,2000。
② 黄旦:《延伸:麦克卢汉的"身体"——重新理解媒介》,《新闻记者》2022 年第 2 期。

扯下深陷社交媒介的"依赖"旋涡，使自身单方面地倒向社交媒介，继而造成了现代社交媒介属性的嬗变问题，即从社交媒介工具性到社交媒介主导性的技术异化。可以说，社交媒介是导致青年群体依赖的一个重要因素，那么预防和矫正依赖需要在这一问题中寻求解决策略。

（一）优化社交媒介产品的设计架构

美国哲学家阿尔伯特·伯格曼（Albert Borgmann）在 1984 年以"技术不是简单的手段，而是已经变成了一种环境和生活方式，这是技术的实质性的影响"[①] 精确预言了社交媒介技术的发展对人类社会造成的变革。而在当代社会的社交媒介洪流中，以手机等为代表的便携式智能设备，无疑对青年群体的影响更深。这不仅指其作为社交媒介的普及范围之广，更为重要的是，它们正在以内蕴的技术动能推进青年群体生活逻辑的现实变革，使当代青年群体沉浸在社交媒介设计的依赖结构之中，进而成为其社交、工作、学习等日常实践难以摆脱的存在。诚如美国学者亚当·奥尔特在《欲罢不能：刷屏时代如何摆脱行为上瘾》一书中所指出的那样，手机等社交媒介正是以"诱人的目标""不可抗拒的积极反馈""毫不费力的进步""逐渐升级的挑战""未完成的紧张感""令人痴迷的社会互动"6个方面的内容设计来让使用者产生"依赖体验"[②]。也就是说，社交媒介的设计架构对青年群体的依赖症候起着推波助澜的作用，或者说社交媒介是在有意地培育青年群体的依赖习惯，以便自身更轻易地获得青年群体的使用。从结果来看，社交媒介的这种"依赖体验"设计对青年群体显露巨大的魔力，手机等社交媒介已然成为青年群体的第二主体性存在，解构与重构着青年群体的社会认知与行为。他们使用手机来健身与购物，观看网络直播与线上视频，就连吃饭与出行都依靠手机完成。这一方面使青年群体以更广阔的姿态与世界发生联系，另一方面又切断了青年群体与世界结合的天然纽带，使青年群体仅能在社交媒介所设计的框架内实现自我存在，成为"赛博格"化的现代人。因此，对于一个已经深植青年群体身体肌理中的"第三持存装置"，最好的办法也许并非将其彻底卸载与删除，而是

---

① 陈凡、傅畅梅、葛勇义：《技术现象学概论》，中国社会科学出版社，2011。

② 亚当·奥尔特：《欲罢不能：刷屏时代如何摆脱行为上瘾》，闫佳译，机械工业出版社，2020。

从手机等设备的设计架构入手，将其调试和优化至适宜青年群体使用的产品样态，从而矫正青年群体的物质依赖与精神依赖。

一方面，建立绿色模式，矫正青年群体的社交媒介依赖。从手机等产品的架构来看，其更像是一个"媒介嵌媒介"的信息合集。也就是说，青年群体在使用手机时，并不是在操纵手机的物理机体，而是在使用手机内部的各种 App 或信息文本，即学者所称的"数码物"。需要指出的是，网络互联共通的开放属性给予了每个畅游者足够的自由，纷繁复杂的"数码物"也并未向不同的人群设立准入规则，这不仅致使青年群体能够随意穿梭于内容各异的软件之中，更使青年群体下载并使用了一些不易把握的社交媒介内容。因此，建立一种覆盖广泛的绿色模式，对即将走入青年群体视线中的"数码物"进行审核，无疑能够帮助青年群体矫正其社交媒介依赖。首先，要完善现有的青少年模式。从手机 App 的发展现状而言，不少 App 中都已内置了"青少年模式"。这种青少年模式会甄别部分社交媒介内容，并将部分功能对青少年进行隐藏。但遗憾的是，现有的"青少年模式"大多都需要青少年自己主动开启，且信息筛选不严格，导致未成年人观看直播、高额"打赏"等事件仍时有发生。所以，设计 App 时，应严格遵循青年群体的行为习惯，扩大现有绿色模式的覆盖范围，以此来规避青少年社交媒介依赖现象的发生。其次，要限制未成年人的屏幕使用时间。国家新闻出版署下发的《关于进一步严格管理　切实防止未成年人沉迷网络游戏的通知》已对未成年人的游戏成瘾问题进行了重点关注。但在游戏之外，部分携带不良内容的视频、小说、漫画等，也正腐蚀青少年的健康成长环境。尤其是抖音、快手等短视频平台吸引了众多青少年，使其沉浸于快节奏、碎片化的信息海洋中，动辄刷几个小时短视频的社交媒介行为在青少年中十分常见。因此，有必要控制青少年的社交媒介使用时段。当其有异常屏幕使用时长时，应以劝导、强制等手段缩短其使用时段，防止其长时间、连续性地陷入动态化的"巢窠"之中，从而引导青少年"可持续"地使用社交媒介。

另一方面，修正反馈机制，减少青年群体的社交媒介精神依赖。在青年群体社交媒介依赖的诸多成因中，手机等的反馈机制无疑起着重要的作用，进而诱使青年群体在这种体验中与社交媒介产生更大范围的联系。学者亚当·奥尔特划分了依赖的 6 种构成要素，并认为"无法阻挡、无法预知的积极反馈"会使大脑释放更多的多巴胺，以此给予青年群体一种"稳定的小剂量奖励",使其浸渗于反馈所带来的"感官宿醉"①。换言之,青年群体正是在"期待与反馈"的双重连接中,不由自主地产生社交媒介依赖。因此,应修正社交媒介所蕴含的反馈机制,消除其对青年群体施加的精神规训,以此来减少青年群体的社交媒介依赖。首先,要淡化社交媒介的积极反馈。积极反馈是青年群体社交媒介依赖的深层症候所在,通过深谙人性的交互化设计,社交媒介俘获了众多青年的"芳心"。尤其是游戏产品,其悦耳的声乐、炫目的光效等反馈使青年群体沉迷其中,微观而又密集的反馈设计更不断刺激着青年群体的大脑,使其越发难以挣脱社交媒介的"泥沼"。所以,有必要调试这种反馈机制。应通过出台政策等方式对社交媒介的反馈机制进行规定,如反馈的数量、样式等,以此防止其隐秘地诱导青年群体。同时,要注重负面反馈的力量,以轻微的惩罚措施来帮助青年群体摆脱社交媒介依赖。其次,要限制社交媒介的数字反馈。数字反馈已然充斥于社交媒介之中,从点赞、评论的数量,再到运动时的步数与排名,这些数字将不同青年紧密联系在一起,并在数字化的互动中激活了"不可预测式"的反馈,从而为社交依赖的产生铺平了道路。由此,应限制青年群体使用设备的数字反馈,减少青年群体的媒介化交往需求。比如,可以在社交软件内设置一种没有数字的模式,通过对点赞、评论、浏览等量化内容进行隐藏,来削弱"数字红点"等令青年群体上瘾的反馈线索,促成青年群体对定量指标的脱离。

(二) 建构社交媒介机构的价值航道

作为社交媒介的设计、生产与制造者,社交媒介机构对社交媒介产品的演变轨迹发挥着定向的作用,决定着社交媒介自身的价值取向。德国哲学家马克斯·韦伯曾提出社会行动的"合理性"概念,并将其划分为"工具理性"与"价值理性",其中工具理性代表着"决定于对客体在环境中的表现和他人的表现的预期,行动者会把这些预期用作'条件'或者作为'手段',以实现自身的理性追求和特定目标",而价值理性则指"决定于对某种包含在特定行为方式中的无条件的内在价值的自觉信仰,无论该价值是伦理的、美学的、宗教的还是其他的什么东西,只追求这种行为本

---

① 亚当·奥尔特:《欲罢不能:刷屏时代如何摆脱行为上瘾》,闾佳译,机械工业出版社,2020。

身，而不管其成功与否"①。简言之，工具理性的社会行动表征着目的，价值理性的社会行动则表征着信念与理想，而这两者均不同于情绪化或传统化的"边缘性行动"，是一种经过理性思考和仔细考量的"合理性行动"②。从社交媒介产品的发展现状来看，其产品形态与内容生产过程夹杂着工具理性与价值理性的力量博弈，且工具理性占据了主导位置。商业化、娱乐化等市场浪潮的冲击不仅使社交媒介机构的价值衡量越发偏向"工具化"认识，基于用户的营销思路更影响着社交媒介自身的产品呈现，促使手机、手表等衍生了"游戏机""自拍机""运动手表"等多种功能样态。如此，社交媒介产品自身的"合理性"逐步变得复杂化与矛盾化：社交媒介理应掌握在青年群体手中，但其生产时所埋入的隐性价值架构却对青年群体施加着影响，诱使青年群体无意识地迈向社交媒介机构先天为产品所预设的路径——或便于游戏，或便于社交。这都在影响着青年群体的自由意志，背离了青年群体的社交媒介使用初衷。因此，应重新疏通社交媒介机构的价值航道，改变其工具理性认知与价值理性认知，从社交媒介生产的源头引导青年群体合理地使用社交媒介，削弱"商业化""娱乐化"等理念对青年群体的催化影响，进而降低青年群体产生社交媒介依赖的可能性。

一方面，重塑工具理性认识，避免商业化理念影响青年群体。社交媒介生产者的价值取向问题，是一个关乎社交媒介产品被如何设计与生产的问题，它直接决定着社交媒介最终的产品呈现与结构形态。而在现代社会中，资本强大的运转逻辑正不断冲击着传统社交媒介生产领域，使社交媒介机构的行为动因偏向如何谋取更大的用户市场与更多的经济利益，并随即形成了一边压缩基于"公共性""服务性"等理性价值的留存空间、一边又建造基于"市场性""商业化"等工具价值的生长乐园的差异局面。由此，工具理性成了生产者眼中的绝对价值，其所有的手段和方式都开始朝这一理念靠拢，社交媒介产品逐渐成为"通过精细化计算后所得的效益最大化的视听产品"③，也使青年群体在使用这些产品时受到其中所内蕴的商业思维影响，异化为社交媒介产品的附庸。因此，对生产者而言，应纠

---

① 马克斯·韦伯：《经济与社会》（第一卷），阎克文译，上海人民出版社，2010。
② 郝雨、田栋：《媒介内容生产取向性偏差及"合理性"调适——基于工具理性、价值理性的辩证视角》，《国际新闻界》2019年第6期。
③ 郝雨、田栋：《媒介内容生产取向性偏差及"合理性"调适——基于工具理性、价值理性的辩证视角》，《国际新闻界》2019年第6期。

正其越界的社交媒介设计理念，防止商业化社交媒介影响青年群体。首先，要强化社交媒介生产者的责任意识。作为社交媒介的设计者与生产者，社交媒介机构不但把控着社交媒介生产的技术链条，更决定着其以何种形态呈现于青年群体面前，可以说正是生产者的主观意识与价值理念决定着手机等社交媒介产品的发展趋向。因此，对生产者而言，良好的责任意识是其理应具备的素养之一。所以要厘清社交媒介机构的责任，使其明晰自身所要履行的社会义务，从而以良好的道德风气来改善社交媒介产品的生产乱象，让青年群体真正使用到利于其学习与成长的优质社交媒介产品。其次，要对过界的商业行为进行纠正。从社交媒介产品的生产状况来看，有部分生产者以便于青年群体游戏、社交等功能为产品噱头，以所谓的特色优势为青年群体的不良习惯"造势"，致使青年群体在这种社交媒介产品的"鼓励"下越发依赖与沉迷。这种现象究其根本是生产者为取得经济效益而做出的一种过界商业行为，所以应当为社交媒介机构的生产活动画出一道"底线"，使其在逐利的同时更加注重产品所带来的社会影响，坚决杜绝"变质"的社交媒介产品流通，以此形塑行业准则与价值认知，确保青年群体与社交媒介和谐共生。

另一方面，回归价值理性认知，规避娱乐化媒介操纵青年。无论是从社交媒介的发展轨迹还是从使用归宿来看，人都在其中占据着核心地位，统摄着其价值理念的生产意志和未来进路。但在现实生活中，社交媒介所带来的经济效益和物质利益取代了人本思想，成为部分社交媒介机构的第一考虑要素。他们忽略社交媒介的社会效用，只顾着追求数据与流量背后的资本筹码，致使一些无底线、无边界的社交娱乐产品充斥于青年群体的生活，以致其形成不好的社交媒介习惯。因此，应使社交媒介生产者树立价值理性认知，通过倡导生产"理性"社交媒介产品和限制娱乐性社交媒介产品生产，将社交媒介生产置于如何改善青年群体学习、工作等价值考察的实践范围中，从而为社交媒介本身添上一层蕴含人文主义思想的价值底色。首先，要倡导生产者合理设计社交媒介产品。社交媒介产品的设计与生产不仅是追求技术跨越与经济效益的单向过程，更是一个实现人类生命意义与社交媒介自身作用的双向过程。而目前部分社交媒介产品的无节制娱乐却为青年群体带来了不良的影响。例如，热门游戏《王者荣耀》以历史人物为原型，将其名称、背景等内容嫁接至虚构的游戏角色之上，以戏谑化的手法涵化着青少年的历史认知，引发了诸多媒体与学者的批判。

社交媒介产品理应帮助青年群体以正确的方式认识世界，但如今却在娱乐的逆向拆解下引起了不可小觑的反作用。因此，应对生产者进行适时的引导，使其认识社交媒介内容的人文关怀与价值追求，从而设计出真正有利于青年群体身心健康的社交媒介产品。其次，要限制部分娱乐社交媒介产品的生产。对青年群体而言，其所触及的社交媒介产品对其价值谱系的定型发挥着重要作用，所以要对部分过度娱乐化和缺乏人文主义的社交媒介产品进行限制。比如，可以在生产者设计社交媒介产品时对其设定准则，避免其篡改部分对青年群体具有重要培育作用的史实、名著读本、社会真理等，以此规避社交媒介对青年群体的操纵，切实提高青年群体的思想境界和价值认知。

（三）约束社交媒介内容的生产边界

随着社交媒介生态和传播观念的流变，社交媒介内容的生产模式也在发生相应的演变。尤其是 UGC、PUGC 等泛化传播者概念的传播样式出现后，社交媒介内容的分发渠道愈加多元，颠覆了以专业者为核心的原有社交媒介生态，进而带来了追求流量、数据的内容变质问题，最终使青年群体在浏览这些信息时沾染上不良习惯，养成了对社交媒介的刺激性依赖。以自媒体为例，所谓的自媒体即"一个普通市民经过数字科技与全球知识体系相连，提供并分享他们真实看法、自身新闻的途径"[1]。换言之，自媒体是一个以个体化、自主性为基本底色的内容分发平台，代表着社交媒介内容的书写权由专业人士下沉到普罗大众。这种自发的内容生产与专业机构相比，往往缺乏一定的监管约束。有学者指出，自媒体生产者可能会因一时的情感、思维来对内容加工与传播，将内容生产视为个人在特定时空中的价值取向，而并未对内容所带来的社会影响进行谨慎而广泛的社会思考[2]。于是，各种博人眼球的自媒体内容如雨后春笋一般涌现，它们不比拼具有实质性、价值性的传播内容，反而对信息进行夸大、篡改和娱乐化处理，致使青年群体沉溺于具有强烈感官刺激的社交媒介内容，弱化了青年群体的自主意识与思考能力。恰如尼尔·波兹曼所说："这种信息剩下

---

[1]　邓新民：《自媒体：新媒体发展的最新阶段及其特点》，《探索》2006 年第 2 期。
[2]　郝雨、田栋：《媒介内容生产取向性偏差及"合理性"调适——基于工具理性、价值理性的辩证视角》，《国际新闻界》2019 年第 6 期。

的唯一用处和我们的生活也没有真正的联系。当然，这唯一的用处就是它的娱乐功能。"① 无用而又有害的信息内容正存在于每个青年群体所使用的社交媒介设备。因此，应对社交媒介内容的生产与分发进行优化，通过提升媒体人素养与完善算法机制，既能使青年群体接触更多"可持续化"内容，又避免了机器算法对青年群体进行单一的内容捆绑，从而激发青年群体的创造性与行动力，减轻青年群体对不良社交媒介内容的依赖。

一方面，提升媒体人素养，为青年群体供给"可持续化"内容。尼尔·波兹曼曾强烈批判电视时代，认为电视创造的"没有依据、毫无关联、支离破碎或流于表面"的"假信息"使人产生一种以为知道很多事实、最终却离真相越来越远的局面，并悲观地指出"在信息的海洋里，却找不到一点儿有用的信息"②。而在互联网时代，尼尔·波兹曼言说的故事也正在发生，由部分媒体人所造就的"假信息"亦侵蚀着当代青年群体的认知空间，使青年群体在掺杂着不良内容的信息海洋中汲取养分，并最终建构了错误的价值观念，对社交媒介形成了病理性依赖。所以，应提升媒体人的素养，以正确的职业态度来产出优质的社交媒介内容，以此来为青年群体供给"可持续化"发展的成长养分。首先，要强化媒体人的责任意识。社交媒介内容的生产就是人的意识活动的表达过程，个人的价值取向决定着社交媒介内容的属性偏向，因此媒体人要以输出优质内容为己任，以推动青年群体教育和社会发展为目标，自觉地树立责任意识，这样才能给予青年群体一个干净的社交媒介环境，使其能够从社交媒介中获取真正的知识并学以致用，从而降低对游戏与社交产品的依赖。其次，要为媒体人设立准入机制。从社交媒介内容的生产乱象来看，部分或许源于媒体人的准入机制并不完善。尤其是在"人人都有麦克风"的自媒体时代，传媒行业对媒体人的要求与限制进一步降低。于是，以微信公众号、"UP主"、"微博大V"为代表的个体凿通了传统内容的传播路径，使信息传播以更加下沉的姿态出现于青年群体面前。而在这一过程中，有部分媒体人或媒介素养不强，或社会意识不够，直接或间接地生产了侵蚀青少年思维的社交媒介内容，所以应该对媒体人设定一定的准入门槛和监管机制。因此，可以从提高部分自媒体机构的账号申请、内容审查要求等入手，在保留自

① 尼尔·波兹曼：《娱乐至死》，章艳译，中信出版社，2015。
② 尼尔·波兹曼：《娱乐至死》，章艳译，中信出版社，2015。

媒体特色属性的同时，将其纳入全行业的监管系统，确保媒体人的基本媒介素养过关，切实保障青年群体的身心健康。

另一方面，完善算法机制，为青年群体设立量化评级系统。作为智媒系统中内容分发的基础逻辑，算法深刻地影响着人与社交媒介的关系。有学者认为，算法在对用户进行信息匹配的同时，过滤了其他信息，致使人在个人兴趣的"内循环"中沦为算法的"囚徒"[①]。也就是说，由算法所引发的"信息茧房"效应限制了青年群体所获取的信息宽度，青年群体则在算法的推动下不断接触具有相同属性的内容，以至于形成了对某些社交媒介内容的依赖。尤为需要注意的是，算法可能在青年群体无意浏览某些不宜内容后，仍继续向其推送相关内容，致使青年群体在信息的"泥淖"里越陷越深。因此，应对算法进行调试，从而实现对部分社交媒介内容的约束。首先，要调试算法对青年群体的应用。青年群体正处于生命中最朝气蓬勃的发展时期，他们时刻对世界好奇，并渴望了解更多样的知识内容。而算法的程式却固化了青年群体的思维，减少了青年群体获取信息的多样性。所以，要优化算法对信息的呈现方式，提高其所营造信息环境的均衡性，以丰富的信息源来帮助青年群体开阔视野，从而让青年群体既在固有内容中"破茧"，又在多样的信息流中提升生命阅历的广度。其次，要为青年群体设立量化评级系统。已有的算法推送指标更多地建立在用户的浏览记录之上，进而导致了单一指向的推送问题。因此，应该设立多指标的量化评级系统。可以将内容品质、信息影响、教育价值、用户评议等指标置入算法范式，以此为社交媒介内容的推送提供更多凭据，为青年群体供给多维赋权下的优质社交媒介内容，从而避免不良信息的催化效用，摆脱对单一社交媒介内容的依赖。

四　社会层面：全景敞视机制的建构与再生产

伴随现代传播技术的迭代变迁，社交媒介开始以一种前所未有的姿态对社会与文化施加影响，并在技术架构和展演互动的双重作用下形塑了一

[①]　彭兰：《如何实现"与算法共存"——算法社会中的算法素养及其两大面向》，《探索与争鸣》2021 年第 3 期。

种全新的社会空间与结构，即网络或虚拟社会。尤其是对青年群体而言，多互动、多兼容的社交媒介特性不仅重塑着青年群体日常生活中的实践路径，而且影响着其对社交媒介的使用习惯。因此，虚拟化、媒介化的社会结构对青年群体缺乏相应的管制与规训，致使其对数字空间逐渐依赖并沉迷。如今，青年群体对社交媒介已经超越了工具性的使用，他们将社交媒介实践等视为现实实践，在数字社会中回避着现实社会中的人际互动，模糊了两者之间的分界线，致使自身走向了一种虚焦的、偏离的主体社会互动，形构出异化生产的诸多面向①。可以说，网络社会的过度个体化与混杂趋势对青年群体社交媒介依赖的形成有着不可忽视的负面影响。而全景敞视作为一种微观化的权力范式或规训手段，对矫正青年群体社交媒介依赖症候具有重要的指向意义。通过将网络社会纳入全景敞视的考察范围，不但顺应了不可逆的社会媒介化趋势，更为破解青年群体的社交媒介依赖难题提供了一个新颖的视角。

全景敞视的理论基点来自英国哲学家杰里米·边沁（Jeremy Bentham），他设计出一种新式监狱，其基本结构为"整个建筑是圆形的，犯人被监禁在围绕圆周而建的狭小囚室内；在圆心处，有一栋耸立的高塔，塔上的狱监可以清楚地看见每个犯人的一举一动，而犯人丝毫不知监视的目光来自何处"②。米歇尔·福柯在此结构基础上提出了全景敞视主义，并指出该建筑的巧妙之处在于暗含了一种"可见又无法确知"的权力。米歇尔·福柯认为："当一个人清楚地知道自己的一举一动都会暴露在别人的视线之下时，权力的限制性职责就开始发挥作用了，因为这个人会通过自我约束的方式将权力关系深深镌刻于内心深处。在上述权力关系中，人扮演着双重角色——既是控制者，又是被控制的对象。"③ 也就是说，置身于全景敞视机制中的人并未时刻处于他者凝视的目光之下，但"可见又无法确知"的权力却在其身上造就了一种有意识的、持续的监视状态，这不仅使个人感受到一种暗含的、无形的压力，更促使其自觉规范、约束自己的行为，以此达成权力的自动发挥与规训的自我生产。从全景敞视的深层发生机制来看，无论是囚禁身体的物理性场所，还是压制感官的精神性注视，其目的

---

① 赵红勋：《移动互联时代青年群体的媒介化交往研究》，武汉大学出版社，2021。

② 约翰·斯道雷：《文化理论与大众文化导论》，常江译，北京大学出版社，2019。

③ 约翰·斯道雷：《文化理论与大众文化导论》，常江译，北京大学出版社，2019。

都在于构筑一个建制化的空间，使权力与规训在其中完成运转与再生产。所以，对青年群体的社交媒介依赖问题而言，如何在数字社会中建构与维持全景敞视机制的构建场域是这一问题的关键。

（一）建立"虚拟社会"全景敞视机制

随着数字时代的到来，全景敞视的构建场域已然发生了重大改变。从更为宏观的层面来看，当下社会正在经历一种长期、大范围的结构性变迁，即媒介化过程，这使社会与社交媒介对现实的表征之间，事实与虚构之间的差异均复杂化与模糊化[①]。正如让·鲍德里亚在"超真实"概念中所揭示的图景，媒介在对现实进行表征的同时建构并引导着大众及青年群体对现实的认知。如今，虚拟化、数字化的"赛博"社会空间开始取代具有物理维度的现实社会空间，青年群体能够在其中开展诸如社交、购物、学习、健身等日常生活的实践内容，从而实现了空间的"脱域"生产。同时，纷繁复杂的社交媒介平台也将青年群体嵌入了一个庞大的数字社群，其所有的姿态与展演均在网络互联共通的独特属性下一览无余。从某种层面而言，全景敞视机制的运转逻辑与网络社会相互连接的特点是彼此契合的，每名青年在开放化、可视化的数字空间对他人和自我进行监督。因此，应充分开发并利用这种彼此可见的"监视"关系，将其纳入网络虚拟社会的顶层设计，构建一种自发的、人人共享的、面向广泛的全景敞视机制，从而为矫正青年群体的社交媒介依赖提供结构化的实施场域。

从全景敞视机制的运转逻辑来看，对个人身体与精神的规训往往建立在一种"可见又无法确知"的权力之上，即他者凝视的目光。也就是说，全景敞视机制的构建不能完全依赖个体成员的自我意识，更要重视其他社会成员的监管与督促，充分调动个体的积极性，以此来形成一种覆盖面广泛的嵌合式关系。对网民而言，其不仅是一般意义上的被监视者，更在虚拟社会中掌握着观看的权力，成了"瞭望塔"中看护他人的监督者。因此，要利用电视、网络、广播等媒体对网民进行教育引导，使其对自身所具有的责任与义务有所认识，唤醒与激活网民的主体意识和具身行动，争取形塑一种自发的、连续的、全方位的实践场域、预防机能和运作机制。通过这种明显却又隐蔽的"监视"，全景敞视机制在数字空间中构建了一

[①]　施蒂格·夏瓦：《文化与社会的媒介化》，刘君、李鑫、漆俊邑译，复旦大学出版社，2018。

种社会化的结构场域，网民不仅能够及时指出青年群体过火的社交媒介依赖行为并督促其改正，改善青年群体在日常社交媒介使用情境下无人监管的尴尬局面，更可以切实提升矫正青年群体社交媒介社交反向偏差行为的规训效率，使得青年群体在"观看/被看"的社会操演中完成自我监督与自我规训。

（二）推动全景敞视机制的社会化再规训

作为一种规训的手段或方式，全景敞视以"可见—不可见"的运作机制，实现了社会秩序的保证与权力的再生产。但从微观层面来看，这种社会秩序往往凭借个人化的意志与认知来维持，是一种非正式的约束条件，不具备普遍意义和强制效力。对当代青年群体而言，流动性、多变性和混杂性不仅是其生活的风格表征，消解权威、解构经典与去中心化更是其对待主流意识的内在态度。当这种非强制性的社会规范嫁接至呈现某种后现代性特征的青年群体时，其结果则是"原则、标准、底线的消逝，使青年精神生活在自我认同冲突下又失去了规则的约束，尤其表现在思想和行为的放纵不羁"[1]。因此，应当在全景敞视机制的结构基础上再构建一套正式的、具有强制效力的社会制度。通过将其所蕴含的规训机理与体现约束效能的制度保障相结合，既完善了青年群体规避全景敞视机制的心理动因，又对青年群体尤其是青少年群体实施了行之有效的审视与检验，从而提高了全景敞视机制在社会中的有效性与运行效率，激发了青年群体的自觉意识，进而达成权力与法治对虚拟空间的社会化再规训。

美国学者道格拉斯·C. 诺斯（Douglass C. North）曾指出："制度是社会的博弈规则，或更严格地说是人类设计的制约人们相互行为的约束条件……用经济学的术语说，制度是定义和限制个人的决策集合。"[2] 换言之，制度就是一系列的、对个人或群体起着约束或制约作用的规范或规则，它以服从为前提，并延展为一种定型化的行为安排模式，以强制化的方式不断形构主体对某种行为模式的认知与实践，使得社会成员形成按照

---

① 万美容、吴明涛、毕红梅：《后现代主义思潮影响下的青年精神生活异化之域及重构》，《思想教育研究》2018 年第 3 期。

② 青木昌彦：《什么是制度？我们如何理解制度？》，周黎安、王珊珊译，《经济社会体制比较》2000 年第 6 期。

这种模式行动的惯性①。而在虚拟与现实二元交叠的网络社会中，青年群体更需要一种制度为其保驾护航，帮助其塑造正确的社会价值观念。通过颁布相应的法律法规，不仅能够以建制化的形式对青年群体的社交媒介实践进行导向与指引，更能够使全景敞视机制在自我驱动情境下作用于青年群体的不自控、不自律行为。例如，国家新闻出版署于 2019 年印发的《关于防止未成年人沉迷网络游戏的通知》，从 6 个方面提出了防止青少年游戏成瘾的举措，包括游戏账号注册实名制、限制青少年游玩的时段与时长等。该通知以政府法规的形式对全景敞视机制进行了补充与完善，游戏厂商得以"监视"青少年的娱乐社交媒介依赖行为，青少年则在社交媒介监管下进行自我约束与自我管理，从而发挥了全景敞视机制的规训作用，使青少年不断内化自身的行为，提升了其对社交媒介的反沉浸意识与反连接能力。但需要指出的是，现行制度仍存在部分空白，青年群体往往能够通过某种手段来规避这种监管与巡查。因此，应参照青年群体的主体特征与全景敞视机制的运作特点，以"软法"为指导，以矫正社交媒介依赖为目的，建构完善的虚拟社会制度管理体系，实现制度对青年群体的社会化再规训效应，将数字社会真正转化为一种风清气正的、适合青年群体的社交媒介环境。

（三）强化现实社会的全景敞视互补性

诚然，虚拟社会层面的全景敞视机制与米歇尔·福柯所说的全景敞视建筑有着很大区别——全景敞视建筑是单向的、闭合的，其主体往往是被动的；网络社会则是复杂的、流转的，其主体往往集主动、被动于一身，但正是虚拟社会的这种开放性决定了矫正青年群体的社交媒介依赖须有社会关系的参与，以此来脱离圆形监狱中每个囚室相互隔绝的身份困境②。正如马克思所说："人的本质不是单个人所固有的抽象物，在其现实性上，它是一切社会关系的总和。"③ 在虚拟与真实交叠的数字社会中，人仍然具有马克思所指出的"社会属性"，青年群体学习、工作的社交媒介实践也

---

① 陶立霞：《制度保障公民道德建设的三重逻辑分析》，《道德与文明》2022 年第 1 期。

② 陈蓉蓉：《全景敞视主义视域下我国社会的诚信建设》，《沈阳工业大学学报》（社会科学版）2016 年第 3 期。

③ 中共中央马克思恩格斯列宁斯大林著作编译局编《马克思恩格斯选集》（第 1 卷），人民出版社，2009。

都是建立于社会成员交流和沟通的主体之间。因此，应在全景敞视机制的构筑过程中广泛凝聚社会力量，使其参与青年群体矫正社交媒介依赖的行动中，切实发挥社会的指向作用，为青年群体的健康成长保驾护航。

首先，发挥传媒行业的引导作用。传媒行业作为思想意识宣传的主流阵地，其传播模式与话语表征直接影响到整个社会对青年群体社交媒介依赖问题的看法与观念。所以要发挥传媒行业的引导作用，加强对社交媒介依赖问题的行为界定与内涵解读，推动其进入公众视野，使社会切实重视与正视青年群体所存在的社交媒介依赖问题，从而推进社会各层面参与青年群体事务治理的协同与联动机制，建立健全全景敞视主义的社会框架和组织体系。

其次，确保数字产业的管理作用。无论是工作、社交软件还是游戏应用，其背后都存在一个个企业与厂商的身影。正是他们在虚拟社会中创造了形色各异的"庇护所"，吸引了众多青年沉浸其中，并进而形成了"承载网络功能、凝聚网络主体、构建和纾解网络社会关系的基础功能单元，成为真正实现网络主体与网络社会关联互动的中介和纽带"①。因此，数字产业作为社交媒介产品的提供者，对青年群体有责无旁贷的管理作用。应对其进行功能整合，遵循明晰责任、多方联动的要求，落实"网络实名制""青少年绿色模式"的政策指示，为青年群体建构一种合理的、完善的实施制度和管理环境，充分保障全景敞视机制的运转效能。

最后，强化社会组织和机构的协调能力。从网络社会治理层面来看，以"中国互联网协会""中国青少年网络协会"等为代表的社会性团体与组织对矫正青年群体社交媒介依赖也具有重要的作用。应当将其置于更加突出的位置，使各社会性团体与组织将社交媒介依赖问题纳入议事日程与日常工作，助力当代青年群体的健康发展。只有充分发挥各社会主体的功能作用，开展宽领域、全范围的合作共治，才能发展并衍生出一套适合当代青年群体的工作程式，使其在对青年群体社交媒介依赖议题进行有效执行的同时，更能够建立一种场域宽泛的全景敞视机制，使社会的监督与合力作用贯穿于青年群体使用社交媒介的全过程。

---

① 李一：《网络社会治理的"功能整合"：内涵、类型与实践指向》，《浙江社会科学》2021年第 8 期。

五　家庭层面：涵化培养与教育引导

作为"推动媒介素养教育的外围路线"①，家庭始终在青年群体形塑社交媒介习惯的过程中发挥着重要的培育、奠基与定向作用。习近平总书记曾多次强调"家庭是人生的第一课堂"②。家庭既是一个人人生起点的地方，也是一个人梦想启航的地方。可以说，正是家庭所蕴含的生理性抚养与社会性哺育功能，决定着其对青年群体媒介教育具有不可替代的本位价值。但伴随媒介化时代的到来，家庭媒介教育的本位和引导功能开始在新媒介的嵌入下出现异化与失范。移动终端的社交媒介使用不仅解构与重构了家庭成员的社会行为，越发膨胀的数字空间更是加速着家庭场域的分离与重组。有学者指出："网络互动空间、社交媒体的介入，使得信息的交流不再依赖于物理空间、血缘关系的接近，而是更倾向于与个体具有更多信息共同点的'子群体'成员进行交流。家庭成员借助新媒体将个人信息在更为贴近的'子群体''子部落'内共享，而传统的家庭信息共享功能被逐渐弱化与瓦解。"③ 换言之，新媒介所带来的"时空分区"使得家庭成员之间开始相互区隔与离散，如今的青年群体更多地以一种"缺席的在场"样态与其他家庭成员共处一室，一方面带来了家庭关系之间的疏离，使二者之间的交流越发"对空言说"，另一方面促使青年群体沉浸与逃避至虚拟空间，不利于其形成正确的社交媒介使用习惯。因此，应重视家庭媒介教育的话语权与引导力，并通过家长、家风与家校之间的三重耦合来铸牢青年群体家庭媒介教育的第一道防线，以此来确保青年群体与社交媒介的和谐共生。

（一）发挥家长的主导作用

在当代青年群体的教育构成中，家长对青年群体形塑正确的社交媒介

---

① 张学波：《我国媒体素养教育发展策略探讨》，《电化教育研究》2009 年第 7 期。

② 《从未消失过的记忆与温暖：学习习近平总书记关于家庭、家教和家风的论述》，人民网，2018 年 8 月 29 日，http://theory.people.com.cn/gb/n1/2018/0829/c40531-30257277.html。

③ 何志武、吴瑶：《媒介情境论视角下新媒体对家庭互动的影响》，《编辑之友》2015 年第 9 期。

使用习惯发挥着不可替代的重要作用。他们作为家庭的主导者与青年群体的"第一任老师"，不仅是青年群体家庭媒介教育语境中的第一责任人，更决定着家庭场域中的话语结构。但需要注意的是，如今的家庭样态已然在媒介化的裹挟下发生了空间功能的嬗变。拟态化情境中的青年群体社交媒介依赖使其逐渐从物理空间中抽离，更偏向在虚拟化、流动化的数字空间中展开交际与互动行为。这使原本稳固的家庭群体日益分裂为一个个"小圈层"，父母和青年群体都在方寸大的手机屏幕中自得其乐。由此，网络论坛、社区等成为青年群体演绎自我的真正"后台"，而家庭空间的后台功能则被迁移，成为介于后台与前台之间的"中区"[1]，弱化了家长的主导与教育功能。因此，重新审视家长在家庭群体中的教育实践作用，凸显家长对青年群体的榜样与引领属性，对矫正青年群体的社交媒介依赖具有重要的现实意义。

一方面，提高家长的媒介教育自觉性。对青年群体而言，家长不但充当着培育性角色，更"涂抹"着青年群体最原始的生命底色。而提升家长对青年群体家庭媒介教育的能动性与自觉性，无疑将对青年群体树立正确的社交媒介观念起到关键性作用。有学者提出，可以从历史性要素、生活性要素和公共性要素3个方面来提高家长"理性审查现代社会赋予家庭教育的功能使命"、"妥善处理好自建功能与外包功能的关系"与"贯彻落实党的教育方针的基本态度"[2]。也就是说，家长应该主动学习与思考自己的家庭媒介教育职责，并通过详细了解家庭媒介教育的历史、充分认识家庭媒介教育的生活特质与自觉树立"为国育才"的家国同构理念，来实现一种"本体功能与延展功能的平衡"[3]。此外，家长还应重新认识家庭媒介教育具有的价值，以主动承担青年群体社交媒介教育为己任，以明晰自身教育本位功能为目的，减少将青年群体家庭媒介教育抛给其他社会机构的"外包"行为，以此来避免社会性因素对青年群体家庭媒介教育的叠化影响。

---

① 何志武、吴瑶：《媒介情境论视角下新媒体对家庭互动的影响》，《编辑之友》2015年第9期。

② 辛治洋、戴红宇：《家庭教育功能的历史演进与时代定位》，《教育研究与实验》2021年第6期。

③ 辛治洋、戴红宇：《家庭教育功能的历史演进与时代定位》，《教育研究与实验》2021年第6期。

另一方面，提升家长的媒介素养性。有研究指出，父母的社交媒介使用动机与习惯对青少年的媒介行为有着直接影响①。因此，家长应该具备良好的媒介素养知识，提升自身的媒介素养水平，以更科学、更健康的媒介素养体系指导青年群体的社交媒介行为。首先，家长要切实发挥自身作用，摒弃用社交媒介产品代替父母陪伴的错误观念，使青年群体正确认识人与社交媒介的社会性关系。其次，家长要自觉抵制社交媒介依赖的侵蚀，要有节制地使用娱乐性软件，以言传身教的社交媒介使用方式来帮助青年群体建构良好的自我管理意识。最后，家长要提升社交媒介批判意识，对色情、暴力等不利于青年群体成长的社交媒介内容进行筛选与过滤，使自身成为青年群体社交媒介接触的"把关人"。只有家长在新媒介实践中体现更好的适应性，才能切实强化引导作用，激发青年群体抵御社交媒介依赖的行动力与自觉性。

（二）注重家风的培育作用

在青年群体的成长与发展过程中，家庭是其接触的第一个场域，家风则是这种场域教育功能的形式凝结，对青年群体起着潜移默化的浸润作用。日本学者牧口常三郎在《人生地理学》一书中写道："我确信，对我们居住并与之发生关联的这个世界加以理解的最初的出发点，是孕育我们的由人、土地和文化组成的群体。"② 而家庭正是这样一种由人、土地与文化所组成的群体，家风就是其中关乎文化的意义表征。从实践视角来看，家风不仅蕴藏于道德规范、价值观念等精神层面的规训之中，还体现在行为方式、生活习惯等日常动作的展演之中。因此，要从形成正向的家风特质出发，通过营造沟通、共享的家庭氛围和外向、延伸的家庭模式，来培育与夯实青年群体整体的媒介教育基础，使其更容易被青年群体接受并践行，从而在思想和行动上为青年群体矫正社交媒介依赖构筑一道持续化、稳固化的"双重保险墙"。

一方面，塑造沟通与共享的家庭风尚。美国心理学家罗伯特·爱泼斯坦（Robert Epstein）等人以沟通、情感反应、行为控制等 6 个维度为指标，提出了著名的"麦克马斯特家庭功能模式"，并认为当某项指标没有

---

① 王倩、李昕言：《儿童媒介接触与使用中的家庭因素研究》，《当代传播》2012 年第 2 期。
② 牧口常三郎：《人生地理学》，陈莉、易凌峰译，复旦大学出版社，2004。

完成或发挥效用时，家庭会相继浮现关系错位、代际冲突、家庭间的疏离感、青少年社交媒介依赖等各种问题与矛盾①。沟通作为衡量家庭关系与教育效果的首要维度，对改善亲子关系与减少青年群体社交媒介依赖有着重要作用。所以，要维护好家庭功能的顺利运转，关键就是要塑造沟通与共享的家庭风气与氛围。首先，要通过家庭成员的陪伴来代替青年群体的社交媒介依赖。家庭成员"缺席的在场"是青年群体逃离至数字空间的一个重要原因，因此父母要对青年群体多看、多陪、多伴，以"身体的在场"来取代"缺席的在场"，以真实的话语来替代虚拟的字符，让青年群体在沟通与共享的家庭风气下逐渐从数字空间中"脱域"。其次，要营造适宜聆听的氛围来促进青年群体的社交主动性。积极地聆听可以使父母察觉青年群体的情绪变化，时刻了解青年群体的想法与感受。所以父母要以倾听的态度来促进青年群体主动沟通，努力成为青年群体的倾诉对象，使其将交往重心从网友转向家人，从而改善青年群体的社交媒介依赖。

另一方面，打造外向和延伸的家庭模式。有研究指出，家庭外出天数与青年群体使用"聊天室""网络寻呼"等功能呈负相关关系②。也就是说，家庭活动能够有效地减少青年群体的社交媒介依赖。从家庭层面来看，家庭模式不仅是形成家风的重要元素，也是对青年群体进行家庭媒介教育的重要方法。因此，应打造外向和延伸的家庭模式，以此来引导青年群体脱离社交媒介的掌控。首先，要组织多样的家庭活动。家庭活动既可以使青年群体感受到现实生活的乐趣，也有利于青年群体正确接触与解读社交媒介。所以要开展种类丰富的家庭活动，为青年群体打造轻松、理性的家庭生活和学习环境，避免青年群体沉迷虚拟空间。其次，要在家庭活动实践中教会青年群体正确使用社交媒介。要想发挥家庭对青年群体的教育作用，使青年群体形成好的媒介素养，必须将家庭媒介教育融入青年群体的家庭活动实践。寓教于乐的家庭活动实践既契合了青年群体社会交往、学习与排解寂寞的心理动因，又改善了"说教式"培育方法的使用，从而增强家庭媒介教育的生动性与立体感，涵化青年群体的社交媒介使用习惯，切实提高家庭对青年群体的教育与引导作用。

---

① 方晓义等：《家庭功能：理论、影响因素及其与青少年社会适应的关系》，《心理科学进展》2004 年第 4 期。

② 刘荃：《城市青少年接触媒介行为与家庭环境的相关性研究——以江苏省为例》，《现代传播—中国传媒大学学报》2015 年第 6 期。

（三）　发挥家庭与学校的耦合效用

作为社会的基本细胞，家庭具有生理性抚养与社会性哺育的本位功能。但"当我们分析今天的家庭时，可以发现其中很多功能是由外来的因素所完成的——通过学校、警察、疗养院和其他"①。换言之，流动、加速的现代化进程改变了家庭的定位与形式，家庭的媒介教育功能开始被其他社会性机构取代和补充。而学校作为"个体成长的三重空间"之一，其多数任务和目标——教育和培养青年，是与家庭的本位功能相互耦合的。因此，对家庭而言，应注重展开其与学校的联动作用，以私人和公共相结合的双轨机制的共同运转来指引并疏导青年群体养成正确的社交媒介使用习惯，从而在多场域、长效能的时空情境下对社交媒介依赖问题进行治理。

一方面，建构家校媒介教育共同体。从青年群体自身来看，家庭和学校是其向社会过渡时最重要的两个场域，占据着青年群体生命历程中的绝大多数时间。与此同时，社会也往往会为青年群体赋予"家庭成员"和"学生"的双重身份标签。由此能够看出，家庭与学校的合作关系对青年群体的媒介教育至关重要。所以，应该建构家校媒介教育共同体，使家庭与学校合力育人，以此在青年群体社会化过程的全链条中对其进行媒介教育和行为引导。首先，要树立合作的媒介教育理念。教导青年群体合理地使用社交媒介，促进青年群体健康成长是家庭和学校的共同追求。这不仅是家校共同体的建构前提，也决定着青年群体家校媒介教育的基本方向和维持时长。所以，家庭与学校之间要多沟通并相互理解，统一两者之间的立场、观念和行为，以一种超越工具理性的实践合作来实现青年群体家校媒介教育和行为引导的功能融合。其次，要形塑共在的媒介教育空间。从时空情境而言，青年群体在私人性的家庭空间和公共性的学校空间中扮演着相异的角色。这促使青年群体在特定场域内演绎不同的表现，因此家庭和学校要形塑一种共在的媒介教育空间，将二者的培育行为保持一致，以此来全面地了解青年群体的社交媒介使用情况及问题，为青年群体的社交媒介依赖"对症下药"。

另一方面，明确家校媒介教育边界。从微观层面来看，家庭和学校对

① 文森特·帕里罗、约翰·史汀森、阿黛思·史汀森：《当代社会问题》，周兵等译，华夏出版社，2002。

青年群体的媒介教育功能不尽相同。家庭媒介教育是个体化、自发化的，学校媒介教育则是群体化、制度化的。所以应明确双方的媒介教育边界，使家庭与学校既能够"各得其所"地开展青年群体媒介教育，又可以"和而不同"地厘清双方的活动范围与教育责任。首先，要正确认识两者的媒介教育区别。与学校媒介教育相比，家庭媒介教育往往嵌入私人领域和日常生活的展演中，具有高度依赖个体经验的特点。而学校媒介教育则具有明确的指向性，其中的多数教育者受过专业化的训练。因此，家长应正确认识两种媒介教育的区别，以此来满足家庭媒介教育专业化的需求。其次，要实现两者媒介教育的优势互补。在日新月异的信息化时代，家庭"碎片化"的媒介学习已无法满足青年群体的媒介教育需求，同时，家庭的空间情感与教育广度也是学校媒介教育无法媲美的。所以要构建专业化的家校媒介教育指导服务机制，以此来实现家校之间的教育分工与职责划分，将青年群体媒介教育"落实到位"。

结　语

　　每一个时代都有能够触发社会变革的技术形态，我们正在经历的生存语境毋庸置疑地被移动互联网的技术话语所深度影响。"互联网不是一种全球传播的媒介，而且为普通人的交流提供了更多机会"①，建构了极富虚拟沉浸体验的社交互动空间。从这个意义上来看，移动互联网所建构的媒介形态日益具有了社交化的属性，微信、微博、手机游戏等各种社交媒介平台已然成为当代社会的社交媒介，在其信息化、娱乐化以及互动性的意义建构中浸透于青年群体的日常生活实践。

　　理查德·塞勒·林在论述手机的功能时曾指出："手机带来了安全，是一种迷人的技术设备，但是，它也给用户带来一种侵扰。因为人们在手机的个体采纳中，对其所产生的依赖性随之而生。"② 如今，社交媒介在丰富青年群体的日常生活体验的同时，也在潜移默化之中扰乱了青年群体的生活秩序，影响他们的所思、所想和所为，由此加剧了社交媒介依赖的形成。

　　作为一种日渐显现的社会问题，青年群体的社交媒介依赖既表现为技术依赖，又涉及行为依赖，还映射了心理依赖。从技术依赖来看，社交媒介的文本叙事、互动结构以及场景体验提升了青年群体参与社交媒介实践的积极性和主动性，并在娴熟的操作中生成了依赖之感；至于行为依赖方面，由于青年群体把相对较多的时间用于社交媒介实践，其行为方式被媒介化，这种媒介化行为所具有的内生性"惯性"运动，无形之中会加剧青年群体对社交媒介的依赖，一旦社交媒介脱离其物质性身体的接触范畴，就会有损于感官机能的正常运转；此外，心理依赖对青年群体的影响最为深刻，其主要表现为思想、价值、精神等诸多意义的生产常常借助社交媒

---

① 詹姆斯·柯兰、娜塔莉·芬顿、德斯·弗里德曼：《互联网的误读》，何道宽译，中国人民大学出版社，2014。

② 理查德·塞勒·林：《习以为常：手机传播的社会嵌入》，刘君、郑奕译，复旦大学出版社，2020。

介的话语建构来实现，即以社交媒介作为精神行动的指南，而社交媒介自身的话语建构本身存在参差不齐的现象，青年群体对其的过度依赖会引发诸多问题。当然，无论是技术依赖还是行为依赖，抑或心理依赖，其投射的话语更多地偏向了一种消极的意味。虽然不可否认的是，青年群体借助社交媒介进行工作、学习、休闲、健身，满足了信息性、娱乐化以及便捷性的需求，然而一旦形成一种过度依赖，那么负面的影响则会更加凸显。

第一，青年群体感官功能的灵活性降低。青年群体是最富有朝气和活力的群体，他们的身体机能处于旺盛的运转时期。然而，长期沉浸于社交媒介而形成依赖的直接后果就是其感官功能的灵活性将会降低，甚至产生了麻木之感。一方面，由于长时间使用社交媒介，青年群体的身体姿态以及关节活动始终围绕社交媒介而展开，身体的感官功能被相对"固定"在一个特定的区域，"低头族""键盘手""鼠标手"等问题层出不穷，整体机能的灵活度下降。另一方面，在长期的社交媒介实践过程中，青年群体对其依赖的生成在一定程度上损坏了身体的记忆功能。法国哲学家贝尔纳·斯蒂格勒（Bernard Stiegler）认为："技术化就是丧失记忆。"① 青年群体的社交媒介依赖本身就裹挟了技术化的思想，因为社交媒介是在技术的驱动下建构的阐释形态，所以社交媒介依赖背后的技术化思想在更大程度上降低了青年群体的记忆功能。例如，在遇到各种问题的时候，不少青年没有充分的人体记忆来找寻问题的答案，而是"下意识"地将互联网和手机作为解题之道。而人的记忆功能只有在越来越多的实践中才能得以提升，所以被忽略的记忆功能在社交媒介依赖中走上退化的道路。

第二，青年群体社交心理的恐惧性增强。在青年群体的社交媒介实践中，虚拟性的文本符号所建构的话语意义日渐超越了现实生活，"现实被超现实所取代，符号所有的现实本真都消解在一个仿真的网络中"②。而这种超越现实的社交媒介文本符号引发了青年群体对其不断地进行投注，"其并非扩大了社交网络，而是在沟通和社交的幻觉中导致了社交回避和孤立"③，从而让不少青年对现实生活的社交实践产生了一种恐惧心理。一方面，社交媒介的互动结构与现实生活的交流情境有着较大差异，一旦回

---

① 贝尔纳·斯蒂格勒：《技术与时间：1. 艾比米修斯的过失》，裴程译，译林出版社，2019。
② 马丁·李斯特等：《新媒体批判导论》，吴炜华、付晓光译，复旦大学出版社，2016。
③ 玛丽·K. 斯温格尔：《劫持》，邓思渊译，中信出版社，2018。

归现实生活就会出现心理不适应甚至焦虑。在大多数情况下，经由社交媒介而形塑的社交互动具有很强的自我呈现意义。在这个自我呈现的结构空间中，青年群体的交流场景常常被隐匿于"不可见"的"后台"，为交流留足了想象的空间，从而通过形象的整饰强化印象管理。然而，现实生活的社会交往场景往往都是在一种"共在"的可见性中进行，其与社交媒介具有较大的差异。由于大多数青年已习惯于"不可见"的社交活动，一旦走向"线下交流"则会形成一种心理障碍。另一方面，在弱关系的虚拟世界中长期获得交流意义，则从内心对现实交流产生一种疏离感。虽然社交媒介中存在一定的强关系，诸如亲戚之间的互动、同学之间的交流等，但是弱关系却是主要的表现结构。弱关系的交流情境具有相对松散、自由和灵活的特点。对社交媒介的长期依赖，导致青年群体已适应这种状态，所以他们对现实生活中的交流会表现出冷漠。社交媒介中的侃侃而谈，可能会在现实生活的交流中转变为缄默不语，形成交流障碍。

第三，青年群体主体身份的迷失性凸显。简·罗伯森（Jean Robertson）等人曾指出："影响身份建构的力量是不稳定的，因此身份总是处于流变状态。身份随着情境改变而具有流动性和转化性。"[①] 对于青年群体而言，其主体身份的话语建构在社交媒介依赖情境之中得以改变，并日渐进入迷失的境地。一方面，在线社交狂欢产生了虚拟性自我，导致青年群体主体身份的虚焦。如今，借助互联网、手机等载体，青年群体的社交体系得到了拓展与延伸。尤其是在社交技术的视觉遮蔽以及匿名互动的优势助推下，青年群体的交往需求获得满足，由此加剧了其对这种社交体系的强烈依赖。而在这种媒介化社交的空间中，青年群体的身份话语似乎被虚拟性所笼罩，导致其日渐迷恋于这种虚幻角色，以至于"我是谁"的灵魂拷问常常浮现于脑海。青年群体对自我身份的怀疑，在更大程度上体现的是主体身份的焦虑和困惑。另一方面，社交媒介依赖诱导"错误"思潮，蚕食青年群体主体的精神价值建设。社交媒介在浸入青年群体日常生活领域的同时，不仅改变了他们进行信息沟通的方式，而且重构了其思想价值。在新技术的高度卷入下，青年群体的诸多日常实践似乎借助社交媒介即可完成，在这个过程中，技术提供的简易性、便捷性、易得性等深受青年群

---

① 简·罗伯森、克雷格·迈克丹尼尔：《当代艺术的主题：1980年以后的视觉艺术》，匡骁译，江苏美术出版社，2011。

体的喜爱，使其日渐生成一种无欲无求的"躺平"思想，与青年群体自身的活力性产生了矛盾，导致青年群体对自我认知的错位。此外，微信、抖音等社交媒介平台的"监管"力度不够，很容易导致一些"错误"思潮在社交媒介平台上传播，而青年群体却将这些具有误导性的价值作为参照标准，这在无形之中腐蚀了青年群体的思想价值，导致其主体身份的扭曲和错位。

当然，社交媒介依赖所产生的负面效果不仅局限于重构青年个体的行为及其思想价值，而且对社交媒介环境的健康营造、社会发展的文明进步等都有不同程度的消解意义，这也成为后续有待深入研讨的问题。无论如何，青年群体社交媒介依赖的诸多负面作用已日渐凸显。那么，为什么青年群体会走向"依赖境地"？其背后存在三重动力机制，即青年群体、技术以及社会。第一，青年群体正处于一个过渡阶段，其行为方式以及思维逻辑很容易受到群体的影响，且他们自控能力相对较弱，所以很容易在社交媒介的狂欢中陷入"沉迷"；第二，社交媒介的文本生成投注了吸引和刺激青年群体的话语表达，诸如"视觉缺席的互动方式""惊险刺激的游戏环节"等内容刺激着青年群体的好奇神经，从而使其在全神贯注的参与中忘却了"社交媒介实践的意义"；第三，社会环境对青年群体社交媒介实践的"监视"作用尚未完全发挥。从当前的社会环境来看，社交媒介已在诸多领域进行全面渗透，这意味着社会对社交媒介予以肯定，以至于整个社会实践都对社交媒介有着不同程度的依赖，所以青年群体也自然地受到了社会环境的感染，产生了强烈的依赖感。

社交媒介依赖已成为影响青年群体健康发展的一个社会性问题，对此我们不能熟视无睹，而是需要对其进行积极矫正，力求在国家的价值规训、青年群体的行思改善、媒体的素养提升、社会的全景敞视、家庭的示范教育等5个方面进行策略重构，借由"五位一体"的社交媒介依赖矫正机制的积极实践，改变青年群体被社交媒介所规训与控制的现状，使其早日走出"依赖陷阱"，从而在绿色的生态环境中正确合理地使用社交媒介。我们不仅对社交媒介的良性运转寄予期待，而且希望青年群体能以蓬勃朝气的姿态勇敢面向未来。

参考文献

一 中文著作

爱弥尔·涂尔干:《宗教生活的基本形式》,渠东、汲喆译,商务印书馆,2011。

安东尼·吉登斯:《现代性的后果》,田禾译,译林出版社,2000。

保罗·莱文森:《新新媒介》,何道宽译,复旦大学出版社,2016。

贝尔纳·斯蒂格勒:《技术与时间:1. 艾比米修斯的过失》,裴程译,译林出版社,2019。

本尼迪克特·安德森:《想象的共同体:民族主义的起源与散布》,吴叡人译,上海人民出版社,2005。

彼得·阿迪:《移动性》,戴特奇译,北京师范大学出版社,2020。

彼得·沃德勒等:《永久在线,永久连接:POPC 世界中的生存与交流》,殷乐、高慧敏译,中国社会科学出版社,2021。

皮埃尔·布尔迪厄、罗杰·夏蒂埃:《社会学家与历史学家:布尔迪厄与夏蒂埃对话录》,马胜利译,北京大学出版社,2012。

陈凡、傅畅梅、葛勇义:《技术现象学概论》,中国社会科学出版社,2011。

戴维·哈维:《后现代的状况——对文化变迁之缘起的探究》,阎嘉译,商务印书馆,2003。

戴维·莫利:《传媒、现代性和科技——"新"的地理学》,郭大为等译,中国传媒大学出版社,2010。

戴维·莫利、凯文·罗宾斯:《认同的空间:全球媒介、电子世界景观与文化边界》,司艳译,南京大学出版社,2001。

丹尼尔·米勒:《物质文化与大众消费》,费文明、朱晓宁译,江苏美术出版社,2010。

丹尼斯·麦奎尔:《受众分析》,刘燕南、李颖、杨振荣译,中国人民大学出版社，2006。

道格拉斯·凯尔纳：《媒体奇观：当代美国社会文化透视》，史安斌译，清
　　华大学出版社，2003。

道格拉斯·凯尔纳：《媒体文化：介于现代与后现代之间的文化研究、认
　　同性与政治》，丁宁译，商务印书馆，2004。

迪克·赫伯迪格：《亚文化：风格的意义》，陆道夫、胡疆锋译，北京大学
　　出版社，2009。

多萝西·罗吉斯：《当代青年心理学》，张进辅等译，湖南人民出版社，
　　1988。

弗兰克·莫特：《消费文化：20 世纪后期英国男性气质和社会空间》，余宁
　　平译，南京大学出版社，2001。

顾海根主编《青少年网络成瘾预防与治疗》，华东师范大学出版社，2007。

郭景萍：《情感社会学：理论·历史·现实》，上海三联书店，2008。

郭庆光：《传播学教程》，中国人民大学出版社，2011。

何塞·范·迪克：《连接：社交媒体批评史》，晏青、陈光凤译，中国人民
　　大学出版社，2021。

何志武：《在线的民间智库：网络民意与公共政策的互动》，人民出版社，
　　2020。

亨利·詹金斯：《融合文化：新媒体和旧媒体的冲突地带》，杜永明译，商
　　务印书馆，2012。

简·罗伯森、克雷格·迈克丹尼尔：《当代艺术的主题：1980 年以后的视
　　觉艺术》，匡骁译，江苏美术出版社，2011。

简·麦戈尼格尔：《游戏改变世界：游戏化如何让现实变得更美好》，闾佳
　　译，浙江人民出版社，2012。

姜微微：《全球化视野中的青年文化》，中国人民大学出版社，2015。

杰里米·克莱普顿、斯图亚特·埃尔顿编著《空间、知识与权力：福柯与
　　地理学》，莫伟民、周轩宇译，商务印书馆，2021。

居伊·德波：《景观社会》，王昭凤译，南京大学出版社，2006。

卡尔·马克思、弗里德里希·恩格斯：《马克思恩格斯选集》，人民出版
　　社，1995。

克劳斯·布鲁恩·延森：《媒介融合：网络传播、大众传播和人际传播的
　　三重维度》，刘君译，复旦大学出版社，2012。

兰德尔·柯林斯：《互动仪式链》，林聚任、王鹏、宋丽君译，商务印书馆，2012。

雷开春：《青年网络集体行动的社会心理机制研究》，上海社会科学院出版社，2018。

雷蒙·威廉斯：《关键词：文化与社会的词汇》，刘建基译，生活·读书·新知三联书店，2016。

李金铨：《大众传播理论》，台北三民书局，1990。

理查德·塞勒·林：《习以为常：手机传播的社会嵌入》，刘君、郑奕译，复旦大学出版社，2020。

刘海龙：《大众传播理论：范式与流派》，中国人民大学出版社，2008。

卢德平：《青年文化的符号学阐释》，社会科学文献出版社，2007。

罗伯特·哈桑：《注意力分散时代：高速网络经济中的阅读、书写与政治》，张宁译，复旦大学出版社，2020。

罗伯特·洛根：《理解新媒介——延伸麦克卢汉》，何道宽译，复旦大学出版社，2012。

罗伯特·斯考伯、谢尔·伊斯雷尔：《即将到来的场景时代》，赵乾坤、周宝曜译，北京联合出版公司，2014。

马丁·李斯特等：《新媒体批判导论》，吴炜华、付晓光译，复旦大学出版社，2016。

马赫列尔：《青年问题和青年学》，陆象淦译，社会科学文献出版社，1986。

马克斯·韦伯：《经济与社会》（第一卷），阎克文译，上海人民出版社，2010。

马塞尔·莫斯：《礼物：古式社会中交换的形式与理由》，汲喆译，上海人民出版社，2005。

马歇尔·麦克卢汉：《理解媒介：论人的延伸》，何道宽译，商务印书馆，2000。

玛丽·K. 斯温格尔：《劫持》，邓思渊译，中信出版社，2018。

曼纽尔·卡斯特：《网络社会的崛起》，夏铸九等译，社会科学文献出版社，2001。

梅尔文·德弗勒、桑德拉·鲍尔－洛基奇：《大众传播学诸论》，杜力平译，新华出版社，1990。

莫里斯·梅洛－庞蒂：《知觉现象学》，姜志辉译，商务印书馆，2001。

牧口常三郎：《人生地理学》，陈莉、易凌峰译，复旦大学出版社，2004。

南希·K. 拜厄姆：《交往在云端：数字时代的人际关系》，董晨宇、唐悦哲译，中国人民大学出版社，2020。

尼尔·波兹曼：《童年的消逝》，吴燕莛译，中信出版社，2015。

尼尔·波兹曼：《娱乐至死》，章艳译，中信出版社，2015。

尼古拉斯·盖恩、戴维·比尔：《新媒介：关键概念》，刘君、周竞男译，复旦大学出版社，2015。

尼克·库尔德里：《媒介仪式：一种批判的视角》，崔玺译，中国人民大学出版社，2016。

尼克·库尔德利：《媒介、社会与世界：社会理论与数字媒介实践》，何道宽译，复旦大学出版社，2014。

欧文·戈夫曼：《日常生活中的自我呈现》，冯钢译，北京大学出版社，2008。

帕维卡·谢尔顿：《社交媒体：原理与应用》，张振维译，复旦大学出版社，2018。

彭兰：《网络传播概论》，中国人民大学出版社，2009。

皮埃尔·布迪厄、华康德：《实践与反思：反思社会学导引》，李猛、李康译，中央编译出版社，2004。

齐格蒙特·鲍曼：《工作、消费主义和新穷人》，郭楠译，上海社会科学院出版社，2021。

乔纳森·特纳、简·斯戴兹：《情感社会学》，孙俊才、文军译，上海人民出版社，2007。

让·波德里亚：《消费社会》，刘成富、全志钢译，南京大学出版社，2001。

让－查尔斯·拉葛雷主编《青年与全球化现代性及其挑战》，陈玉生、冯跃译，社会科学文献出版社，2007。

施蒂格·夏瓦：《文化与社会的媒介化》，刘君、李鑫、漆俊邑译，复旦大学出版社，2018。

斯特凡·约尔丹主编《历史科学基本概念辞典》，孟钟捷译，北京大学出版社，2012。

王武召：《社会交往论》，北京大学出版社，2002。

文森特·帕里罗、约翰·史汀森、阿黛思·史汀森：《当代社会问题》，周兵等译，华夏出版社，2002。

西格蒙德·弗洛伊德：《梦的解析》，石磊译，中国商业出版社，2016。

习近平：《决胜全面建成小康社会　夺取新时代中国特色社会主义伟大胜
　　利——在中国共产党第十九次全国代表大会上的报告》，人民出版
　　社，2017。

雪莉·特克尔：《群体性孤独：为什么我们对科技期待更多，对彼此却不
　　能更亲密？》，周逵、刘菁荆译，浙江人民出版社，2014。

亚当·奥尔特：《欲罢不能：刷屏时代如何摆脱行为上瘾》，闾佳译，机械
　　工业出版社，2020。

伊莱·帕里泽：《过滤泡：互联网对我们的隐秘操纵》，方师师、杨媛译，
　　中国人民大学出版社，2020。

约翰·奥尼尔：《身体五态：重塑关系形貌》，李康译，北京大学出版社，
　　2010。

约翰·杜海姆·彼得斯：《奇云：媒介即存有》，邓建国译，复旦大学出版
　　社，2020。

约翰·杜翰姆·彼得斯：《对空言说：传播的观念史》，邓建国译，上海译
　　文出版社，2017。

约翰·斯道雷：《文化理论与大众文化导论》，常江译，北京大学出版社，
　　2019。

约书亚·梅罗维茨：《消失的地域：电子媒介对社会行为的影响》，肖志军
　　译，清华大学出版社，2002。

詹姆斯·波特：《媒介素养》，李德刚译，清华大学出版社，2012。

詹姆斯·W. 凯瑞：《作为文化的传播》，丁未译，华夏出版社，2005。

詹姆斯·柯兰、娜塔莉·芬顿、德斯·弗里德曼：《互联网的误读》，何道
　　宽译，中国人民大学出版社，2014。

张卓：《两种范式的对话：西方媒介效果研究的历程与转向》，武汉大学出
　　版社，2020。

赵红勋：《移动互联时代青年群体的媒介化交往研究》，武汉大学出版社，
　　2021。

中共中央马克思恩格斯列宁斯大林著作编译局编译《马克思恩格斯文集》
　　（第 1 卷），人民出版社，2009。

朱丹红、黄少华：《网络游戏：行为、意识与成瘾》，上海财经大学出版社，
　　2021。

二　中文论文

鲍尔-洛基奇、郑朱泳:《从"媒介系统依赖"到"传播机体"——"媒介系统依赖论"发展回顾及新概念》,王斌编译,《国际新闻界》2004年第2期。

白羽、樊富珉:《大学生网络依赖及其团体干预方法》,《青年研究》2005年第5期。

鲍尔-洛基奇、郑朱泳、王斌:《从"媒介系统依赖"到"传播机体"——"媒介系统依赖论"发展回顾及新概念》,《国际新闻界》2004年第2期。

常燕民:《社交媒介的外部性与治理路径》,《新闻爱好者》2016年第1期。

陈霖:《新媒介空间与青年亚文化传播》,《江苏社会科学》2016年第4期。

陈蓉蓉:《全景敞视主义视域下我国社会的诚信建设》,《沈阳工业大学学报》(社会科学版)2016年第3期。

陈艳等:《家庭社会经济地位对手机依赖的影响:主观幸福感的中介作用》,《中国特殊教育》2018年第8期。

邓新民:《自媒体:新媒体发展的最新阶段及其特点》,《探索》2006年第2期。

董海军、马忠鹏:《青年的屏幕媒介:从电视、电脑到智能手机》,《中国青年研究》2014年第4期。

董金权、罗鑫宇:《"情感"视角下的网络直播——基于30名青年主播和粉丝的深度访谈》,《中国青年研究》2021年第2期。

董扣艳:《"丧文化"现象与青年社会心态透视》,《中国青年研究》2017年第11期。

段俊吉:《打造"人设":媒介化时代的青年交往方式变革》,《中国青年研究》2022年第4期。

段鹏、闫伯维:《"亚网红"的价值变现:媒介融合背景下青年亚文化的新样态》,《文化产业研究》2020年第3期。

方晓义等:《家庭功能:理论、影响因素及其与青少年社会适应的关系》,《心理科学进展》2004年第4期。

冯双鹏:《略论高校学生自律精神的培养》,《社会科学辑刊》1998年第

3 期。

高文斌、陈祉妍：《网络成瘾病理心理机制及综合心理干预研究》，《心理科学进展》2006 年第 4 期。

高英超、葛翔月、陈敏：《家庭文化资本视角下农村中学生的网络依赖》，《少年儿童研究》2022 年第 5 期。

龚新琼：《关系·冲突·整合——理解媒介依赖理论的三个维度》，《当代传播》2011 年第 6 期。

顾海根：《上海市大学生网络成瘾研究》，第十届全国心理学学术大会，上海，2005。

郭瑾、蒲清平：《重构与改造：都市青年白领的社交媒介使用与社会交往》，《青年研究》2016 年第 1 期。

郝雨、田栋：《媒介内容生产取向性偏差及"合理性"调适——基于工具理性、价值理性的辩证视角》，《国际新闻界》2019 年第 6 期。

何梦祎：《媒介情境论：梅罗维茨传播思想再研究》，《现代传播—中国传媒大学学报》2015 年第 10 期。

何秋红、靳言言：《社交媒体依赖的心理成因探析》，《编辑之友》2017 年第 2 期。

何志武、吴瑶：《媒介情境论视角下新媒体对家庭互动的影响》，《编辑之友》2015 年第 9 期。

贺建平、黄肖肖：《城市老年人的智能手机使用与实现幸福感：基于代际支持理论和技术接受模型》，《国际新闻界》2020 年第 3 期。

侯玲、柯佳敏：《中国传统文化相对缺场背景下"数字青年"中国价值内化》，《东华大学学报》（社会科学版）2018 年第 2 期。

胡伟等：《短视频社交媒体依赖与大学生睡眠障碍的关系：夜间社交媒体使用的中介作用及性别差异》，《中国临床心理学杂志》2021 年第 1 期。

胡仙等：《点赞社交互动行为影响因素研究——基于微信朋友圈情境》，《情报科学》2020 年第 1 期。

黄旦：《延伸：麦克卢汉的"身体"——重新理解媒介》，《新闻记者》2022 年第 2 期。

黄闻倩：《"最美人物"现象的受众审美心理分析》，《戏剧之家》2019 年第 31 期。

黄少华：《网络游戏意识对网络游戏行为的影响——以青少年网民为例》，《新闻与传播研究》2009 年第 2 期。

惠蜀：《中西体育价值散论》，《成都体育学院学报》1991 年第 1 期。

雷雳、李宏利：《病理性使用互联网的界定与测量》，《心理科学进展》2003 年第 1 期。

李继宏：《强弱之外——关系概念的再思考》，《社会学研究》2003 年第 3 期。

李珊：《时间感知与叙事建构：物质性视域下青年群体的媒介实践》，《东南传播》2022 年第 2 期。

李一：《网络社会治理的"功能整合"：内涵、类型与实践指向》，《浙江社会科学》2021 年第 8 期。

廖圣清等：《媒介的碎片化使用：媒介使用概念与测量的再思考》，《新闻大学》2015 年第 6 期。

林爱珺、何艳明：《数字媒介依赖的新表征与伦理反思》，《学术研究》2022 年第 5 期。

林梵：《大学生新媒体依赖症的形成、危害与矫治》，《黑龙江高教研究》2016 年第 4 期。

林昱君：《媒介系统依赖下的短视频受众研究》，《编辑之友》2020 年第 7 期。

刘国强、蒋效妹：《反结构化的突围：网络粉丝社群建构中情感能量的动力机制分析——以肖战王一博粉丝群为例》，《国际新闻界》2020 年第 12 期。

刘红等：《大学生手机消费心理的调查分析》，《中国统计》2011 年第 12 期。

刘红、王洪礼：《大学生手机成瘾与孤独感、手机使用动机的关系》，《心理科学》2011 年第 6 期。

刘蒙之、张锐君：《青年玩家在网络游戏中的文化实践——基于现象级手游〈和平精英〉的观察》，《新闻与传播评论》2022 年第 2 期。

刘梦然：《析论新媒体对青年传统文化观的影响》，《艺术评论》2018 年第 7 期。

刘明洋：《从娱乐到游戏：基于网络的媒介文化变迁》，《青年记者》2015 年第 9 期。

刘勤学等：《智能手机成瘾：概念、测量及影响因素》，《中国临床心理学杂志》2017 年第 1 期。

刘庆庆、杨守鸿、陈科：《新媒介对青年休闲娱乐的影响研究》，《重庆大学学报》（社会科学版）2012 年第 1 期。

刘荃：《城市青少年接触媒介行为与家庭环境的相关性研究——以江苏省为例》，《现代传播—中国传媒大学学报》2015 年第 6 期。

刘双庆、芮牮：《社交媒体接触对用户运动规范感知与健身意向影响机制研究》，《新闻记者》2021 年第 6 期。

刘昕瑶：《匿名社交软件对大学生社交活动的影响》，《大众文艺》2019 年第 15 期。

刘振声：《社交媒体依赖与媒介需求研究——以大学生微博依赖为例》，《新闻大学》2013 年第 1 期。

陆涛：《媒介效果与威廉·斯蒂芬森的"乐得理论"》，《江西社会科学》2020 年第 7 期。

马中红：《新媒介与青年亚文化转向》，《文艺研究》2010 年第 12 期。

孟建、赵元珂：《媒介融合：粘聚并造就新型的媒介化社会》，《国际新闻界》2006 年第 7 期。

聂莺：《媒介环境学视野下的社交媒体依赖现象》，《东岳论丛》2015 年第 2 期。

彭兰：《如何实现"与算法共存"——算法社会中的算法素养及其两大面向》，《探索与争鸣》2021 年第 3 期。

彭兰：《视频会议应用与工作的"媒介化"》，《山西大学学报》（哲学社会科学版）2021 年第 1 期。

彭秀祝：《"雕刻身体"：青年健身群体的身体实践与情感体验》，《中国青年研究》2020 年第 3 期。

祁林：《关于网络聊天的主体性分析》，《现代传播—中国传媒大学学报》2001 年第 5 期。

青木昌彦：《什么是制度？我们如何理解制度？》，周黎安、王珊珊译，《经济社会体制比较》2000 年第 6 期。

冉华：《"媒介生长论"与媒介实践的现实逻辑》，《编辑之友》2019 年第 12 期。

任叶庆、谭超美：《大学生网络依赖程度调查与实证分析》，《经济与社会发展》2012 年第 6 期。

芮必峰、孙爽：《从离身到具身——媒介技术的生存论转向》，《国际新闻界》2020 年第 5 期。

施蒂格·夏瓦：《媒介化：社会变迁中媒介的角色》，刘君、范伊馨译，《山西大学学报》（哲学社会科学版）2015 年第 5 期。

史金龙：《批判性思维：青年领导力发展的根本动力》，《西南民族大学学报》（人文社会科学版）2021 年第 3 期。

宋瑾：《移动互联网缩小知沟的可能性探析——以新生代农民工的微信应用为例》，《传媒》2018 年第 9 期。

孙宝新：《"打卡"新义新用》，《语文建设》2018 年第 9 期。

孙琦琰：《新媒介语境下青年流行文化的"变"与"不变"——兼谈当前流行文化的传播机理和发展趋势》，《思想理论教育》2013 年第 5 期。

孙玮：《媒介化生存：文明转型与新型人类的诞生》，《探索与争鸣》2020 年第 6 期。

孙中伟、路紫、王杨：《网络信息空间的地理学研究回顾与展望》，《地球科学进展》2007 年第 10 期。

唐军、谢子龙：《移动互联时代的规训与区分——对健身实践的社会学考察》，《社会学研究》2019 年第 1 期。

陶东风：《消费文化中的身体》，《贵州社会科学》2007 年第 11 期。

陶立霞：《制度保障公民道德建设的三重逻辑分析》，《道德与文明》2022 年第 1 期。

陶伟、蔡少燕、余晓晨：《流动性视角下流动家庭的空间实践和情感重构》，《地理学报》2019 年第 6 期。

陶志欢：《青年群体性孤独的技术逻辑及其规制》，《当代青年研究》2020 年第 2 期。

佟亚洲：《新媒体时代青年工作面对的新挑战》，《当代青年研究》2020 年第 4 期。

万美容、吴明涛、毕红梅：《后现代主义思潮影响下的青年精神生活异化之域及重构》，《思想教育研究》2018 年第 3 期。

汪金刚：《融合传播环境下信息空间的嬗变与生态重构》，《当代传播》2020 年第 1 期。

汪学均等：《媒介变迁引发学习方式变革研究》，《中国电化教育》2015 年第 3 期。

汪玉娣：《马克思社会时间理论的实践本质及其基本特征》，《安徽大学学报》（哲学社会科学版）2010 年第 1 期。

王斌：《从技术逻辑到实践逻辑：媒介演化的空间历程与媒介研究的空间转向》，《新闻与传播研究》2011 年第 3 期。

王波伟：《社交依赖与社交节食的对峙与融合——以社交媒体的使用为例》，《编辑之友》2018 年第 11 期。

王贵斌、斯蒂芬·麦克道威尔：《媒介情境、社会传统与社交媒体集合行为》，《现代传播—中国传媒大学学报》2013 年第 12 期。

王海龙、陈建成：《新媒体时代大学生网络依赖调查》，《人民论坛》2015 年第 36 期。

王怀春：《新媒介时代受众对媒介依赖的变化》，《当代传播》2009 年第 2 期。

王玲宁、兰娟：《青年群体微信朋友圈的自我呈现行为——一项基于虚拟民族志的研究》，《暨南学报》（哲学社会科学版）2017 年第 12 期。

王茜：《社交化、认同与在场感：运动健身类 App 用户的使用动机与行为研究》，《现代传播—中国传媒大学学报》2018 年第 12 期。

王倩、李昕言：《儿童媒介接触与使用中的家庭因素研究》，《当代传播》2012 年第 2 期。

王清华、郑欣：《数字代偿：智能手机与留守儿童的情感社会化研究》，《新闻界》2022 年第 3 期。

王昕：《深度访谈中的"主体间性"：意义与实践》，《青海社会科学》2013 年第 3 期。

王跃生：《当代中国家庭结构变动分析》，《中国社会科学》2006 年第 1 期。

王重重、张瑞静：《大学生社交媒体使用动机与媒介依赖》，《新闻世界》2015 年第 11 期。

韦宁彬：《社交化学习理念助推教师教学反思的探索》，《教学与管理》2017 年第 13 期。

吴成钢：《论思想政治教育中的文化牵引力》，《科学社会主义》2009 年第 6 期。

吴明华、张樾：《Z 世代线上直播学习的行为逻辑及反思》，《当代青年研究》2021 年第 6 期。

吴文汐、喻国明：《城市互联网用户的媒介使用和信息倚赖——对用户的媒介依赖度、信任度及网络新闻浏览模式的分析》，《当代传播》2015年第 3 期。

夏思永、肖正：《"顺其自然"与"征服自然"——中希古代健身理念的比较》，《北京体育大学学报》2006 年第 6 期。

夏文锴：《智媒时代青年社交虚拟共同体的形成特征及优化路径——基于对移动端游戏社群的调查》，《福建商学院学报》2021 年第 5 期。

谢晓晖：《融媒体环境下大学生媒介素养的养成》，《传媒观察》2021 年第 4 期。

谢新洲：《"媒介依赖"理论在互联网环境下的实证研究》，《石家庄经济学院学报》2004 年第 2 期。

辛治洋、戴红宇：《家庭教育功能的历史演进与时代定位》，《教育研究与实验》2021 年第 6 期。

徐婧、汪甜甜：《"快手"中的乡土中国：乡村青年的媒介呈现与生活展演》，《新闻与传播评论》2021 年第 2 期。

许颖、苏少冰、林丹华：《父母因素、抵制效能感与青少年新媒介依赖行为的关系》，《心理发展与教育》2012 年第 4 期。

许哲、刘会玲：《脱媒 自媒 泛媒——青年与新媒体：知识权力的发展谱系》，《青年探索》2015 年第 4 期。

闫方洁：《自媒体语境下的"晒文化"与当代青年自我认同的新范式》，《中国青年研究》2015 年第 6 期。

杨宏等：《大学生网络成瘾的潜剖面分析》，《中国心理卫生杂志》2020 年第 6 期。

杨小微：《现代性反思与中国教育的可持续发展》，《华东师范大学学报》（教育科学版）2021 年第 11 期。

杨馨：《媒介的"下沉"与奠基——媒介化社会的政治经济学批判》，《新闻界》2020 年第 2 期。

仰海峰：《商品社会、景观社会、符号社会——西方社会批判理论的一种变迁》，《哲学研究》2003 年第 10 期。

姚建华、徐偲骕：《全球数字劳工研究与中国语境：批判性的述评》，《湖南师范大学社会科学学报》2019 年第 5 期。

姚君喜：《媒介使用、媒介依赖对信任评价的影响——基于不同媒介的比较研究》，《当代传播》2014 年第 2 期。

殷文、张杰:《中国式怨恨、差序格局与认同边界——情感社会学视角下的网络群体性事件研究》,《哈尔滨工业大学学报》(社会科学版) 2017 年第 6 期。

喻国明:《元宇宙就是人类社会的深度"媒介化"》,《新闻爱好者》2022 年第 5 期。

喻国明:《知识付费何以成势?》,《新闻记者》2017 年第 7 期。

袁潇、张晓:《手机社交游戏的传播价值与规制方式研究》,《当代传播》2018 年第 4 期。

袁晓川、徐冠群:《"为了承认的斗争":当代青年社交媒体的自我展演现象》,《青少年研究与实践》2020 年第 3 期。

原黎黎:《"微依赖"的产生动因及消解之道》,《人民论坛》2014 年第 35 期。

张健涛:《"场域——惯习"视域下福州市夜跑运动参与群体的社会学研究》,硕士学位论文,福建师范大学,2018。

张学波:《我国媒体素养教育发展策略探讨》,《电化教育研究》2009 年第 7 期。

张亚利、李森、俞国良:《大学生错失焦虑与认知失败的关系:手机社交媒体依赖的中介作用》,《中国临床心理学杂志》2020 年第 1 期。

张亚梅等:《大学生神经质人格与手机依赖的关系:主观幸福感和认知失败的中介作用》,《中国临床心理学杂志》2020 年第 2 期。

张咏华:《一种独辟蹊径的大众传播效果理论:媒介系统依赖论评述》,《新闻大学》1997 年第 1 期。

张再云、魏刚:《网络匿名性问题初探》,《中国青年研究》2003 年第 12 期。

张铮、陈雪薇、邓妍方:《从浸入到侵入,从待命到疲倦:媒体从业者非工作时间社交媒体使用与工作倦怠的关系研究》,《国际新闻界》2021 年第 3 期。

张铮、周敏:《"他乡客"如何"融新城"? ——微信使用与当代都市流动青年地方感建构的关系探究》,《新闻与写作》2022 年第 1 期。

张卓、赵红勋:《媒介效果研究:"假说"还是"理论"? ——基于经验学派与批判学派的学术考察》,《新闻界》2019 年第 1 期。

赵红勋、陈霞:《媒介化语境下手机游戏的空间生产》,《视听界》2021 年第 5 期。

赵红勋、王婉馨、王文静:《表演、展示与幻想:青年群体匿名社交中的自我呈现探析——基于匿名社交软件"Soul"的学术考察》,《青年发展论坛》2022 年第 1 期。

赵红勋、王婉馨:《乡村美食类短视频青年粉丝的在线社交探析——以"农村会姐"的粉丝为例》,《北京文化创意》2021 年第 4 期。

赵红勋、张梦园:《移动互联时代青年媒介化交往的制度逻辑探析》,《河北青年管理干部学院学报》2022 年第 2 期。

赵红勋:《微传播语境下青年群体的媒介行为与心理分析》,《当代青年研究》2017 年第 1 期。

赵红勋:《新媒介依赖视域下青年群体的"信仰风险"论析》,《中国青年研究》2020 年第 1 期。

赵云泽等:《"社会化媒体"还是"社交媒体"——一组至关重要的概念的翻译和辨析》,《新闻记者》2015 年第 6 期。

郑希付:《认知干扰还是情绪干扰:病理性网络使用大学生的内隐心理特点比较》,《心理学报》2008 年第 8 期。

曾一果、罗敏:《乡村乌托邦的媒介化展演——B 站"野居"青年新乡村生活的短视频实践》,《福建师范大学学报》(哲学社会科学版)2022 年第 1 期。

周林、顾海根:《大学生孤独感与网络自我表露关系》,《当代青年研究》2012 年第 9 期。

邹红军:《数字化时代的空间流变与教育的家庭向度》,《南京社会科学》2022 年第 2 期。

三　外文文献

Armstrong, L. , "How to Beat Addiction to Cyberspace," *Vibrant Life* 17 (2001): 14 – 17.

Ball-Rokeach, S. J. , DeFleur, M. L. , "A Dependency Model of Mass-Media Effects," *Communication Research* 3 (1976): 3 – 21.

Hobson, D. , "Housewives and the Mass Media," *Culture, Media, Language: Working Papers in Studies* 79 (1972): 105 – 114.

Horton, D. , Wohl, R. R. , "Mass Communication and Para-social Interaction: Observations on Intimacy at a Distance," *Psychiatry* 19 (1956): 215 – 229.

Igarashi, T. et al. , "No mobile, No Life: Self- perception and Text-message

Dependency among Japanese High School Students," *Computers in Human Behavior* 24 (2008): 2311 – 2324.

Johnston-Goodstar, K. et al. , "Exploring Critical Youth Media Practice: Connections and Contributions for Social Work," *Social Work* 59 (2014): 339 – 346.

Katz, E. , "Mass Communication Research and the Study of Culture," *Studies of Public Communiation* 2 (1959): 1 – 6.

Kral, I. , "Youth Media as Cultural Practice: Remote Indigenous Youth Speaking Out Loud," *Australian Aboriginal Studies* 1 (2011): 4 – 16.

Lull, J. , "The Social Uses of Television," *Human Corrtmunication Research* 6 (1980): 197 – 209.

Nicolsupa, A. , Fleming, M. J. , "'i h8 u': The Influence of Normative Beliefs and Hostile Response Selection in Predicting Adolescents' Mobile Phone Aggression—A Pilot Study," *Journal of School Violence* 9 (2010): 212 – 231.

Signorielli, N. , "Selective Television Viewing: A Limited Possibility," *Journal of Communication* 36 (1986): 64 – 76.

Skumanich, S. A. , Kintsfather, D. P. , "Individual Media Dependency Relations within Television Shopping Programming: A Causal Model Reviewed and Revised," *Communication Research* 25 (1998): 200 – 219.

White, M. P. et al. , "Risk Perceptions of Mobile Phone Use While Driving," *Risk Analysis* 24 (2004): 323 – 334.

Yen, C. et al. , "Symptoms of Problematic Cellular Phone Use, Functional Impairment and Its Association with Depression among Adolescents in Southern Taiwan," *Journal of Adolescence* 32 (2008): 863 – 873.

Young, K. S. , "Internet Addiction: The Emergence of a New Clinical Disorder," *Cyberpsychology, Behavior and Social Networking* 1 (1996): 237 – 244.

后 记

在技术化与媒介化相互交织的当代社会，青年群体的日常生活逻辑逐渐被社交媒介所裹挟，并经由习以为常的浸润性话语产生了强烈的"依赖"感知。那么，青年群体的社交媒介依赖表征究竟如何体现？其背后存在什么样的动因？又该如何对其进行有效矫正？正是这些疑问萦绕心间，才促使我下定决心一探究竟，于2021年以"青年群体的社交媒介依赖及其矫正机制研究"为题，申报了教育部人文社会科学研究青年基金项目，并顺利获批。课题立项后，我坚定了研究信心，历时一年多完成了对上述问题的关切与回应，才促成了本书的问世。

本书立足当代媒介发展的社会化语境，全景式勾勒青年群体的社交媒介依赖表征、产生后果、生成动因以及矫正机制。当然，由于学识所限，本书也只能对青年群体的社交媒介依赖进行轮廓性"素描"，难免存在不足，还望得到读者的批评指正。

作为课题的最终成果，本书凝结了研究团队的智慧和汗水。团队成员主要是本人指导的硕士生，他们是王飞、王文静、曾丹丹、付月、侯珮桦、刘秀娟、袁培博、宋文凯。对于他们的积极参与，本人表示由衷的感谢！

赵红勋

2022 年 12 月 6 日

图书在版编目（CIP）数据

青年群体的社交媒介依赖及其矫正机制 / 赵红勋著
. -- 北京：社会科学文献出版社，2023.3
ISBN 978 - 7 - 5228 - 1542 - 8

Ⅰ.①青… Ⅱ.①赵… Ⅲ.①青年 - 传播学 - 社会学
- 研究 - 中国 Ⅳ.①G206.2

中国国家版本馆 CIP 数据核字（2023）第 044930 号

青年群体的社交媒介依赖及其矫正机制

著　　者 / 赵红勋

出 版 人 / 王利民
责任编辑 / 张建中
文稿编辑 / 王雅琪
责任印制 / 王京美

出　　版 / 社会科学文献出版社·政法传媒分社（010）59367126
　　　　　地址：北京市北三环中路甲 29 号院华龙大厦　邮编：100029
　　　　　网址：www.ssap.com.cn
发　　行 / 社会科学文献出版社（010）59367028
印　　装 / 三河市尚艺印装有限公司

规　　格 / 开 本：787mm×1092mm　1/16
　　　　　印 张：14.75　字 数：249 千字
版　　次 / 2023 年 3 月第 1 版　2023 年 3 月第 1 次印刷
书　　号 / ISBN 978 - 7 - 5228 - 1542 - 8
定　　价 / 89.00 元

读者服务电话：4008918866